[日] 芦原义信 著
尹培桐 译

街道的美学（上）

江苏凤凰文艺出版社
JIANGSU PHOENIX LITERATURE AND ART PUBLISHING, LTD

中文版序

芦原义信出生在一个始于江户时代的医生世家，倾其一生于建筑师的工作，直至终年 85 岁，除完成了超过 300 项以上的建筑设计外，还深入展开了对外部空间与街道的研究和教育活动。1951 年留学美国哈佛大学研究生院，师从格罗庇乌斯，并在马歇 · 布劳耶的事务所工作。在洋溢着包豪斯的时代潮流思想的大本营中学习了现代建筑，据说他感受最为深刻的是从中学到的“be creative, be original”，即绝不模仿别人，坚持思考自我的原创设计的思想。回国后，通过建筑作品，为日本导入正统派的现代主义设计做出了极大的贡献。

在设计工作之余，芦原义信不停地对建筑和街道展开思索。通过与提倡对近代城市的批判和回归人性化生活环境的，《美国大城市的死与生》的著者简 · 雅各布斯、凯文 · 林奇、菲利普 · 希尔、劳伦斯 · 哈普林等可以称得上是当时建筑与城市规划的人性派的代表人物的交流，芦原义信在留学时便开始意识到营造人性化生活环境的重要性。当时，作为以柯布西耶为代表的现代主义建筑主流，通过整体构思手法来构筑饱含活力的未来城市，将设计思潮引向了重视建筑形式或样式的方向，在日本这一思想的代表是丹下健三。与此相对，芦原义信却倾向于采用局部构思的手法，着眼于内容的思考和街道的形成等。

通过芦原义信的两部著作，沿《外部空间设计》《街道的美学》[①]（包括《续街道的美学》）的先后顺序，可以追溯到一位建筑师的思想的进化与展开。在《外部空间设计》（日文初版 1975 年，下同）中，将日本的街道与意大利的进行对比，

① 芦原义信两部著作《街道的美学》和《续街道的美学》在此中文版为《街道的美学》（上、下）。——编注

以内部秩序与外部秩序的理论阐明了由单个建筑到街道的不同构筑原理，提倡通过外部空间构筑建筑群，共同形成魅力的街道的设计理论。《街道的美学》（1979年）则将外部空间理论在街道的尺度上加以展开，向一般的读者们广泛地论述与历史、文化和人们生活意识密切相关的街道理论。指出了二战后，东京的复兴并没有基于确切的理念，而是优先考虑了保护土地所有者的私有权益的问题，并在此基础上提出了要建设魅力的街道，必须重视街道的美学的主张。将局部构思，而非整体构思作为今后建筑、城市构成上的优位原理，为了对应个人生活的充实和个性化等，提倡重视存在于人们意识之中的街道的美学。芦原义信的著作和随笔集的共同点是，所记述的内容都是基于本人的眼见、所察和思考，同时通过将日本人的生活和思想与西欧的思想加以对比，来加深对内容的思考。

这次，《街道的美学》《外部空间设计》两部著作，以及由原日文版《屋顶阁楼中的小书斋》《建筑空间的魅力》和《探索秩序》三本书拔萃而成的《芦原义信随笔集》（两卷）得以在中国出版，甚是欣慰。谨此向参与出版工作的相关各位致以厚意。在此，衷心希望众多的读者在阅读芦原义信的著书和随笔中，获得面向未来人性化的建筑和街道的意念，并加深各位对建筑与街道的思考。

建筑师芦原太郎

译者序

现代西方建筑理论众说纷纭，其中虽不乏真知灼见，但这些理论的研究者却未必都具有建筑创作实际体验，故虽言之凿凿却不着痛处，难以指导设计实践。更有甚者，唯恐其理论不够“深奥”，一味旁征博引，玄之又玄，再加上文字晦涩，读后令人如堕五里雾中。

芦原义信这两部《街道的美学》和《续街道的美学》则一扫上述弊端。作者把当代许多建筑理论和丰富的知识寓于通俗易懂的流畅文字中，通俗而不浅薄。作者还把这些理论应用于自己的建筑创作，通过自己的大量作品说明这些理论，故理论性强但又不脱离实践。我以为这乃是此书的最大特点。

现任日本建筑学会主席的芦原义信先生，我国建筑界已比较熟悉，他曾多次到我国访问和讲学，他的名著《外部空间设计》已在我国翻译出版，受到我国建筑界的欢迎。

芦原义信 1942 年毕业于东京大学建筑系，1953 年作为研究生毕业于美国哈佛大学。毕业后曾在著名建筑师马歇·布劳耶（Marcel Breuer）的事务所工作过一段时间，之后建立了芦原义信建筑设计研究所。20 世纪 60 年代以来，芦原先生曾先后任东京大学、武藏野美术大学教授及夏威夷大学等校客席教授。此外，他还曾任日本建筑学会副会长及日本建筑家协会会长等职，在国内外均享有很高声誉，多次应邀担任国际设计竞赛评审工作。20 世纪 50 年代以来，他设计了大量各种类型的建筑作品，实践经验十分丰富。他的不少作品曾在日本国内或国外获奖，如 1967 年蒙特利尔世界博览会日本馆曾获文部大臣奖、意大利文化会馆曾获马可·波罗奖等。

在建筑理论方面，芦原先生也颇多建树。他撰写了《外部空间构成》《外部空间设计》《建筑空间的魅力》《街道的美学》以及《续街道的美学》等专著，这些著作已被翻译成多种文字出版。

《街道的美学》成书于 1979 年，是作者多年来对街道、广场空间构成方面的研究成果。1983 年出版的《续街道的美学》是在前书的基础上，进一步深入展开研究的成果。这两部著作应用格式塔心理学中“图形”与“背景”的概念以及其他现代建筑理论，并引用中国的“阴阳”之说，对日本和意大利、法国、德国等西欧国家的建筑环境与街道、广场等外部空间进行了深入细致的分析比较，从而归纳出东方和西方在文化体系、空间观念、哲学思想以及美学观念等方面的差异，并对如何接受外来文化和继承民族传统问题，提出了许多独到见解。我相信，这不仅对日本的建筑创作和城市规划具有指导意义，对我国建筑设计和城市规划工作者以及建筑院校也有重要参考价值。

尹培桐

目　录

第一章　建筑的空间领域

1. 内部与外部

所谓建筑，通常是指包含由屋顶和外墙从自然中划分出来的内部空间的实体。因此，像大型雕塑或输电线铁塔之类不存在内部空间的实体，纵使具有建筑的规模，也很难说它就是建筑。内部空间由于是内部，可保护人不受自然的威胁及外界的侵扰，提供具有目的性或功能性的生活场所。西班牙南部格拉纳达以东 60 千米的瓜迪克斯（Guadix）和普鲁莱那（Purullena）一带，可以看到掘于山坡上的窑洞，那里现在还住着人（图 1-1、图 1-2）。它的内部与一般石结构建筑的内部没有什么差别，然而，除去入口处有门的白墙面及排气烟囱之外，它并不具备建筑的外观，这一点是与一般建筑大异其趣的。但是，若从具有内部空间这一点来考虑，这种窑洞则可说具备了作为建筑的条件了。

根据常识，建筑空间是由地板、墙壁和天花板从实体上来限定的。因此，地板、墙壁和天花板可视为限定建筑空间的三要素（图 1-3）。内部空间是由地板、墙壁和天花板这样的具体边界从外部的自然当中划分出来而形成建筑空间的。在形成内与外的空间秩序上，一定要有明显

图 1-1　西班牙瓜迪克斯的窑洞

图 1-2　窑洞内部

的边界。建筑是作为同包围它的“外部”相对应的“内部”而被体验到的，当然，它的大小是有限的。无限大的建筑可以说是不会有的，这就说明建筑在本质上是有边界存在的。换句话说，所谓建筑也就是创造边界，区分“内部”与“外部”的技术。因此，对于建筑空间来说，这个边界是非常重要的，在边界内侧的“内部”形成了平静而有防护性的空间。

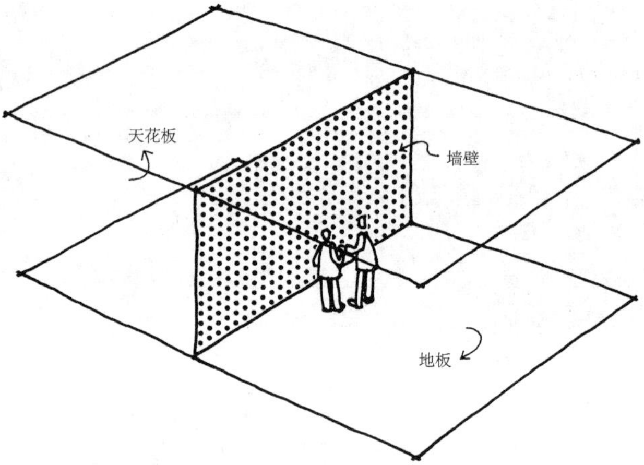

图 1-3 限定建筑空间的三要素

从外边回家时，毫无疑问地要脱鞋，对日本人来说，穿着鞋进入的空间是“外部”，脱了鞋进入的空间是“内部”，这一点可以说是从长期的生活习惯中学到的。穿鞋到外边去时，有一种紧张感，脱了鞋就会有一种好不容易得到解放、舒心地回到家里的感觉，可以把这看作大部分日本人的毫不隐讳的心情。

日本最近的城市住宅中，也有全盘西化的，起居室很舒适，家具、地毯、窗帘等也很协调，化妆室及厨房是明亮而现代化的，简直令人产生像是在纽约或北欧公寓中的错觉。即使这种从国际水准上看毫不逊色的日本住宅，与西欧住宅在本质上也有一个重要区别。西欧住宅的基本思想，在于它是城市或街道那样公共的外部秩序的一部分；相对地，日本住宅的基本思想，在于它是家庭私用的内部秩序。结果，在西欧的家中和在外边一样要穿着鞋，而在日本的家中则要脱鞋。

也许有人会说，光是穿鞋与否并非本质的区别。然而，在对建筑空间领域的探讨中，这点是不能忽略的，因而是重要的问题。

通常在考虑建筑时，是把“内部”与“外部”的界线定在一幢建筑的外墙处，有屋顶的建筑物内侧视为“内部”，没有屋顶的建筑物外侧视为“外部”。然而，现代的建筑中，有时一幢建筑物规模十分庞大，而且是复合式的，形成了城市型规模的“群体建筑”。因此，不得不说，也有不能简单地规定“内部”与“外部”的情况。例如，在复合式的大型建筑中，有时创造出被看作“城市的走廊”的“内部式的外部”，或是在建筑内部广植树木，创造出“外部式的内部”。

但是，在假定“内部”与“外部”时，不能不考虑到这样一个事实，即西欧人与日本人在思想意识上无论如何是有差别的。和辻哲郎早就指出了这一点，他在名著《风土》中这样阐述：

日本人一个最平常的现象是把“家”作为“内”来理解，家以外的社会是“外”。而在这个“内”里，个人的区别消失了。对妻子来说，丈夫是“家里”“家里人”“宅”；对丈夫来说，妻子是“家内”。家族也是“家里的人”，同外人的区别是非常显著的，可是内部的区别则被忽视了。亦即作为“内”来说，的确是抓住了“亲密无间”的家属整体性，它同被看成“外”的社会是有距离的。这种“内”与“外”的区别，在欧洲的语言当中是见不到的。日语中内与外相对应，有着重大意义：第一是个人的心理上的内外，第二是家的内外，第三是国家或城镇的内外。也就是说精神与肉体、人与自然，以及广大人类社会共同态的对立被看作是主要的，把家族关系作为基准的看法，在这里是不存在的。这样，内与外的用法，可以说表现为日本对人类存在方式的直接理解。[1]

---

① 和辻哲郎，《风土——人间学的考察》，岩波书店，1935 年，第 144 页。

日本人的“内”就是家，家以外的社会就是“外”。将这点从建筑空间领域上重新认识，那么可以说，脱了鞋进去的舒畅空间就是“内”，穿着鞋进去的空间也就是“外”了。

这里举个浅显的例子，让我们看一下所谓西洋式饭店与日本的温泉观光旅馆之间的区别吧。二者从外观上看，都是堂皇的钢筋混凝土结构的现代建筑，可是，内部所展开的空间秩序却完全不同，这是由于“内部”与“外部”边界的设置方法不同所造成的。以旅馆为主的饭店，首先要在门口脱鞋，对日本人来说，通常认为是从脱鞋的地方进入“内部空间”。因此，门厅、走廊和电梯都是“内部”，是可以穿着便衣自由阔步的空间，或者毋宁说，穿着西装打着领带的人反而令人感到是不相宜的。而且，旅馆式饭店的大门通常是夜间上锁的，但房间却不上锁。即便像洗澡这样的个人活动，在海边、山下景色秀丽的大浴场中，也是许多人一起进行的。对日本人来说，旅馆是把“家”扩大了的“内部”空间，在这里偶然住到一起的人们，愉快地像家庭成员似的进行活动。

相对地，所谓西洋式饭店情况又是如何呢？通常，饭店的大门一天24小时对外开放，可穿着鞋在门厅、走廊自由阔步。这些空间与日式饭店的空间不同，它是街道那样的外部秩序的延伸，而且，也是公共的空间。因此，在这些场合偶然住到一起的人们，要是毫无拘束地光穿着睡衣、浴衣、衬裤自由阔步，那么对于把这里视为“外部”的人来说，的确是不相宜的。西洋式饭店的房间是由牢固的墙和厚实的门加以划分的，门上装着精巧的锁。一般认为，从进入这个房间起即开始进入“内部”，脱鞋也好，穿浴衣、衬裤也好，悉听尊便。反过来，当走出房间时就和在日本穿上鞋走出家门那样有着同样的意义。如果穿上鞋走出房间，那么，家庭内的饭厅也好，饭店里的餐厅也好，大街上的饭馆也好，同样都是“外部”。对于西欧传统的“内部”与“外部”，我想是有这样的看法的。

因此可以说，所谓穿着鞋生活的西欧气氛，就是由独立个体的对立而形成的外部秩序空间；所谓脱了鞋生活的日本气氛，就是由一视同仁的个体的集合而形成的内部秩序的空间。这里也不一定认为外部秩序必然优于内部秩序。内部秩序有着外部秩序所没有的亲密感和安定感，它为居住的人们带来伙伴的观念和舒畅的感觉。不过其空间领域在观念上是内外有别的，必须强烈地意识到，应在何处设置其界线。例如把列车的卧铺车厢或饭店的走廊视为外部秩序的人，与把同一场合视为内部秩序的人处在一起，由于服装、态度、讲话方式等方面的不协调，双方都会感到不快。

日本的传统是在家的内部建立起井然的秩序，以家族为中心，在一幢建筑里保持着内部秩序。具有内部秩序，同时也就意味着对建筑的外部不关心，充实城市空间的思想是淡薄的。相对地，在西欧各国，如在意大利广场等处所看到的，就连建筑外部也采用了美丽的铺装，这种做法自古以来就很盛行，而且还养成了回到家中仍然穿着鞋的习惯。西欧的生活中，具有外部秩序的观念，日本在住宅内所进行的活动，西欧则是在外面进行，于是就成了在教堂祈祷，在公园休息，在饭馆吃饭，在广场谈笑。

关于日本大学校园的理想状态，自各大学纷争以来，顿时受到注目。那么，大学校园到底是内部秩序的空间呢，还是外部秩序的空间呢？从笔者所访问的国外大学来看，常有一些街道横穿大学，不知不觉就成了大学校园的一部分，而校园的某些部分则不知不觉地成了街道上的住宅用地。大学的各个系常是分别面向道路，所以各建筑往往标上某某街某某号，地址各不相同。这样，大学校园就成了街道的一部分，校园是外部空间，属于外部秩序。校园内的秩序大多是由专门的校警，采用与市区同样的方法加以维持。相对地，日本的大学有正门、后门之类的门，围以厚重的围墙或栅栏而形成校园内的空间。因此，校园是内部空间，属于内部秩序。当属于外部秩序的人进入这样的内部空间时，教师和学生就会感到好像是外人侵入家庭似的，所以，大学校园在概念上是内部空间。进入大学校门时，实际上并不脱鞋，然而在空间领域的观念上，却正像在门口脱了鞋进入家的“内部”一样。过去，家的内部有着强有力的家长统治，经常是由安定和爱情来维持其秩序。可是，近来家长的统治淡薄了，出现了父与子的激烈矛盾。父亲不管怎么说还是想以父子之情来解决它的。教师、学生虽然穿着鞋，然而却是以脱了鞋在家中生活一样的观点进行活动。日本的大学从建筑空间领域上来考虑，可以说是内部秩序的空间，是日本旅馆式的空间，而不是西欧式饭店那样的外部秩序空间。

西欧的饭店或住宅的走廊及门厅，是外部秩序的延伸，是穿着鞋活动的，它是用外部秩序来统一空间的观念。如果用日式的内部秩序来统一空间，那就意味着在室外道路上或公园里也同在室内一样光着脚或只穿着袜子走动。不难设想，日本人光穿袜子在外面走路是极不现实的，这恐怕就足以说明日本人与西欧人在空间领域的统一方法上是不同的。在这方面，和辻哲郎也有过很妙的叙述：

只要迈出屋门，那就不管是家庭内的饭厅也好，街道上的饭馆也好，都没有多大差别。也就是说，家庭内的饭厅在日本已经意味着是“外”了，同时，饭馆或歌剧院等，也可以说是起着饭厅或客厅的作用。所以，一方面相当于日本的家，可以缩小到锁上门的个人房间；另一方面，相当于日本家庭内的团圆，则可扩大到整个城镇。在这里并不是“亲密无间”，而是进行有一定距离的个人之间的社交活动。但它对房间来说也就是“外”了，在共同生活意义上则是“内”。城镇的公园、大街也是“内”。这里相当于日本住宅的围墙或栅栏的，可以小到房间的门锁，也可以大到城墙或护城河。相当于日本大门的是城门。所以，存在于门锁与城墙之间的家，并不那么具有重大意义　　日本人也许是在形式上学习欧洲的生活。但是，由于被家所制约而不能从事个人的、社会性的公共生活，在这一点上可以说基本上没有欧化。虽然路面铺了沥青，可是谁会感到它是可以光穿着袜子走动的地方呢？或者，谁又会感到是在榻榻米[①]上穿着鞋呢？也就是说，哪里会把“家内”和“城内”一视同仁呢？城镇到底被认为是在家以外的地方，这就不是欧洲式的。[②]

这里清楚地指出了欧洲与日本的“内”与“外”统一方法的不同。

如果也像西欧人那样，把家和街道在空间领域上一视同仁，即使在家中也穿着鞋的话，那么日本人就得在家以外的街道上也光着脚或只穿着袜子走路了。日本人把家看作“内”，把街道看作“外”，不像西欧人那样在空间领域上加以统一。换句话说，“外”是外部，这就意味着它的整洁漂亮由谁来管是和人们无关的，也就是说，日本的城市空间是个人之“外”的无关的空间领域，因此，对于在壁龛[③]摆设饰物美化家中的日本人来说，整顿城市空间，在广场设置雕塑的想法，是难以产生的。西欧这种内外空间同样看待的观念，促成了以阿尔伯蒂（L.B.Alberti）为首的文艺复兴后的城市规划以及街道的整顿，创造了在欧洲所见到的那些艺术上非常美丽的城市。日本人到现在也毕竟没有把内外空间同样看待，造成了作为城市景观极为贫乏的街道。如果日本也想创造更适宜居住的美丽的城市空间，就必须像西欧的城市发展史所表明的那样，在建设街道方面进行积极的努力。日本城市规划的构思实在是不合适的。今后，为了建设更好的街道，的确有必要对上述的有关空间领域的观点进行革命。

---

① 原文为“畳”，即日式房间内所铺的带席面的草垫。——译注

② 和辻哲郎，前引书，第 146 页。

③ 原文为“床の间”，是日式客厅里面靠墙处，其地板高出并以柱隔开，用以陈设花瓶等装饰品或挂画的地方。——译注

2. 墙的意义

建筑最重要的边界就是“墙”的存在。墙壁如果光是在视觉上遮住视线那是不够的，它的存在可以创造出高质量的内部空间。墙的厚度不光是由力学强度、传热系数、隔声性能等工程因素所决定，而且还与以人的存在为出发点、形成高质量内部空间有着密切关系。报纸上曾刊载过这样的事：

冒失的木匠刚刚迁居就在屋子的墙上钉钉子，钉子太长穿透了墙，钉子头穿到了邻居的佛龛上。（滑稽故事《疏忽的钉子》）这个故事对于不了解日本住宅的墙竟会这么薄的欧洲人来说，大概有点莫名其妙吧，也许他们会问：“莫非日本有几十厘米长的钉子？”

法国有个拥有自由穿行墙壁的特殊本领的男人，一天他穿入墙内只把头探入邻室，吓唬那光训斥人的上司。（马歇尔·埃迈：《穿墙的男人》）这下子日本人也莫名其妙了，要说穿行墙壁是一种特殊本领，那么，穿入墙内是怎么回事呢？

欧洲住宅的墙壁就有那么厚。伦敦郊外的二联式住宅的分户墙厚70厘米，德国住宅的外墙厚49厘米，房间隔墙以24厘米为标准。墙壁所占面积约为住宅总面积的20%。①

摘引的这一段，清楚地反映了欧洲住宅中墙壁的意义，同时也意味着日本住宅中关于墙的存在，尤其是墙的厚度，从历史上看是很少有人关心的。兼好法师在《徒然草》中这样阐述：“住宅是暂时的住处，它的构造以度夏为主旨，也就是说为了夏日通风而在南北向设很大的开口，与自然联系，接近春天的芳草，夏日的晚凉，秋天的明月，冬天的瑞雪，这是首先应当考虑的。”

---

① 《朝日新闻》，1974年6月9日，“38亿人的住处——墙的厚度”。

在欧洲的住宅中，限定内部空间的墙，意义是极其重要的，由于厚墙所产生的防护性，才承认了家的存在。例如，奥托·弗里德里希·博尔诺夫（Otto Friedrich Bollnow）以存在主义立场谈到“新的防护性”，他摘引了圣埃克苏佩里（Sanit-Exupery）的《城堡》：“在混沌的世界中，在沙漠中，定居在坚固的‘我的家’里，进而把这个家筑为‘城堡’，以对抗沙漠的威胁性攻击，不断进行防御，这是非常必要的。在这一意义上，对人来说其主要之点就是‘没有它自己就不能活，因此应夺回坚固的堤防’。为什么呢？因为坚固的堤防或围墙，在防御外来侵袭方面，无论如何也是必需的。”[①]博尔诺夫主张坚固的边界，反复强调人只是在居住上达到自己本质的实现，他还说：“人在本质上是居住者。详言之，即停留在牢固的场所，而且由人为筑起的墙壁努力从各种威胁中保护这一场所，停滞在该场所的适应者。人类只是由于居住而存在……在这一根本意义上，人不只是存在于空间之中，空间也就是自己活动的余地，只是由于具有最广义的生活空间，人类才获得自己的存在，人类就是以这一意义投身于世界之中的。”[②]他在这里强调了不只是漂流于空间之中，而且依靠人为筑起的墙壁居住于该场所的存在主义意义。像这样有关家的防护性的存在主义阐述，对于住在木、竹和纸造的家中的日本人来说，也许的确是一种奇闻吧。不过，这意味着以人的存在为主因的个体的独立，同时使我们体会到家的理想状态与人的理想状态的密切关系。

法国哲学家加斯东·巴什拉（Gaston Bachelard）还描述了暴风雨中的家像人一样进行抵抗的情景：“家在勇敢地战斗。它开始在叹息，可怕无比的暴风雨从四面八方一起袭来……但是，家顽强地进行了抵抗……已经与人类共存的它，丝毫也没有向暴风屈服。家就像牝狼一样，蜷曲着身子包围着我。而且，有时感到，它的温暖就像母亲的温暖一样

① 博尔诺夫，《克服存在主义的问题》，须田秀幸译，未来社，1969 年，第 198 页。
② 博尔诺夫，前引书，第 202 页。

沁入我的心中。这一夜，它几乎就是我的母亲……”[①]这一段叙述是根据家同外敌的勇敢战斗而确认它的存在。

日本与欧洲的家有重要差别，它关系到作为边界的墙壁的存在。在外面风暴吹卷而内部安定温暖这样的形象中，设置了厚厚的墙；在走廊的晚凉、虫鸣、秋月这样的形象中，设置了木板套窗及木拉窗之类活动的开口部分。

墙壁存在的方式，受该地区自然条件的极大影响，这是不言而喻的。可是，它同建造的材料及构造也有密切关系。建造家时，一方面，降雨量、积雪量、风速、日照、地震等外部条件当然是重要的；再一方面，历史上受到温度与湿度，特别是湿度的很大影响，这是从地理分布上可以明确的。根据法国气候学家马东（E.de Martonne）的干燥指数，年干燥指数在 20 以上的为湿润地区，20 以下的为干燥地区，10 以下的为沙漠地区。欧洲南部的部分地区及日本，均为年干燥指数在 20 以上的地区，盛产建筑木材。而欧洲除部分地区外，却是以砖石砌筑的“砖石结构”（masonary construction）形成城市居住建筑的主流，相对地，日本是以木构的“梁柱结构”（post and beam construction）形成主流。这就给住宅的样式、街道的景观乃至城市发展的模式带来很大影响，看一下，即使在日本现代化的大城市中，今天仍然不知不觉地受到发源于木结构住宅的各种想法的制约。

像日本这样降雨量丰富的地区很适于常绿针叶树的生长，特别是杉及桧柏等，其材质美观，加工容易，而且强度也大，因此，作为结构材料、构造材料均可采用。在以杉木方柱或桧柏圆木等作为建筑材料时柱子露明的做法——即可以说是日式建筑精髓的“露柱墙”（图 1-4）——一方面是由于工匠的出色技术，同时也是由于木材本身质地的美。西洋木结构那种单把柱子作为结构隐在墙壁中的做法——即所谓“隐柱墙”（图 1-5）——在日本是不太发达的。

---

① 巴什拉，《空间的诗学》，岩村行雄译，思潮社，1969 年，第 80 页。

图 1-4　露柱墙

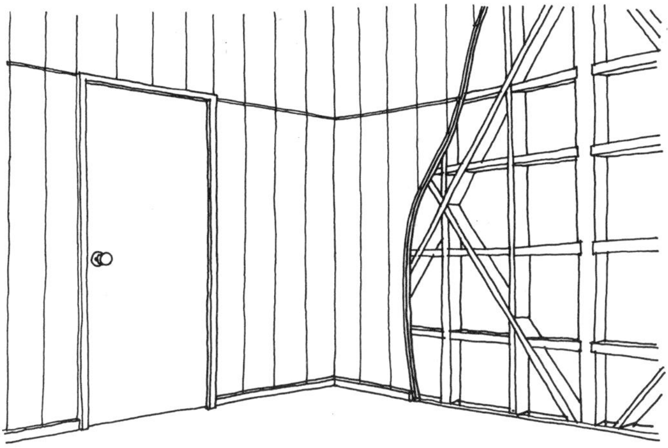

图 1-5　隐柱墙

日式住宅中，根据强度、制材、运输要求，柱的适宜尺寸为 10 至 12 厘米左右，如果采用露柱墙做法建造日式房间时，墙壁、门槛、门框都比柱的尺寸小而嵌入柱内，这就是柱子作为结构构件而露明的道理。从柱子上伸出来的是柱间横板和围廊挑枋等，因此，日式住宅的墙壁不会厚于 10 厘米。按西洋式隐柱墙的做法，是在柱的外面做墙，因此，除非有必要，它是和柱的断面尺寸无关的，可以把墙加厚。露柱墙的做法柱子是按预先确定的标准间距规整地竖立，结果，柱与柱之间就形成了很大的开口，本质上是否定墙壁存在的空间构成。菲利普·约翰逊（Philip Johnson）的“玻璃之家”在这一意义上，乃是一幢与木结构露柱墙有共同点的钢结构住宅〔图 1-6（a）、图 1-6（b）〕。这幢住宅除了设置有盥洗室、浴室等的“中心核”（core）外，全是开敞的，目的在于创造否定墙壁存在的流动空间，是划时代的美国战后现代建筑。

在露柱墙结构的住宅中，为了把木装修纳入柱与柱之间，木拉窗和木隔扇的厚度最大为 3 厘米，是可轻轻滑动的高级装修。木隔扇用一个手指就能轻轻拉开，它只是视觉上的约束，和西欧那种封闭式房间的厚实的门有本质上的区别。

日本的气候特点是夏季温度高、湿度大，住宅地板下的通风是非常重要的。因此，采用梁柱结构最为适宜。砖石结构若在接触地面的部分开口，上面的载荷则不能传至地面，整个住宅就会垮掉，所以是不适宜的。为了度过高温高湿的夏天，在尚无空调的时代，自然通风最为重要。露柱墙在柱与柱之间本来就有很大的开口部分，因此在夏季最为适宜。日本的春秋雨季是非常舒适的，那么冬天的情况又是如何呢？砖石结构住宅整体的蓄热量较大，与之相比，薄墙大开口的日式住宅蓄热量是非常小的，外面的冷空气直接通向内部。为了使低蓄热量住宅的内部温暖，显然不可能采取提高环境自然温度的方法。日式住宅依靠火钵、炕炉、被炉等直接采暖设施，用火钵或炕炉烘手，用被炉暖脚，这是十分明智的。

图 1-6（a） 菲利普·约翰逊设计的“玻璃之家”

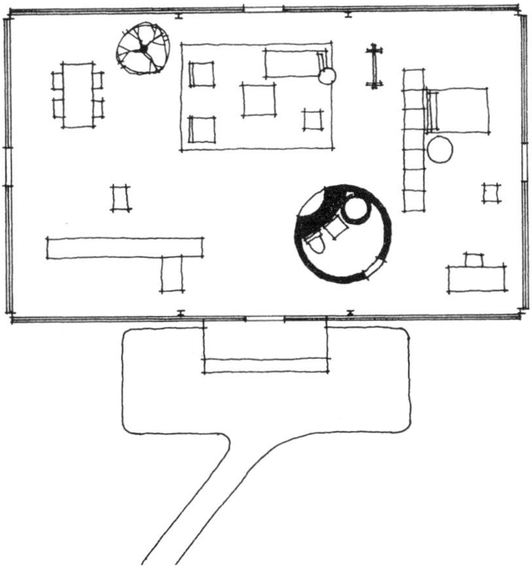

图 1-6（b） 菲利普·约翰逊设计的“玻璃之家”平面图

这就像用热气腾腾的饭、滚开的酱汤、烫烫的酒来暖和身体内部，穿上厚衣服以保持体温是一个道理。从这点来看，也可以说日本的传统木结构住宅在保温方面是很差的。在薄墙、多缝隙、大开口的木结构住宅中，无论如何也不会产生让整个房间温暖的想法。砖石结构墙厚窗子小，整个住宅蓄热量大，不采用隔热的结构即不能保持整个房间的温度。在蓄热量大的砖石结构住宅中，一旦地板、墙壁的温度冷下来，便会不断夺取人体热量。如果整个房间温暖，地板、墙壁温暖，就不会夺取人体热量，这样可以舒适地度过冬天。

木结构露柱墙住宅是地板下通风的架空式住宅，是上述蓄热量较小的房屋。住房里铺着导热系数较小的榻榻米，这样自然就形成脱了鞋坐着生活和直接在地板上铺褥子睡觉的习惯了。在西欧的砖石结构住宅中，地面铺装了比榻榻米导热系数大的石材，身体就必须与地板分开，自然也就形成穿着鞋在椅子上生活和在带腿的床上睡觉的习惯了。日本的榻榻米除隔热性好之外还富有吸湿性，因此可以吸收就寝时褥子下面蓄积的水分。铺石地面由于吸湿性差，所以不得不使用带腿的床。

石结构建筑的历史可以追溯到公元前四千年以前。埃及盛产优质石材，并具有加工石材的铜或青铜工具。不过，埃及的石结构建筑只是神殿或陵墓等纪念性建筑，而住宅则是像今天仍可看到的那样用泥土或土坯所建造。在吉萨建造的金字塔用了巨大的块石，之后又建造了几座金字塔，不过，埃及建筑逐渐在衰退，它的优秀技术传到了地中海东部。希腊人的砌石技术极为出色，其最优秀的代表作是雅典卫城的建筑群。这里也使用了埃及石结构建筑那样的巨石，然而石头与石头的精巧结合是非常卓越的。在爱琴海上的希腊诸岛、意大利南部以及西西里岛，漂亮的右结构建筑也是不胜枚举，现在仍大量保存着。砖结构建筑的历史也很悠久，巴比伦人和亚述人的砌砖技术是非常高明的。直到今天，欧洲的建筑主流无论如何仍是以砖石结构为主，这样说恐怕亦不为过吧。

砖石结构是以承重墙承受压力，而抗拉和抗剪则很差。正如金字塔的造型所启示的，为了把砖石的重量传予地面，墙的下部必须加厚，以承受上部结构的重量。墙砌得越高就越要加厚。如前所述，西欧墙壁的厚度与日本木结构露柱墙截然不同，墙之所以加厚也可以说是受结构的支配。换句话说，墙如果不厚就不能支承地板和屋顶，也就不可能建造房屋。

砖石结构在墙上开门窗等洞口时必须仔细考虑。一种方法是在开口部位上面架设石材过梁（楣），以承受上部的重量，再一种是罗马人所发明的砌拱方法（图 1-7、图 1-8）。不管采用哪种方法，总之砖石结构是以不开洞为其本来的面目，纵使开洞也是少数纵向的小窗，以不影响墙的结构为原则。换句话说，门窗等洞口是从厚重的墙上挖出来的。同它相反，木结构露柱墙除细细的柱子之外，全部都可做成门窗，不过，为了必需的围护，而要考虑在柱与柱之间如何填补上墙。关于墙与窗的关系可说是减与加两种相反的概念。打个比方，砖石结构中墙是主角，门窗等洞口是配角；梁架结构中，开口部分是空间构成的主角，支承它的梁柱则是配角（图 1-9）。砖石的墙厚而且重，因为隔声性能是与墙体的重量成正比的，所以厚重材料的墙与轻薄材料的墙相比，可以完全隔绝从外面传来的声音。小窗子、厚墙的房屋，不管怎样住人，总是有很强的防护性的。

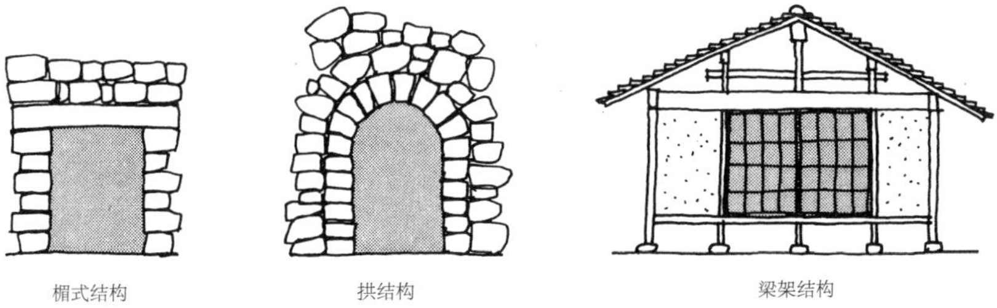

图 1-7　建筑结构的基本类型

图 1-8　采用砌拱方式的石结构

图 1-9　采用梁柱方式的梁架结构

那么，这种结构在日本为什么不发达呢？首先，与日本夏季气候潮湿有关。从气象图（图 1-10）及表 1 的比较即可看出，砖石建筑发达的地方与日本及东南亚一带不同，那里夏季气候干燥。夏季气候干燥是砖石结构发达的绝对必要条件。前面所述的瓜迪克斯的窑洞住宅，直到今天仍在充分利用，进去之后可以令人忘却西班牙的酷暑而感到干燥凉爽。窑洞住宅（今天已经设置了现代家具和电气设备）可以说是冷气设备出现以前人类智慧的创造，然而，在日本这样高温多湿的气候条件下是无论如何不会想到的。日本的住宅只是考虑由室内通风来解决高温多湿问题。为了排除人体周围的高湿度空气，而轻轻用团扇或折扇扇风，这是日本传统的智慧。如果在日本这种地理条件下也采用砖石结构，那么冬天就会严寒彻骨，夏天则会为凝结水和发霉而苦恼不堪。

表 1　各地的月平均温度与湿度

地名	月份											
	1 月	2 月	3 月	4 月	5 月	6 月	7 月	8 月	9 月	10 月	11 月	12 月
东京	4.1 57	4.8 57	7.9 61	13.5 66	18.0 71	21.3 77	25.2 79	26.7 77	23.0 77	16.9 74	11.7 68	6.6 62
胡志明市	25.8 71	26.3 70	27.8 70	28.8 72	28.2 79	27.4 83	27.1 83	27.1 84	26.7 85	26.5 85	26.1 81	25.7 77
德黑兰	3.5 67	5.2 56	10.2 48	15.4 43	21.2 31	26.1 26	29.5 25	28.4 24	24.6 26	18.3 32	10.6 44	4.9 65
雅典	9.3 74	9.9 70	11.3 67	15.3 63	20.0 59	24.6 53	27.6 47	27.4 47	23.5 56	19.0 67	14.7 73	11.0 75

注：表中上行为月平均温度，下行为月平均湿度的百分比。（据 1978 年度“理科年表”）

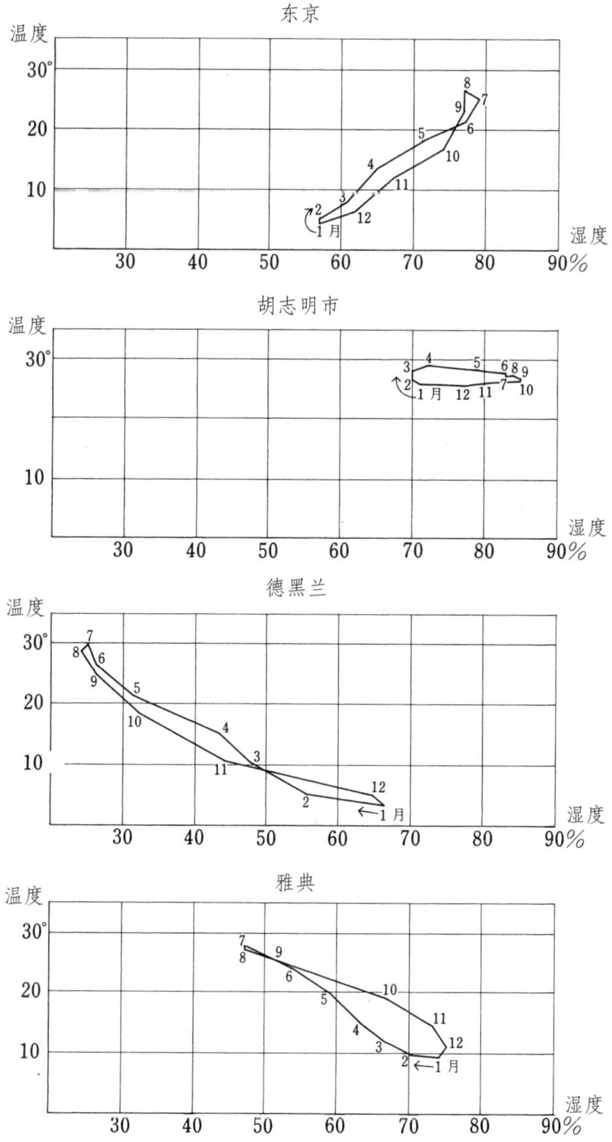

图 1—10　各地的气象（根据表 1 绘制）

今天中东和非洲等干燥地区仍在使用土墙或土坯建造住宅。由于泥土或土坯一类极易剥落的材料不能建造屋顶，因此便在墙上用木料架上阁栅，铺上席子，然后再在上面敷泥。在伊朗等一些地方，至今仍屡次发生因地震使整幢房屋倒塌，居民被埋在屋顶和墙壁的泥土中的情况。从这点来看，木结构建筑具有较好的抗震性，节点部位可适当移位而吸收地震力，这同今天超高层建筑理论所说的“柔性结构”完全一致。像日本五重塔这样的建筑物，是不可能用砖石来砌筑的。砖石结构也绝不会采用木结构那种轴心下端不加固定的构造方式。不论哪一种砖石结构，抗震性均较差，木结构则抗震性较强，这也是日本木结构发达的重要原因之一。此外，在日本等降雨量较大的地区，非采用坡屋顶不可。砖石结构做成坡屋顶十分困难，而木结构则很容易做到。降雨还可以促使树木生长。以上可以说是促使日本木结构发达的原因。

以上说明，由于湿度、降雨量等气候条件和地方材料的不同而发展了不同的居住建筑形式。日本等潮湿地区沿着否定“墙”的方向，西欧干燥地区沿着肯定“墙”的方向，历史性地延续着住宅与人的关系。尽管今天是建造钢结构或钢筋混凝土结构现代建筑的工业化时代，但上述事实依然存在着，并强烈地影响着街道的形式，这是不可否认的。

3. 城郭

前面已经提到关于建筑中存在着“边界”的问题。可是，在城市中既有明显地存在着“边界”的，也有无明显“边界”的，下面想阐述一下这方面的情况。

二十多年前，笔者首次访问意大利托斯卡纳（Toscana）大区的阿西西（Assisi）和圣基米亚诺（San Gimignano）等有城墙的中世纪城市时，曾被那孜孜不倦的人们用石头建在广阔的山丘上的厚重城墙所打动，同时很想了解他们为何要建造这样的城墙。从建筑师的眼光来看，这种中世纪城市就像一幢大型建筑。随着指向市中心的路标的引导，来到那像耸立在山头的石块似的圣基米亚诺的街道，远远可以望到十几座石塔。走出这条街就是几米高的城墙，开设了相当于住宅入口的城门（图 1-11），穿过它就进入了街道。这条街只有三个出入口，正像是住宅的前门、后门和厨房入口。进入城门后，弯弯曲曲的狭窄街道通向市中心。道路两旁整整齐齐排列着石结构建筑，在街道上空形成的一线天中，作为象征这条街道的石塔时隐时现。街道就像是住宅中的走廊，当走到尽头来到广场上便豁然开朗，这就是奇斯台那广场（Piazza della Cisterna）（图 1-12）和道姆广场（Piazza del Duomo）（图 1-13）。在这个由教堂和水井围成的广场上，不可思议的是竟没有一棵树木，坚固的铺石一直延伸到广场周围的建筑脚下。正如人们所说，意大利人有着世界上最广阔的起居室，这个广场就是街道上居民住宅的延伸。人们一天数次来到广场上，不光是在这里交谈、休息、领着孩子游戏，礼拜天还成为街道上的社交场所。

图 1-11 意大利圣基米亚诺的城门

图 1-12　奇斯台那广场鸟瞰图

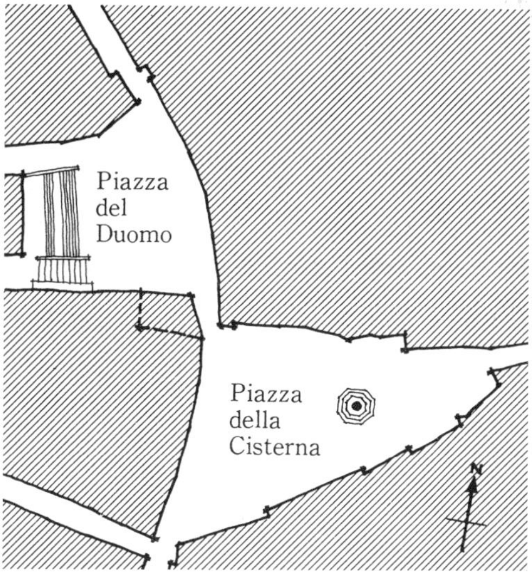

图 1-13　奇斯台那广场和道姆广场平面图

这种由城墙包围好似一幢建筑般的城市，它那别致的街道对日本人来说是很新奇的。意识到“边界”而从边界向内建立向心秩序的城市和没有意识到“边界”而向外离心地不规则扩展的日本城市，正是建立城市空间秩序时的两种不同方式。后来，笔者又参观了普利亚（Puglia）大区的阿尔贝罗贝洛（Alberobello）、洛科罗通多（Locorotondo）、马蒂纳·弗兰卡（Martina Franca）、奇斯台尼诺（Cisternino）等意大利南方的小城镇和爱琴海的希腊诸岛——伊兹拉（Idhra）岛、帕特莫斯（Pátmos）岛、米克诺斯（Mykonos）岛、圣特里尼（Santorini）岛等地的地中海低层公寓式住宅群，这些从“边界”向中心建立起向心秩序的街道，有着出乎意料的变化和均衡，在城墙内的街道上体现出日本住宅那样的“内部秩序”。沿着弯曲的道路，以蓝天和大海为背景，排列着一幢幢涂成白色的石结构建筑，小小的外部空间或高或低依次在其间展开，这里有着生活在20世纪高度工业化社会的人们已经遗忘了的人性和大自然的抚慰，它强烈地打动着人们的心。

为什么在日本没有建立由城墙围成的城市而在世界其他地方却有呢？这个问题是很有意思的。这和建筑中“墙”存在的意义以及肯定还是否定它，有着密切关系。

根据木内信藏和矢守一彦的提法，把这种围有城墙的城市称之为“围郭城市”，对日本人来说，这是个不太熟悉的名词，不过有实际生活体验的人恐怕也不少。在木内信藏的《城市地理学研究》中提到，围郭城市的分布是以干燥地区为中心。这在学术上也许尚有研究的余地，但从直观上看，似乎看不出干燥地带和城郭之间有什么不可分割的关系。

和辻哲郎在他所著的《风土》的卷末，承认他不知道保尔·维达尔·德·拉·白兰士（Paul Vidal de la Blache）的《人文地理学原理》和吕西安·费弗尔（Lucien Febvre）的《大地与人类的进化》等法国人文地理学著作，他说：“如果当时我能接触这些书，那么关于风土学的历史考察就会大不一样了。”铃木秀夫认为《风土》比之他后来所著的《伦理学》下卷更富有吸引力，[1]这是由于他那非凡的直觉。这里提到直觉的重要性，对此笔者也颇有同感。

> 干燥的生活是“渴”，也就是求水的生活　一口井落于其他部族之手，就会危及本部族的生存　单从上面的意义来讲，沙漠上的人是对抗性、战斗性的。[2]

干燥地带的历史的确是战斗的历史，人们不依赖大自然的恩惠，而仅是从大自然中猎取其所需的东西。根据和辻哲郎所述，与大自然的对抗直接与同其他人类世界的对抗联系在一起。这样的战斗生活模式促进了部族的团结。防御与团结的分界是划分内与外的“边界线”，是城墙，是围郭城市。大体上说，城市围郭的目的就是防御外敌和在其内部划定共同的空间。刘易斯·芒福德（Lewis Mumford）在《城市的文化》一书中阐述了关于中世纪城市的情况，他说：

> 城墙是为军事防御而设，城市的主要道路是按照方便地汇集于主要城门的原则来规划，不能忘掉城墙在心理上的重要性，即：谁在城市之中？谁在城市之外？谁属于城市？谁不属于城市？一到黄昏就关闭城门，城市即与外面隔绝。城门就像是船，促进了居民之间产生“同舟共济”的感情。[3]

从中东沙漠地区的建筑师那里听说，即使在沙漠之中居民也会有方向感和距离感。男子到了十岁就被单独丢弃在沙漠中，只有平安回来者才让他长大成人，过去这种严格的锻炼对游牧的阿拉伯人来说，必定是一种生活的智慧。由石油资源带来的财富，正在促成当地居民从游牧转向定居这一生活环境的巨大变化。达官富豪们在沙漠中划出了广阔的土

---

① 铃木秀夫，《风土的构造》，大明堂，1975 年，第 9 页。
② 和辻哲郎，前引书，第 49 页。
③ 刘易斯芒福德，《城市的文化》，生田勉译，鹿岛出版会，1974 年，第 52 页。

地，对他们来说，头等大事就是在一望无际的沙漠中建立起表示“边界”的围墙。其理由，一方面是标明占地边界以防他人侵入，再一方面是有防止风沙漫卷的作用，不过更重要的是这对他们这种没有边界即无法安定生活的民族来说，还是一种精神结构。圣埃克苏佩里在《城堡》中也曾说过，在沙漠当中为了抵御风沙威胁，把家建为城堡是非常必要的。对于日本这样在充满山川树木、绿草繁花的大自然中生活的民族，人生到处有青山，是很难理解那种沙漠上的精神不安之感的。

围郭城市是包括街道在内的城堡。部族与部族之间的战争，就连妇女儿童也不放过，所以直至家畜均围在城堡之中。同日本的城下町[①]做一番比较是很有意思的。武士的宅邸在城外，民居均在城外，这样的城市形态，对沙漠上的人来说，无疑一天也不能安心生活。用示意图表示出来（图 1-14）就会发现，城市和街的位置是颠倒的。就像前面讲过的滑稽故事《疏忽的钉子》和《穿墙的男人》一样，日本城市的形态对干燥地区的居民来说是极不现实的，是神话式的虚构。对居住在温湿地区的日本人来说，城堡城市同样也不现实，很难理解它的必要性。

那么，围郭城市内部的街道原是什么样子呢？我们不从城市发展史角度而是从城市设计的角度来推测一下吧。奇斯台尼诺是意大利南方普利亚大区的一个小城市，笔者曾数次访问过那里，这是一个特别美妙的小城市，我们就以它为例来稍作分析。奇斯台尼诺的历史可追溯到 8 世纪，据说建造城墙是 13 世纪，15 世纪重建城墙而正规化，并建造了四隅的塔和正面的城门。修建城墙前是排列着简易木结构房屋的原始街道。建城墙后，房屋采用了就地开采的石灰岩砌筑。当地并非不产木材，但主要是用于屋架部分，后来则用作焙烧石灰石的燃料，以便制成灰浆黏结石料，建筑主体基本上为石结构。要想详细追述中世纪街道的修建过

① 日本古代以诸侯的居城为中心发展起来的城市。——译注

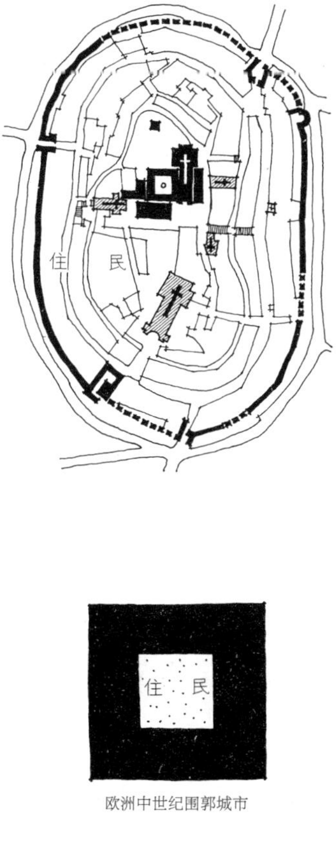

欧洲中世纪围郭城市

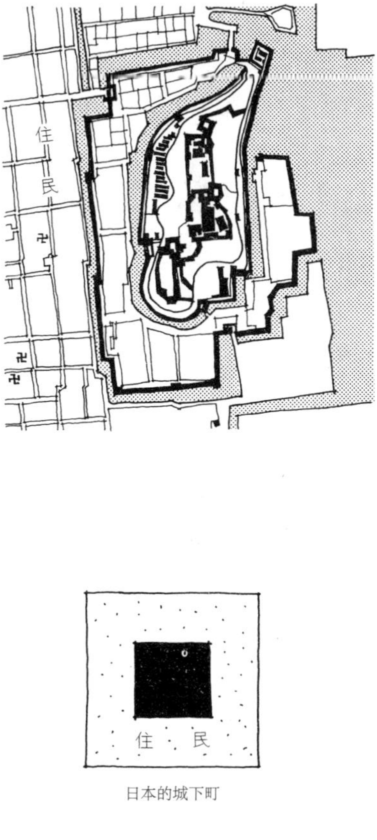

日本的城下町

图 1-14　欧洲中世纪围郭城市与日本的城下町

程是比较困难的，只能根据很少的资料加以推断。首先，从出现城墙以后，城墙内部即不再建木结构建筑而改为石结构，这是最重要的事实。营建街道时通常不向城墙外面延伸，这是边界的显著作用。最初单层房屋居多，以后随着人口增加而建起二三层房屋，体现了石结构的特点。这时还建造了通向二三层入口的室外楼梯，形成了该街道的特色，这些室外楼梯所呈现的美，堪称街道的骄傲。道路上还建起了带拱或拱顶的房屋。这样，城墙内部就形成了具有一幢大建筑般“内部秩序”的街道。在居民的观念中，不管是个人的家还是城墙内的街道都是一视同仁，都是自己的空间。倘若把这一观念译成日本意思，那就成了：城墙内的街道是光着袜底活动的、有着大宅邸般“内部秩序”的街道。意大利人在这里穿着鞋活动于室内外，正如和辻哲郎在《风土》中所指出的，他们把家和街道空间一视同仁。它和不存在边界而不规则扩散式地修建的街道是不同的。在日本沿街扩展而形成的线路型村落中，是不存在城墙那样的向心性边界的。

为了让人们安心生活，不管怎么说，空间也是需要“边界”的。那么，对住在轻薄墙壁的家中，连城市集镇均无“围郭”的日本人来说，究竟什么能起到这一“边界”的作用呢？

日本是在地理位置上与大陆隔离的岛国，周围是海，交通不便，一般来说居住着同文同种的民族，从以上事实判断，日本人心理上的“边界”恐怕就是包围着国土的海洋吧。干燥地区的人们是孜孜不倦地用自己的力量修筑城墙，日本则是海洋这一地理“城墙”，是绝不存在“我们修建”这一概念的边界。从海外来看日本，它是存在于海岛上的一个统一体，但对住在大陆上的人来说，意味着外国的“海外”一词则是没有多大意义的。

然而不能忘记，日本的上述“边界”观念在战后三十年已陷于混乱。还不能忘记，国外尚有不同风土、历史、宗教长年培育出来的各个民族在生活着。日本战后初期家族主义即已开始崩溃，维护个人尊严的人们谋求建立心的城墙，为创造新的“边界”而挑战的新时代正在到来。

从家庭内部或组织内部出现反对意见或不一致行动，我们在传统上是希望忍耐的。在“边界”内部不能有不同意见或反对的行动，如实在要反对就必须走出这一“边界”，对这种环境崩溃的事实不可能充耳不闻。这里就必须设置新的“边界”，同时，必须在建筑上创造出个人可以独立的新居住形式来。

第二章 街道的构成

1. 街道与建筑的关系

在城市形成时能看到街道的意义并富有强烈感情的，主要是拉丁民族，盎格鲁－撒克逊人次之，日本人可以说最差。特别是意大利人，街道就是他们生活的一部分，不只是为了交通，还是作为社区而存在的。博洛尼亚的柱廊（带柱的门廊）在气候上是有用的，但在生活习惯上则更加重要。美国评论家 B. 鲁道夫斯基（Bernad Rudofsky）在《人的街道》中这样阐述："博洛尼亚市民整天来往于柱廊之中，尽管如此，仍有一天去两次的习惯，他们绝不想取消柱廊下的仪式性散步。中午和黄昏时，大量人流在这个最大的城市走廊上来回遛弯儿，这时要是不遇上朋友简直是不可能的……"[①]的确，对意大利人来说，街道是生活的一部分，是挚爱的表现。而英国人的街道则不是这样的。B. 鲁道夫斯基接着讲述道：

---

① 鲁道夫斯基，《人的街道》，平良敬一、冈野一宇译，鹿岛出版会，1973 年，第 75 页。

的确，英国是不希求城市社会模式的，因为没有比他们更热衷于田园生活的了。其最充分的理由就是，他们的城市在欧洲传统中是最不健全的。英国人对城镇也许很忠心，但他们对于街道——那里倒是很优雅——却并不怎么热衷。他们喜欢躲在酒吧的微醺气氛中。丁尼孙在诗中咏道："我讨厌广场和街道，然而还是在那里同熟人碰面 "这是在为多数英国人代言。[1]

因此，意大利人不但建造了街道，还把城市空地建造为人们会面的场所——广场。英国人则建造了人们不会面的休息场所——公园。从日本城市的历史来看，对意大利广场和英国公园一类的外部空间一般并不关心，所以尽管有艺术性较高的室内空间，但缺乏创造良好的公共街道空间或广场的意图。正因起步晚，所以今天同国外相比仍是相形见绌。

游客旅行国外初次访问某个城市时，首先到手的恐怕就是城市的交通图。地图上详细地注明道路和广场的名称。正如简·雅各布斯（Jane Jacobs）在《美国大城市的死与生》中所述："当我们想到一个城市时，首先出现在脑海里的就是街道。街道有生气城市也就有生气，街道沉闷城市也就沉闷。"[2]街道是旅客评价一个城市的标志。根据宽度和内容的不同，各国的街道有着不同的称呼。大街如Corso，Boulevard，Avenue，Rambla，Esplanade…… 一般街道如Via，Rue，Street，Strasse，Paseo，Gasse等。当用法语讲某某Rue，或用意大利语讲某某Via时，其特有的柔和抑扬的发音，会使得旅客对该街道的印象油然而生。街道的名称十分重要，它同生活是不能分割的。

日本的重要城市大体有两种情况，一种是古老的城市，根据规划称呼，有美好的街道名称，如京都；另一种是新城市，采用按方位和番号加以组合的纽约方式，如札幌。一般城市，最初街道是没有名称的，即使有，

① 鲁道夫斯基，前引书，第14页。

② 雅各布斯，《美国大城市的死与生》，黑川纪章译，鹿岛出版会，1969年，第35页。

也是“站前君影草大街”“樱大街”“狸小巷”之类，是商业性名称。没有名称的街道就像不知道父亲的孩子一样，是城市的私生子或弃儿。在国外常可见到以该国元首、将军或大政治家的名字为街道命名，日本对此种做法特别反感。

（在日本）自己驾驶汽车的人恐怕都深有体会，限制速度或禁止停车的标志设置了很多，但指示路名的标志却很少。例如，在东京的干道上行驶，当同环路交叉时，仅仅指示了用贺、荻洼之类的地名，至于它是“七环”还是“八环”，则多未表示。当起点、终点不清楚，而用贺或荻洼又是该道路中途的地名却并非目的地时，像国外做法那样，不指示地名而指示线路名称是很重要的。相对地，像地铁那样起点、终点很清楚的情况，比起指示线路名称来，还是以指示前方的起点、终点较方便。在东京称呼道路反而是称呼线路名，可是最近线路迅速增加，很不容易记住。如：银座线、丸之内线、日比谷线、东西线、千代田线、有乐町线、半藏门线、国营浅草线、国营三田线……这些与其称呼线路名，不如以起点、终点称呼。例如：涩谷—浅草线、荻洼—池袋线、中目黑—北千住线等。正如巴黎的地铁那样，PONT DE NEUILLY↔CHÂTEAU DE VINCENNES 或 PORTE D’ORLÉANS ↔ PORTE DE CLIGNANCOURT，清楚地指明起点、终点，用线路名加以称呼，这是很重要的。总觉得日本的道路和地铁的方向感同外国是相反的。

街道没有名称，为了表示住址就不得不采用为某个地区命以町[①]名的方法。为地区命名与街道完全无关，日本表示住址的方法，分为京都或札幌那样的方式，街道这一概念可以说是不存在的。这是因为，日本城市的建立基本上是按照田地和田间小路的关系，是“人走之处即成道路”这一自发村落形态的延续。这同西欧那种垒石为城墙、建造水道桥

① 日本行政区划，位于市以下。——译注

以引水而宣告城市建立的情况有本质的区别。今井登志喜在《城市发展史研究》一书中这样谈到希腊的城市："它不是逐渐从村落发展起来的，而是进行所谓 synoikismos，乃至兴建一下子就围起城墙的城市。然而 synoikismos，亦即'兴建城市'的情况，传说中不一定清楚，但村民们迅速集居而出现城市的原因，可以认为是共同防御的需要。"① 和辻哲郎也曾说过"传统上自觉地肩负着兴建城市任务的人们，从常识上理解这种做法，数十人或数百人一来到新的土地，就在连住处都没有的地方，首先成立市议会，选举市长和议员，由无党派人士（当时从本国一起来的官员）任法官，宣告在这里建起了一座城市。"②而日本人则是居住在自发农业村落形成的城市里，包括城市在内，男女老少共同防御，他们对城市和街道的基本观念，与前面所述的情况完全不同。

那么就来研究一下，城市空间中街道与建筑的关系究竟如何呢？根据日本的现行法规，除小区规划中允许者外，建筑用地以直接面向道路为原则。因此，用地连接道路的数米宽的地面，用什么空间观念有魅力地加以处理，和街道的构成及风格有着密切的关系。

笔者曾在悉尼名为玫瑰湾（Rose Bay）的漂亮的海岸住宅区居住过。这一带分散布置着平房或充其量为二层的独立式住宅，住宅的大门与道路之间有所谓的前院，那里种植了修剪整齐的草坪以及红黄等色的花卉。这个前院与其说是为了该住宅的主人，还不如说是为了路上的行人更为恰当。因为从住宅中基本上看不到这个前院，从道路上反倒能很好地看到，它为这一带住宅区的环境美化做出了贡献。市区内还举行沿街前院的竞赛，对拾掇齐整的漂亮庭园给予奖励，因此，居民竞相布置道路与住宅之间的空间。从美国新英格兰或夏威夷海滨眺望林荫道周围的住宅区，也会看到宽阔的人行道旁铺着整齐的草坪，住宅与道路之间盛开着

---

① 今井登志喜，《城市发展史研究》，东京大学出版会，1951 年，第 45 页。

② 和辻哲郎，《伦理学》（下卷），岩波书店，1965 年，第 364 页。

鲜艳的花朵。用地的大小多为 1000 平方米以上，道路的宽度为日本的好几倍。那上面不大看得到美国造的大型车辆，愈显得道路是那么宽阔。

相反，日本大城市的住宅区中，相当于前院的空间极为罕见，对于开口部分很大的木结构住宅，为保障私密性和安全性，道路与用地之间多建围墙。入口在北面的用地，庭院位于南面，从道路上难以看到；入口在南面的用地，为了南向的起居室和卧室不被人窥视而建有围墙，即使有庭院，也和北面入口的用地一样，从道路上看不到。

因此，前者的前院与日本住宅的庭院，从空间领域上来看是多么不同啊！不论前者抑或后者，尽管用地归居住者所有，但在观念上，前者的前院与其说是供居住的、私用的内部秩序空间，不如说是属于公共性的外部秩序。换句话说，称前院为街道的一部分比较恰当。相对地，日本的庭院是私用的内部秩序的一部分，它和公共的外部秩序之间，存在着围墙这一边界，可以说对街道的构成未做出贡献。因这一理由，日本住宅区的街道，即使在所谓的高级住宅区，也没形成西欧那种无围墙住宅区的美妙气氛。本来，以毫无表情的围墙围起来，是无法达到美化街道的效果的（图 2-1、图 2-2）。如前所述，沿道路数米的用地，是很重要的。当然，令围墙从路边后退并加以绿化，或把围墙处理成绿篱、生动的栅栏，也还是有点办法。为了取消住宅区的围墙，第一，没有建住宅的地面，纵使归个人所有，也应作为公共性外部秩序的一部分来考虑，这种观念性革命是很必要的。第二，为了具体地保障私密性，用地必须有 600 平方米以上。一般来说，从日本的现实来考虑，这是不太容易的。

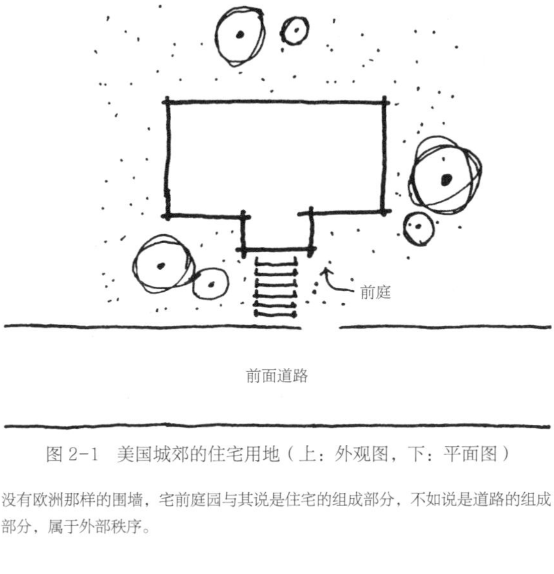

图 2-1　美国城郊的住宅用地（上：外观图，下：平面图）

没有欧洲那样的围墙，宅前庭园与其说是住宅的组成部分，不如说是道路的组成部分，属于外部秩序。

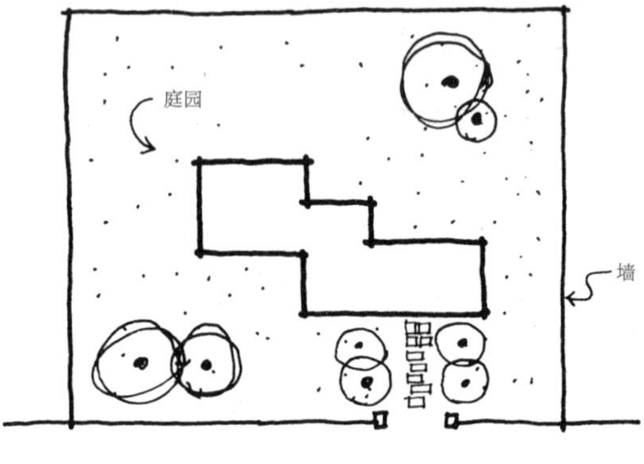

图 2-2 日本带围墙的住宅用地（上：外观图，下：平面图）

日本多为带围墙的住宅用地，庭园为住宅的一部分，属于内部秩序。

下面再举几个与前面所述街道有本质区别的例子。来到希腊或意大利，即使住宅也是以石砌为主流。这种建筑因为直接面向街道修建，所以完全没有什么前院。不，准确地说，石结构建筑之外的剩余地面全部铺装作为街道使用（图 2-3）。于是，街道即受建筑形状所左右，或宽或窄、或自由弯曲或适当交叉。乍一看，似乎也像日本那种以围墙围成的街道般单调乏味，但在建筑外墙上有着不同于简单围墙的门窗等开口，住宅内外沟通，生活的气氛洋溢到街道上。这是希腊或意大利街道居民所喜好的，他们虽然采用了与前述具有田园城市风格前院的街道完全不同的街道构成，却创造出极富有人情味的景观。在街道的宽阔处，人们或是像在广场一样站着交谈，或是端出椅子缝补、或是纳凉，这样的情景到处可见。从空间领域来说，是把居住这一私用的内部秩序的一部分，以缝补、纳凉的形式渗透到街道这一公共的外部秩序之中。换句话说，街道也属于内部秩序的一部分。前述的具有田园城市风格前院的街道，是外部秩序渗透到内部秩序之中；相反，希腊或罗马的街道，则是内部秩序渗透到外部秩序之中。无论哪种街道都有利有弊，可是，作为街道来说，或是由于美观，或是由于富有人情味，均能吸引人。相对地，日本的道路与内部空间的渗透被围墙所隔断，形成单调乏味的街道。这种构成可以认为是对宅前街道不关心，缺乏美化街道的观念。

下面再来介绍西班牙和伊斯兰国家那种带内庭院住宅的街道。西班牙的街道一般类似希腊和意大利南部的街道，不过，由于统一采用了美丽的茶褐色西班牙式筒瓦，墙面常用石灰涂成白色等，整条街道整齐统一（图 2-4）。因为是在内庭院进行私人的室外活动，所以不必像希腊或意大利那样在街道上生活。内庭院中花钵挂满墙壁，从街道上也依稀可见（图 2-5）。

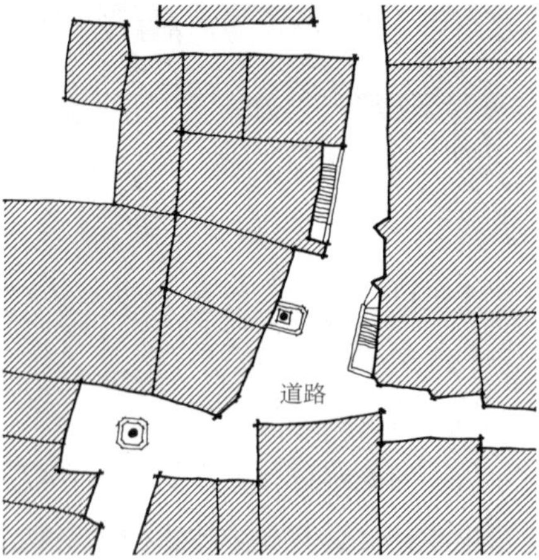

图 2-3 意大利沿道路布置的住宅（上：外观图，下：平面图）

希腊及意大利等地的住宅直接临道路布置，没有庭院，代之为沿道路到处都有小广场。

图 2-4　西班牙小镇街道

图 2-5　西班牙住宅内院

住宅直接面向道路所形成的街道，在日本也不是没有。具有代表性的例子如京都由町家[1]形成的街道、沿街设置驿站的街道、飞驒高山[2]等为代表的商业街道。今天从街道保护的角度，它们迅速被重新估价。尽管一幢一幢的各不相同，然而却采用了同样的技术和构造，整个街道具有整体感，并具有共同的价值。本来街道就是在这种共性基础上建立的，由于它而使人对街道或地区产生强烈的恋恋不舍的心情。

京都的町家直接面向街道，最外面采用了造型和功能都很好的木格子（图 2-6）。这种木格子正如提到意大利街道时所说的那样，在赋予内外空间流动性，给予街道生气方面起到重大作用。木格子在视觉上起到“半镜面作用”，即从暗处可看到明处，但从明处却不易看到暗处。所以，白天从家里可了解到外面的情况，而从外面却看不到家里。木格子的断面稍成长方形，既增加了强度，又可扩大遮蔽视线的角度。通常格子的尺寸与间距相等，据此而做出有一定风格的格子面。

由于这种格子，住宅和“外面”的街道联系起来，一方面保障了私密性，同时又可以保持密切的近邻关系。当道路宽约 6.5 米、平均檐高 5 米时，这一“外面”空间的 D/H=1.3（D 为道路宽度，H 为周围建筑的高度），的确是亲切的适于人的尺度。“外面”空间若不拐弯，长度约 90 米，其路上发生的一切事情均可看到。[3]

---

① 临街布置的日本传统木结构住房或铺面。——译注

② 位于岐阜县境。——译注

③ 参见岛村昇他《京都的町家》，鹿岛出版会，1971 年。

图 2-6 日本京都的“町家”

如果把城市中恶劣的居住环境称为贫民窟，那么贫民窟则可分为两种类型。一种是由于老朽、过密以及上下水道尤其是排水设施不完善，在物质上不卫生、不健康的城市环境；另一种尽管居住和城市设施都很完善，但由于对近邻的不关心和疏离感而造成经常发生犯罪的城市环境。前者以发展中国家居多，称为“物质性贫民窟”，后者见于美国那样的工业高度发达的社会，称之为“社会性贫民窟”，它正在不断产生新的社会问题。著名城市评论家简·雅各布斯女士很担心商业区、居住区等功能分区过于绝对会导致城市功能单一化，她主张城市不同功能的内容应在一定程度上混合布置。纽约的格林威治村就是这种不同功能混合布置的居民之街区。她为了保存这条街而英勇斗争也正是出于这一理由。她认为街道监视者(street watcher)的存在是很重要的。“社会性贫民窟”的产生，是由于功能分区太绝对和街道构成的不恰当造成了“死角”形成这一不安定空间；未考虑街道监视的建筑规划，亦为原因之一。高层公寓的自动电梯中、深夜的地铁中，都是没有监视的危险空间，这种情况可能是因街道构成的状态而引起的。

几年前，一次在意大利南部的乡间小街上，汽车撞上路标不能动了。一下子不知从哪里走出来许多居民，有的拿着钢缆，有的扛着铁锹，他们不是来帮我们忙的吗？后来想到，在这条大清早静悄悄的乡间小街上，是谁从什么地方看到我们的呢？真是不可思议。还有一次，和在威尼斯相识的意大利人连同他们的孩子来到圣马可广场，孩子们高高兴兴沿着广场铺装面的纹样玩“蒙老瞎”。一会儿到了睡觉时间，我们返回广场旁边的住宅，孩子们对着二楼大声喊叫，这一带的窗子一下子都打开了，许多面孔对着孩子们说：“睡觉了。”我感到，在对于人声物声反应相当敏感的意大利，还存在着街道监视，居民们全都静悄悄地监视着街道。由这样的地方关系结成的近邻观念并不仅在意大利，而且在全世界到处可见，日本的地方城市中也还健全地存在着。但是，在街道构成的手法中，令内外空间秩序流动，有计划地使之产生这种近邻观念，无论如何还是京都的街道。“外面”游戏的孩子们，在格子里面的母亲的控制范围内，开始学习“外面”进行的日常活动、扫除、植树、洒水，作为培养孩子们参加节日等活动的社会教育场所，这是很重要的。

但是，无论哪个国家都在向工业化发展，上述的近邻观念正在趋向崩溃，这是十分遗憾的事实。不知为什么，比起上述的近邻观念来，大城市的匿名性和无情性更能打动年轻人。像公务员宿舍或大企业那样没一点地方近邻观念地带进层层组织关系的集体社会，并非自己造成而不得不钻进混凝土盒子里的那种大片集体住宅区，都是人们的活动场所。一方面这里蕴藏着重大问题，而现实却又在向缺乏人性的城市环境发展。今天这种向非人性化发展的社会如何返回人类本来的生活呢？让我们的居住环境更美、更适于居住，我认为是有深入研究的必要的。

2. 街道的构成

按照意大利式的构思，街道两旁必须排满建筑，形成封闭空间，这就像一口牙齿一样，由于连续性和韵律而形成美丽的街道，如果拔掉一颗牙齿，镶上一颗不同寻常的金牙，就会面目全非。同样，如果一幢建筑毁坏而另建一幢新的不协调的建筑，也会立即打乱街道的均衡。

B. 鲁道夫斯基就意大利街道阐述如下：

街道不会存在于什么都没有的地方，亦即不可能同周围环境分开。换句话说，街道必定伴随着那里的建筑而存在。街道是母体，是城市的房间，是丰沃的土壤，也是培育的温床。其生存能力就像人依靠人性一样，依靠于周围的建筑。完整的街道是协调的空间。不论非洲的卡斯巴（Kasbah）那样密室似的住房也好，或威尼斯的纤细大理石宫殿也好，主要是周围的连续性和韵律。街道正是由于沿着它边缘的建筑物才成为街道。摩天楼加空地不可能是城市。①

有趣的是，如果仔细观看意大利的街道地图就会发现，街道和广场一直铺装到建筑的外墙根，与建筑之间没有什么不明确的空间，因此，即使把这幅地图黑白反转了并列来看，作为地图来说并不觉得有什么不妥（图 2-7）。这就表明意大利建筑的内部空间与街道这样的外部空间，在特性上是近似的。另外再看古版江户地图，其内容为表示用地与道路关系的用地划分图，而不是表示建筑与街道的关系。因为建筑物不像意大利那样把用地占满，道路与建筑之间还有用途不明确的剩余空间，所以多需建围墙，把这一地图也黑白反转了来看，是没有什么意义的（图 2-8）。

---

① 鲁道夫斯基，前引书，第 16 页。

图 2-7　意大利地图黑白反转的比较

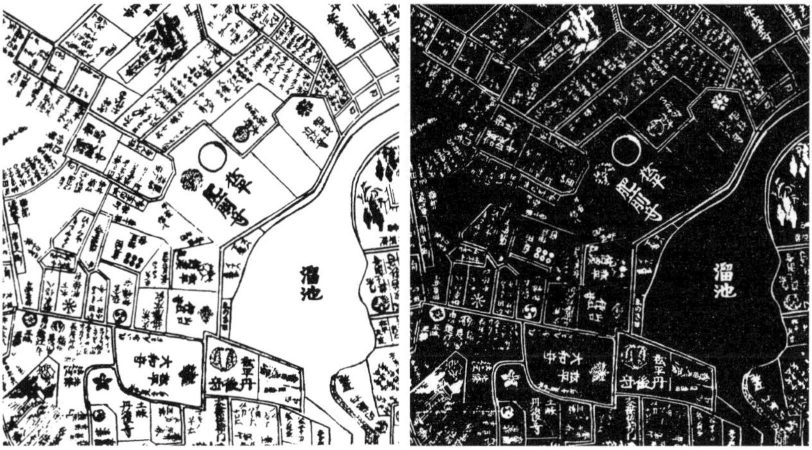

图 2-8　日本古版江户地图黑白反转的比较

在格式塔心理学（Gestalt Psychology）[1]中有一幅埃德加·鲁宾（Edgar Rubin）的著名的“杯图”（图 2-9）。当注意图中这个杯子时，两侧的白色部分成为非图形的空间。如果把白色部分看成两个人相对的侧影，黑色的杯子部分则成为非图形的空间。不过，杯子和侧影不可能同时看到。根据沃尔夫冈·梅茨格（Wolfgang Metzger）所著的《视觉法则》，在眼睛所看到的形象中，我们实际能够看到的只限于对“图形”“物体”或“主体”的印象。[2]这种情况下，如果看杯子，杯子即成为“图形”，白色的部分即成为“背景”；如果看二人相对的侧影，侧影即成为“图形”，黑色部分则成为“背景”。黑色与白色的交界线只在一边起作用，或成为杯子的轮廓线，或成为侧影的轮廓线，而不会同时成为二者的轮廓线。如果一方成为“图形”，另一方则成为背景的非图形空间。

因此，前述的意大利地图黑白反转，就意味着格式塔心理学中反转“背景”与“图形”的关系。意大利的街道和广场，具有轮廓清晰的“图形”的性格（图 2-10）。为此，在街道两侧排列建筑物以形成轮廓，并使建筑物展现沿街立面是十分必要的。如果建筑物是孤立的或是纪念性的，建筑自然即成为主体，街道则成为联系其间空间的“背景”。在意大利街道中，仔细地观察一幢幢建筑物，尽管各不相同，不过经过漫长的岁月而达到了“多样的统一”，可以把街道看成“图形”的构成方式。

① 或译完形心理学，现代欧美心理学主要派别之一。——译注
② 参见梅茨格，《视觉法则》，盛永四郎译，岩波书店，1968 年，第 14 页。

图 2-9 埃德加 · 鲁宾的“杯图”

对于看到此图中杯子的人来说，杯子成为“图形”，两侧的白色部分成为“背景”。对看到两个相对面孔的人来说，面孔成为“图形”，黑色部分成为“背景”。“图形”和“背景”可随时替换。

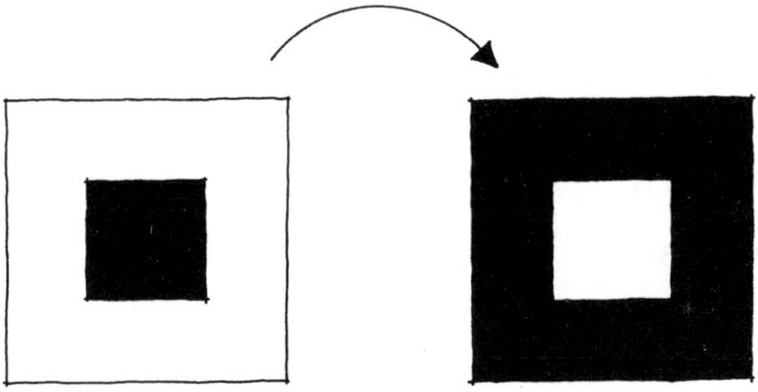

意大利的空间中，内外空间有反转的可能性。

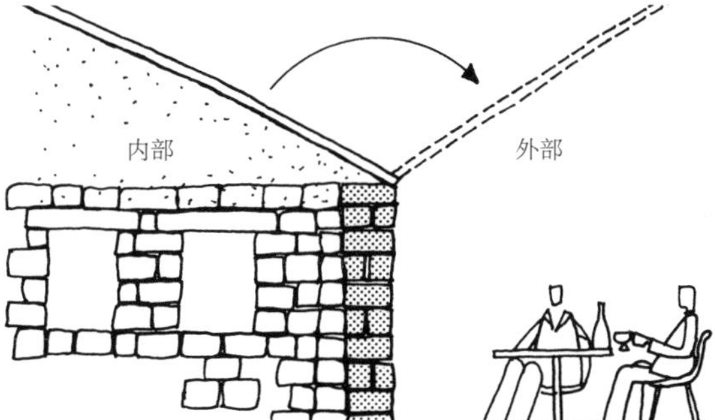

图 2-10 意大利建筑中“内部”与“外部”的反转

意大利的街道及广场均行铺装，同室内地面没有多大区别，划分街道与建筑的墙壁，其内外表面亦无多大差别，其不同之处只在于是否有屋顶。室外也有成为“图形”的很大可能，这就是意大利的空间构成。

因此，想稍许谈谈意大利建筑内部与街道、广场等外部空间的相似性。意大利的街道和广场大多连一棵树都不种植，地面常施以美丽纹样的铺装，就像室内地毯一样各个角落都铺遍，完全是人工的城市空间。另外，因建筑内部是砖石结构，所以不采用日本木结构住宅那种抬高地板的形式，而是以铺装面作为地面。墙壁用砖石砌筑，内外墙也大体一样。如果在房间的内部和外部，地面和墙面都基本一样，那么，内外空间的本质区别就在于有没有屋顶了。意大利铺装的历史相当悠久，若从内外空间近似的观点来说，外部空间的铺装也是必不可少的条件。而室内设置"土间"①，像日本人那样一进屋就脱鞋的习惯就没有必要了。之所以要穿着鞋生活，是为了不让足底损失过多的热量。的确，意大利的街道和广场对意大利人来说是生活的场所，由于一视同仁地使用住宅的内部和外部，其生活才成立。这样，意大利的街道与建筑的关系，就以街道能充分构成格式塔心理学所说的"图形"为其要素。这就意味着街道也同时作为主角发挥着重要作用，街道空间渗透了人们生活的一部分。

然而，将这一知觉范畴的形态法则用于建筑和街道这样的实体领域，不能说就没有疑问，但是，从当前世界范围来看，可以说有这样的倾向。意大利街道及后面将谈到的"阴角空间"与广场构成等，实际上可以很好地说明适用于这一形态法则。毕竟，街道的构成基本上是由视觉确定的，因此，形态的视觉法则是很适用的。

由城墙围成的意大利中世纪城市和石结构建筑围成的广场，多被认为是这种形态。相对地，日本的城市和街道则很难认为是这种形态，不管是街道的统一性还是其内容，可以说都很不完善。

---

① 日本住房进门处一块不铺木地板的空间，作为脱鞋之用。——译注

3. 宽与高之比（D/H）

城市比之周围环境，一般密度较高而结构化，对周围的“背景”来说带有“图形”的性格。住宅区街道与建筑的关系也是同样，当把建筑物的外墙作为面来看时，街道也可能带有“图形”的性格。

那么，街道的宽度与该处建筑的高度之比是什么情况呢？这里，设街道的宽度为 D，建筑外墙的高度为 H，让我们来研究二者之比 D/H。根据笔者观察，当 D/H>1 时，随着比值的增大会逐渐产生远离之感，超过 2 时则产生宽阔之感；当 D/H<1 时，随着比值的减小会产生接近之感；当 D/H=1 时，高度与宽度之间存在着一种匀称之感，显然 D/H=1 是空间性质的一个转折点（图 2-11）。D/H=1、2、3 等数值可考虑在实际设计时应用。由城墙围成的意大利中世纪城市中，因空间所限街道狭窄，D/H ≈ 0.5（因中世纪城市的街道不大一致，这只是大概的数值）。文艺复兴时期的街道较宽，达·芬奇认为宽度与高度相等，亦即 D/H ≈ 1 较为理想。巴洛克时期，中世纪的比例被颠倒过来，街道宽度为建筑高度的 2 倍，即 D/H ≈ 2（图 2-12）。[①]

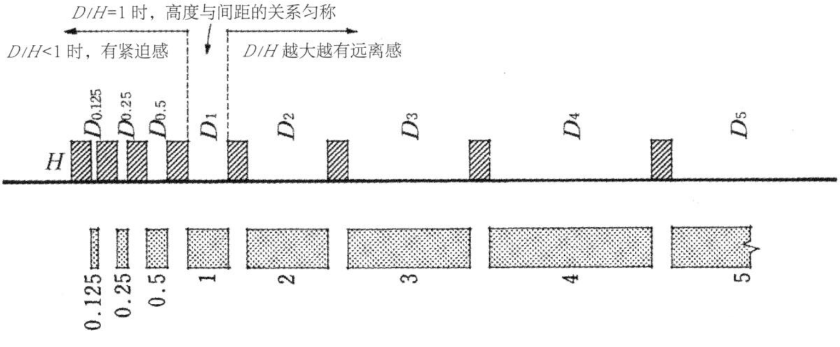

图 2-11 建筑 D/H 的关系

① 鲁道夫斯基，前引书，第 160 页。

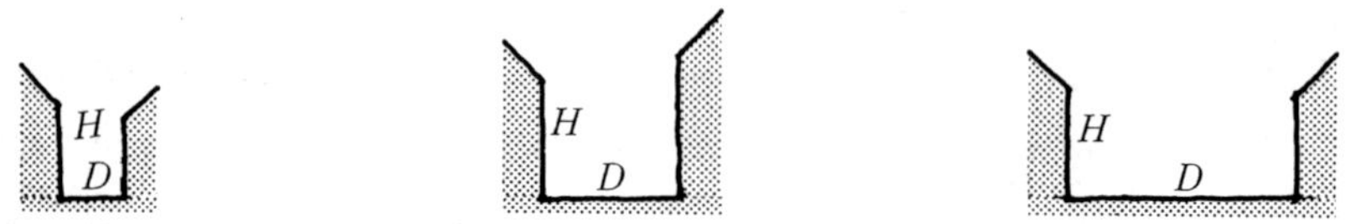

D/H ≈ 0.5　中世纪城市

D/H ≈ 1　文艺复兴时期的城市

D/H ≈ 2　巴洛克时期的城市

图 2-12　意大利街道的 D/H

来到意大利的背街，即使今天仍有 D/H<0.5 的狭窄小巷，窗与窗之间悬挂着绳子，经常看到晾晒着衣物（图 2-13）。京都传统的铺面同“外面”的关系约为 D/H=1.3 的舒适宽度，可以说是“人的尺度”的成功之例吧。不过这里需要注意，即使相同的 D/H，西欧街道要比想象的宽阔，换句话说，建筑要比想象的高大。D/H 只是表示道路宽度与建筑高度比例的指标。和辻哲郎在其《风土》中有这样一段非常有趣的叙述：

从欧洲回到日本觉得非常新奇，居住多年早已见惯了的日本，到底是过去被当作惯例理解的东西变得不同了呢？抑或日本仍是老样子而自己的理解却不知不觉地改变了呢？二者必居其一　举个常见的例子。我们平时在日本见惯了汽车和电车，它们原是从西方进口或模仿西方制造的，但是，今天已不感到新奇了　可是，回到日本看见街上的汽车、电车，却觉得简直像是猪闯进麦地一样。电车开过来时两旁的住房就像面对诸侯仪仗队下跪的平民百姓似的，窝窝囊囊没有一点气魄　我先前并未感到它的不相称，来到欧洲，在原本相称的情况下看到它时，也只是感到它小，却没有注意到那里已发生了相互配合方面的根本变化。[1]

① 和辻哲郎，《风土》，第 157、158、159 页。

图 2-13　意大利的小巷 $D/H<0.5$

这就好像适于美国宽阔道路的美制大型汽车来到日本极不相称，而适于日本狭窄道路的日制小型车辆到了美国却觉得很小巧一样。它意味着，尽管街道与建筑物高度之比很恰当，如果和来到那里的其他物体的大小不均衡，仍会产生上述的结果。也就是说，对西欧建筑而言，日本住宅那种极端的低矮窄小，由于同样大小的汽车或电车的出现而明显地表现出来。在日式房间里坐在榻榻米上视线降低，日本建筑的内部尺寸全都做得很低，街道也同样，日本的要比西欧的低矮狭窄。

道路宽度与建筑高度之比 D/H，适用于巴黎的香榭丽舍大道、罗马的维奈特大街、纽约的第 5 大街和东京的银座大街等世界各国的街道，我觉得很有意思。它还适用于意大利广场、纽约的许多实例以及下沉式庭园等封闭空间，也很有意思。

D/H 今天的应用之一，是把建筑作为"图形"观赏时，从建筑到视点的距离 D，与成为对象的建筑高度 H 之比。从前，按照 19 世纪德国建筑师 H. 麦登斯（H.Märtens）的见解，人看前方时成 40° 仰角，若考虑在建筑上部看到天空，则建筑与视点之间的距离 D 同建筑高度 H 之比 $D/H=2$，仰角成 27° 即能观赏到建筑的整体。根据 W. 海吉曼（W.Hegemann）与 E. 匹兹（E.Peets）的《美国维特鲁威：城市规划建筑师手册》，若不超过建筑高度（H_1）约 2 倍的距离（D_1），即不能看到建筑整体。也就是说，当 $\mathrm{tg}\,\theta_1=1/2$，$\theta_1=27°$ 时，才能看到建筑的整体。从单体建筑转为看建筑群时，$D_2=3H_2$，即 $\mathrm{tg}\,\theta_2=1/3$，$\theta_2=18°$（图 2-14）。意大利不少有名的建筑前面，都有 $D=2H$ 左右的距离，可以充分观赏该建筑的空间构成。遗憾的是日本的城市道路狭窄，没有广场那样的空间，因此，要说可从建筑高度 2 至 3 倍的距离充分观赏该建筑的场所几乎没有，亦不为过。

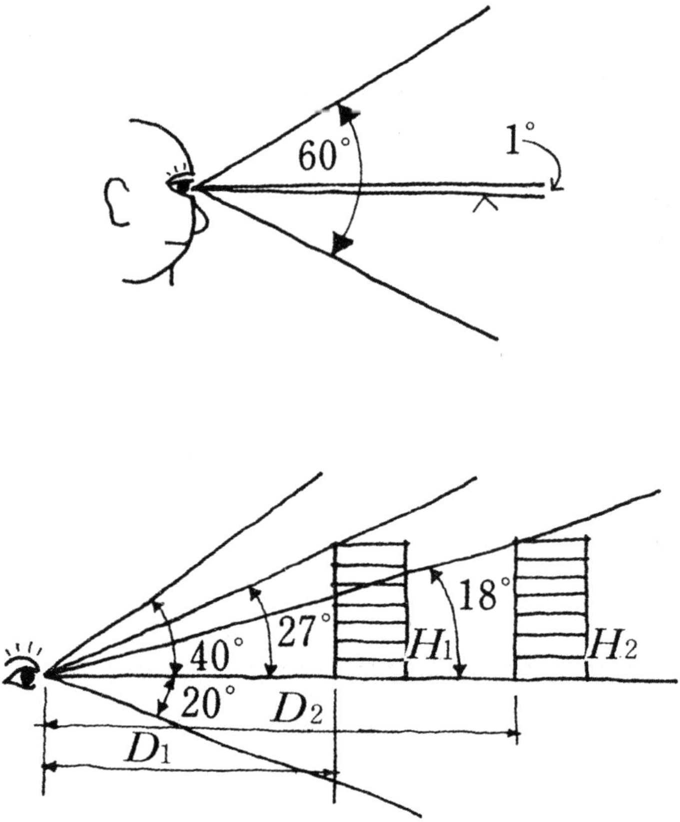

图 2-14　建筑与视野的关系

取建筑高度（H_1）的两倍的距离（D_1）观察，可以看见建筑的整体。它的仰角 θ_1 是 $\tan\theta_1=1/2$，$\theta_1=27°$ ，当观察一群建筑的时候，$D_2=3H_2$，也就是说 $\tan\theta_2=1/3$，$\theta_2=18°$

4. 广场的美学

大凡一提到意大利就要提到广场，提到广场就要提到意大利，意大利各城市有许多漂亮的广场，形成街道的中心。中世纪有维罗纳的埃尔贝和希纽里广场（Piazze della Erbe e dei Signori）、佛罗伦萨的希纽里亚广场（Piazza della Signoria）以及锡耶纳的坎波广场（Piazza del Campo）（图2-15）；文艺复兴时期有博洛尼亚的马焦雷广场（Piazza Maggiora）、威尼斯的圣马可广场（Piazza San Marco）（图2-16）及罗马的卡比多里奥广场（Piazza del Campidoglio）（图2-17）；巴洛克时期有罗马的圣彼得广场（Piazza San Pietro）、纳沃纳广场（Piazza Navona，图2-18）等。这些广场与其单纯说是城市的开敞空间，不如说同绘画、雕刻之类的艺术作品一样，是给人以高度艺术感染的作品。然而，它不像绘画或雕刻那样是从外面看的作品，而是进入里面，从内侧作为空间来体会的艺术作品。

原来在中世纪的城市里，广场只是街道的扩展。来到意大利的城市一看，的确，即使今天也不是没有中世纪那样的朴素广场。广场真正成为艺术作品，是从文艺复兴时期阿尔伯蒂和达·芬奇的时代开始的，今天以意大利和法国为中心的世界著名广场，是在17世纪和18世纪达到高峰的。

图 2-15　意大利锡耶纳　坎波广场

图 2-16　意大利威尼斯　圣马可广场

图 2-17 意大利罗马 卡比多里奥广场

图 2-18　意大利罗马　纳沃纳广场

从空间构成上来说，我认为，作为名副其实的广场应具备以下四个条件：第一，广场的边界线清楚，能成为“图形”，此边界线最好是建筑的外墙，而不是单纯遮挡视线的围墙；第二，具有良好的封闭空间的“阴角”，容易构成“图形”；第三，铺装面直到边界，空间领域明确，容易构成“图形”；第四，周围的建筑具有某种统一和协调，D/H 有良好的比例。

广场是从边界线向心的收敛空间，边界线不明确收敛性则差。如果不存在边界线而形成离心的扩散空间，那就成了自然的原野或天然公园之类的空间。广场具有建筑外墙即为广场内墙这样的性质。建筑外墙上有门窗等开口，建筑内部与广场在空间上相互渗透。如果是互不渗透的外墙，那就成了监狱内院似的空间了。广场是居民的生活场所，是热闹的、有生气的空间，而不是单纯的封闭空间。

意大利托斯卡纳大区的锡耶纳，就是由城墙围成的所谓“围郭城市”的一个实例，其中心为坎波广场，是意大利广场的优秀实例之一。沿着通向广场的主要道路潘塔奈特大街（Via di Pantaneto）进入广场后，视野豁然开朗，正面是四层建筑普布里哥宫（Pallazo Publico），建于1288年至1309年，高塔（Torre del Mangia）部分建于1338年至1349年，礼拜堂（Cappella di Piazza）建于1352年至1376年。广场上九块漂亮的扇形铺装面是15世纪形成的，成平缓斜面，焦点集中于普布里哥宫。从昔日水道引出的戈亚喷水池（Fonte Gaja）建于1409年至1410年，位于广场高处而收束了空间[①]。该广场就这样经历了两个世纪而逐步形成，它经常被看作是艺术作品，是当地市民引以为豪的空间。仔细观看广场周围的建筑群，檐高、层数、窗子比例形形色色各不相同，可是，砖石结构的外墙经历了漫长的岁月浑然一体了，取得多样

① 保罗·朱克，《城市与广场》，加藤三浦译，鹿岛出版会，1975年，第113页。

统一效果的墙面，作为边界线而有力地限定了这个外部空间。扇形石铺装面的周围，每隔大约 6 米便立有一根石柱。今天，桩的外侧允许汽车进入，桩的内侧则完全是步行者的空间，在这里自由漫步真是件快事，它是优先考虑人的空间的范例。在锡耶纳还有每年一度绕着广场举行名为 Palio 的赛马。马匹在石桩外侧按顺时针方向驰骋。届时，从建筑外墙的窗子中伸出许多人头来为赛马助威。这一瞬间，原为建筑外墙的墙壁，转化成赛马场的内墙。如果在这个广场上面加上巨大的屋顶，变成室内运动场那样的空间，自然也就意味着周围建筑的外墙成了室内运动场的内墙。这就是意大利人如何把“外部空间”与室内的“内部空间”同样看待的一个证明。而且他们热心于把外部空间整顿为美好的空间。这和日本人那样把外部空间看作自发形成的空间，可说是完全不同的观念。

在意大利米兰西北面有一座名为维杰瓦诺（Vigevano）的小市镇，市中心有个文艺复兴式的美丽广场杜卡勒广场（Piazza Ducale）（图 2-19）。设计此广场的建筑师，一说是达·芬奇，一说是多纳特·伯拉

图 2-19　意大利维杰瓦诺　杜卡勒广场

孟特（Donato Bramante），另一说是菲拉莱特（Antonio Filarete）。保罗·朱克（Paul Zucker）认为，此广场始建于1492至1498年，得到伯拉孟特与达·芬奇协助，由安普罗乔·德·克鲁蒂斯（Ambrogio di Curtis）所完成的。[①]站在广场上举目四望，正如保罗·朱克所述那样，可以深刻地感受到作为意大利文艺复兴时期广场特征的“空间统一的热情”。这是一个由同高的檐口和屋顶、连续不断和往返的拱廊以及同样形状的窗子所构成的建筑包围在广场的三面，短边的 $D/H \approx 4$ 的封闭空间。所谓拱廊就是双向砌拱的外檐走廊空间。今天，这里周围的店铺通过拱廊与广场空间联系起来。拱与支承拱的列柱的节奏感，的确可称为文艺复兴式广场的特征，不过有一点不可理解，就是广场尽端教堂的配置。从平面图（48米×134米）看，三边围以上述的拱廊，一边由凹曲面的巴洛克式教堂将空间封闭。实际上这一广场由于教堂正立面的凹曲面，确实形成了拥抱似的亲密的空间，可以说决定了这个广场构成的成功。但是，从这座教堂里面仔细看，该教堂是斜对着广场配置的，只有正立面与广场的纵轴成正交。从建筑的角度来观察这座教堂，由于其平面朝向广场的一侧被截去一部分，墙壁成为凹曲面，这一点从教堂内部空间构成上来看则实为不妥。这无非是从广场的角度来制约周围建筑墙壁的想法。从建筑历史的时代划分来看，巴洛克式教堂的正立面显然比三面的文艺复兴式拱廊后建。仔细体会可以得到，在构成广场外部空间上，意大利人就像考虑室内空间那样，是把外部空间加以内部化来考虑的。再观看完成于1494年的美丽图案的铺装地面，可以看出，这个广场外部空间是和室内铺地毯一样来考虑的。这个杜卡勒广场是表明意大利人对空间想法的有趣实例（图2-20、图2-21）。

---

① 保罗·朱克，前引书，第161页。

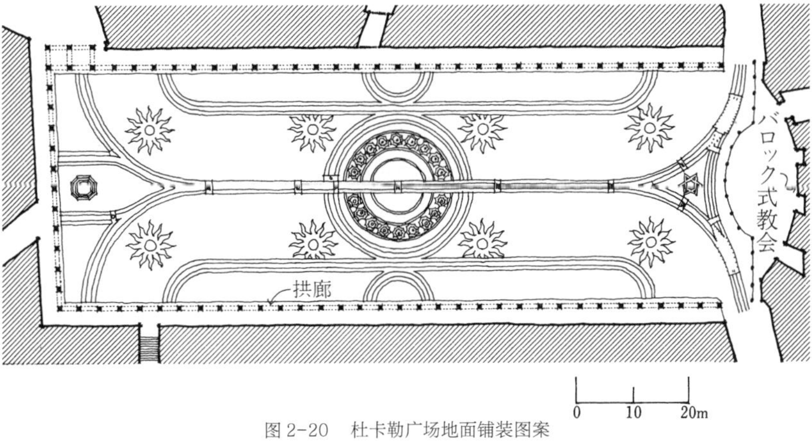

图 2-20 杜卡勒广场地面铺装图案

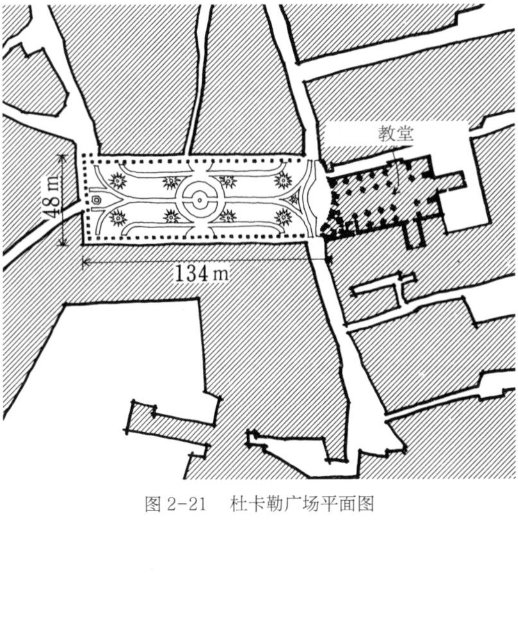

图 2-21 杜卡勒广场平面图

像这样，外部空间由向内弯曲的墙面包围时，与空间的封闭性有密切关系，在意大利，除了维杰瓦诺外，像这样的例子真是不可胜数。罗马圣彼得大教堂前的广场由侧廊包围成凹曲形。卢卡的麦卡托广场（Piazza del Mercato）由周围的建筑围成椭圆形。向内弯曲的墙壁，给予该外部空间以向心的收敛性，更加强调了空间的重要性。根据格式塔心理学的“内侧法则”，还具有更易成“图形”的因素，这一点正是与离心的自然空间的差别所在。

广场与宫殿、市政厅、教堂等重要建筑有密切关系。特别是由于宗教原因，教堂制约广场空间的例子很多。从意大利的例子来看，Dom 广场（教堂前广场）就很多。教堂的前院从功能上说本来是教堂的一部分，根据宗教习惯具有种种用途。实际调查一下意大利的教堂广场，原则上说，它是三面围以住房，教堂位于西侧而形成西立面。根据前一节所述，以 D/H=2，仰角 27° 看建筑，这至少在欣赏建筑上是必需的。除宗教仪式及其他功能要求外，从教堂建筑的重要性考虑，具有距离至少为两倍于建筑高度的广场，这从广场的空间构成上说也是必需的。教堂从建筑本身来说，离远点看固然是优美的造型，走近了看，石雕的涡卷及雕刻、入口的浮雕等也非常吸引人。教堂建筑是市民内心的基石，也是宗教及文化方面的自豪。

意大利中世纪的广场多朴实无华而深深打动人心。文艺复兴时期，人们感觉到空间统一的人为性，便附加上喷泉及纪念碑等。巴洛克时期的广场，或是为了艺术性，或是为了人为的意图而充满了某种气派，可以说外部空间那种朴素成分被削弱了。总之，由石结构建筑形成的意大利外部空间，对日本人来说也许是陌生的，但从建筑学由它起源这一点来考虑，我认为是必须充分加以研究的空间。

5. 阴角空间

在研究广场空间时，无论如何也应当提一提“阴角”空间。

所谓“阴角”，以“升”为例，系指其内侧凹进去的空间，所谓“阳角”系指“升”外侧突出的空间（图 2-22）。在外部空间中，“阳角”空间很容易创造，相对地，从道路与建筑的关系来说，“阴角”空间是很难成立的。尤其在日本的城市中，这种“阴角”空间在历史上就没有成立。如前所述，我看这是日本对外部空间没有赋予“图形”特征的主要原因。

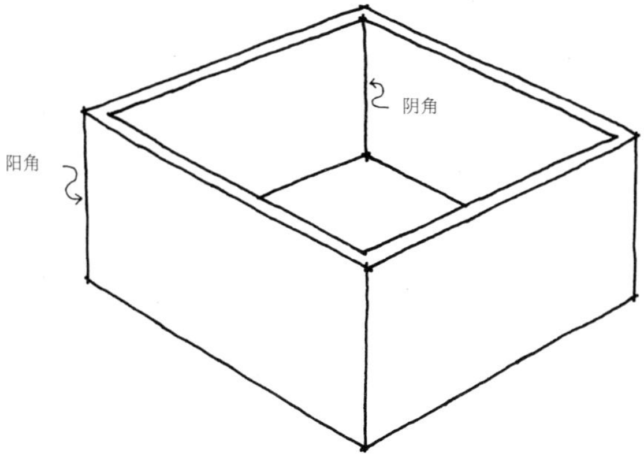

图 2-22　升的阴角与阳角

让我们以东京丸之内的办公楼区为例来看一下吧。这个地区作为日本的一个市中心，按棋盘状布置了较规整的街道。假如取掉这个区的任何一幢建筑，那么，在那里就可以创造出由建筑围成的外部空间。但是，仔细看一下，这种道路布置却并非“阴角”城市空间。为什么呢？这是因为该空间最重要的四角有道路通过，如图 2-23 那样，转角因道路而豁缺，不能形成图 2-24 那样由转角围成的城市空间。这样的大城市空间的实例要数纽约的华盛顿广场了。这个广场有 13 条道路进入，最重要的转角因有道路而豁缺（图 2-25）。这一点正是同欧洲常见的具有真正“阴角”的外部空间（如巴黎的旺多姆广场、哥本哈根的阿玛利安波尔哥广场）之区别所在。

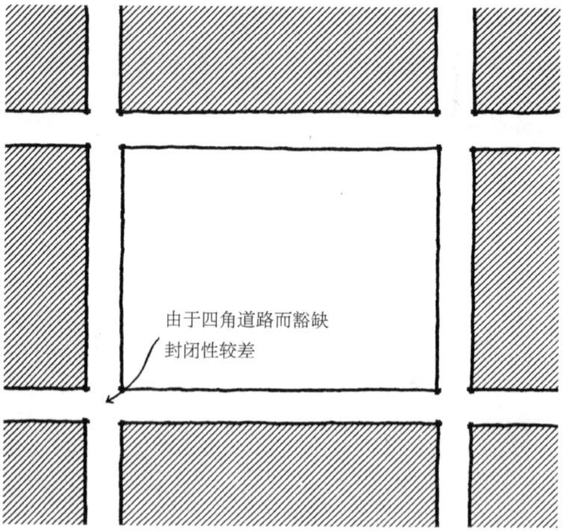

图 2-23　建筑围成的城市空间

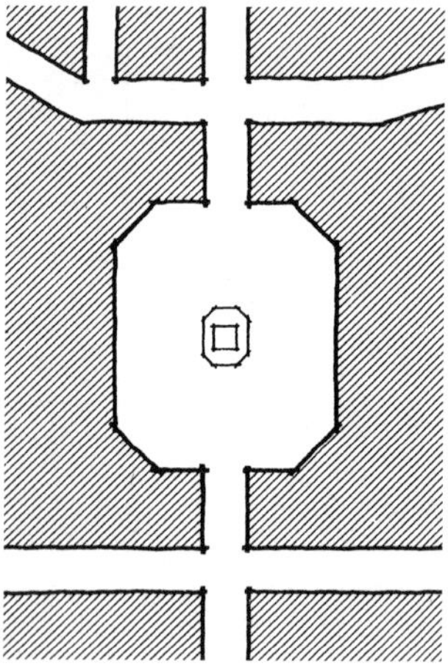
图 2-24　转角围成的城市空间

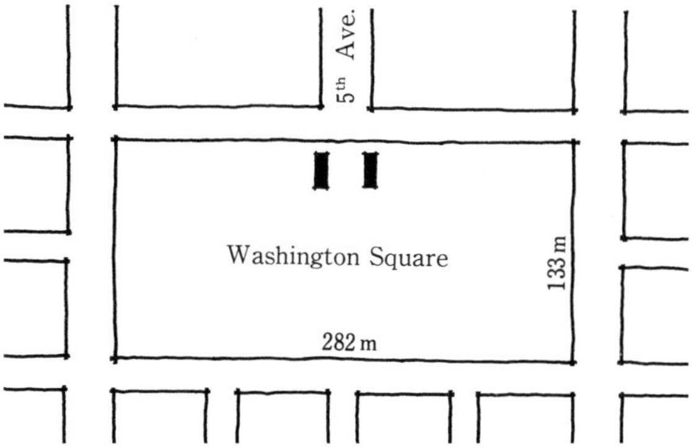

图 2-25 美国纽约 华盛顿广场平面图

为什么外部空间的转角豁缺者比转角确实成为“阴角”空间质量要差呢？要说明它我感到相当困难。实际在这些广场中仔细观察一下就会发现，转角围得牢实即形成封闭性强、亲切的令人安心的空间。这种外部空间的构成用格式塔心理学的法则来分析，如梅茨格在《视觉法则》中所述，当认识形时有所谓“包围法则”或“内侧法则”。即由轮廓线包围或包含于内侧，那么作为“图形”来说就更容易看到。在外部空间中，这种“阴角”空间实际是在领域上包围广场，包含于内侧之中。在这些地方，就像流水淤塞一样，或是人流会集或是摆上椅子休息。在欧洲，保持转角的“阴角”空间，多为城市增添魅力而吸引人们。当沿着棋盘状道路布置建筑时，全都成了“阳角”空间，形成要把人挤出去似的非人性化城市空间。相反，用“阴角”空间可以创造出一种把人拥抱在里面的温暖、完整的城市空间。遗憾的是，日本的城市不容易产生这种使人感到温暖的“阴角”空间，那里只有道路、建筑、站前停车场和公园，很难形成意大利广场那样的城市空间。不过，即使按日本今天的街坊方式，如果想创造“阴角”空间，也不是绝对不可能的。那就是让面向道路的建筑大胆地后退，如果可能让对面的建筑也同样后退（图 2-26）。而且，不要把那里出现的空间单纯作为停车场之类，而应以积极地向市民提供街道广场的精神作为前提。这里，美化街道而使之产生魅力的“街道的美学”是十分必要的。

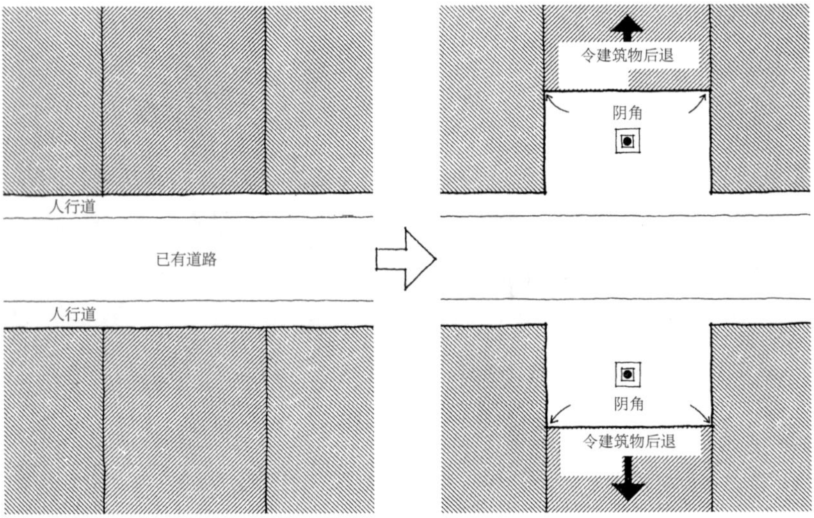

图 2-26　道路上的阴角

即使已有道路，只要令建筑物后退仍可创造阴角空间

6. 下沉式庭园技法与密接原理

下面从街道构成的角度谈谈下沉式庭园（低庭园或下沉式广场）的技法。

如前所述，为了创造高质量的封闭式外部空间，四角必须由建筑外墙包围。可是到了 20 世纪，由于出现了挖掘部分用地使之低于路面的所谓下沉式庭园，从而找到了创造封闭式外部空间的一种方法。这种下沉式庭园的外部空间中，先驱而又成功的实例要数纽约的洛克菲勒中心。这里不仅是纽约居民非常熟悉的地方，也是来访的世界各国游客的必往之地。洛克菲勒中心位于第 5 大街与第 6 大街之间，从西 48 街至西 51 街的 3 个街区内，占地约 50 000 平方米。这个建筑群和外部空间建于 1931 年至 1940 年间，笔者在 1960 年实测过这个广场的周边并仔细进行了调查，因此想说明一下这个空间构成为什么直到今天还让人感到亲切。

纽约曼哈顿地区基本上是由 30.5 米宽南北走向的大街与 18.3 米宽东西走向的街道所形成的 61 米 ×244 米的街区（图 2-27）。第 5 大街往

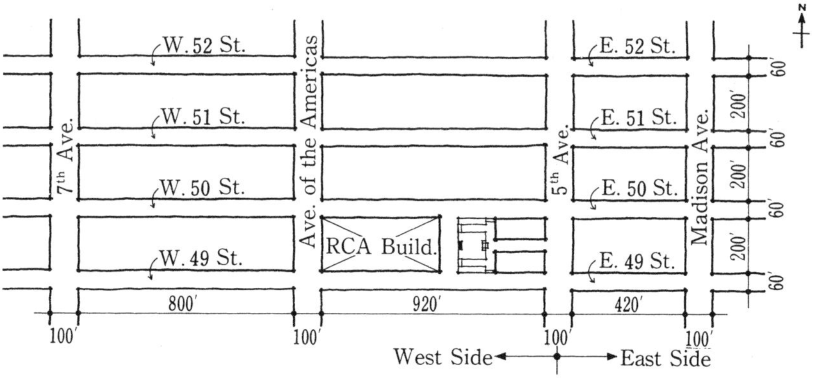

图 2-27　美国纽约　曼哈顿地区的街道划分（图中数字单位为英尺，1 英尺 =0.3048 米）

北，东侧称为东区，西侧称为西区。每隔 61 米就有一个交叉口，沿第 5 大街左侧往北即遇到西 49 街，再走 21.8 米，便在左面豁然出现了一条步行街。这条步行街称为“峡谷花园”（Channel Garden），宽 17.4 米，长 61.3 米，两侧为 5 层的法兰西大厦（La Maison Francaise）和不列颠大厦（British Empire Building），二者均后退成为 7 层。从该步行街空间的剖面来看，$D/H \approx 0.7$，因 $D/H<1$，所以是相当狭窄的空间。可是，步行街尽端布置了高耸入云的 RCA 大厦（地上 70 层，高 259.1 米，1986 年改名为通用电器大楼），视线沿着这个 $D/H \approx 0.7$ 的狭窄步行街空间徐徐上升，自然形成了眺望 RCA 大厦的望远镜镜筒的作用。从总平面规划的观点来看，我认为这条狭窄的步行街和高耸的 RCA 摩天楼的关系是卓绝的，这里创造了一种让高的建筑看来更高的城市空间。两侧的 5 层建筑与 RCA 大厦之间的天空可略微看到，令人感到空间的段落。也就是说，使人预感到 RCA 大厦前有什么东西。那么，它是什么呢？沿着步行街再前行，上述的两幢大厦与 RCA 大厦清晰地脱开，于是，突然看到下面的下沉式广场。广场赋予该处街道以外的城市功能，给街道带来了生气。亦即这个下沉式广场冬天成为溜冰场，其他时间则成为室外餐馆，大量逛街的人在这里停了下来，凭靠着栏杆眺望下面广场的活动。除交通功能以外，这条街道还被赋予逗留、交谈、眺望、进餐、体育活动等功能，街道一下子便充满了生气〔图 2-28（a），图 2-28（b）〕。

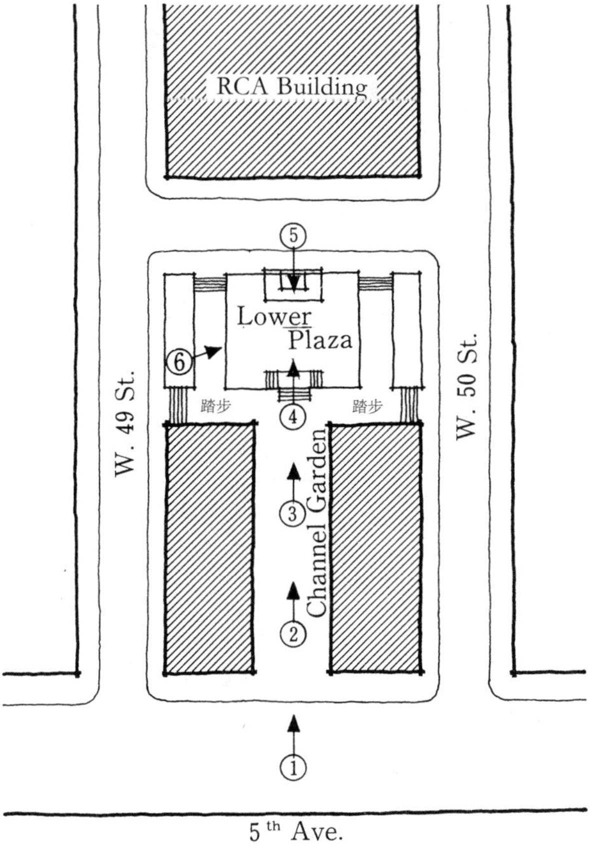

图 2-28（a）　美国纽约　洛克菲勒中心平面图

①~⑥表示各个摄影的位置，①~④是洛克菲勒中心的夏景，下沉广场中阳伞林立，变成饭店。⑤和⑥是同一地点的冬景，下沉广场变成了滑冰场，这里是纽约颇受欢迎的场所。

续图 2-28（b）　下沉式广场

洛克菲勒中心最重要的一点就是用地的一部分比路面低。从第 5 大街通过西 49 街或西 50 街到达 RCA 大厦正面入口，可以不通过一步台阶平坦地行走；相对而言，从第 5 大街通过上述的步行街到达同一地方，无论如何必须通过四座台阶中的一座。仔细一想，原来因为步行街是向前方平缓倾斜的。即使经常从这里经过的人们也没有注意这个斜坡，真是个绝妙的坡道。正因为它，RCA 大厦的前院才可能创造出一段低于其他部分的优质封闭空间。其中一部分作为下沉式广场而挖低。针对高于用地的“阳角”空间而言，由于将部分用地挖低，四角严实，因而形成“图形”的性质，创造出虽是室外却像充实的室内般的阴角空间。所谓低庭园技法，正像这样，由于用侧墙代替周围建筑强调了转角，就较容易保证意大利广场那样的空间充实性。

1960 年，洛克菲勒中心西侧，沿第 6 大街相继修建了新洛克菲勒中心的高层建筑，各幢高层建筑底部都有公共的开敞空间，因此容积率（建筑面积与用地面积之比）从原来的 1500%增至 1800%，为日本最大容积率（900%）的两倍，是惊人的容积。最初的泰姆莱弗大厦没有低庭园，但在马哥罗西尔大厦规划中有低庭园。在纽约这种低庭园技法是会和追求高容积率的做法一道被肯定下来的（图 2-29、图 2-30）。最近，洛克菲勒中心似乎再次得到人们的好感，B. 斯普灵（Bernard Spring）曾这样评价：胜过二战前创造的洛克菲勒中心的作品，至今尚未出现。[①]20 世纪再现的巴洛克式对称布置的洛克菲勒中心，名副其实地作为纽约的古典外部空间，至今仍同市民生活不可分割。

---

① B. 斯普灵，“评价：洛克菲勒中心的两代空间对比”，AIA 杂志，1978 年 2 月刊。

图 2-29 纽约的下沉庭园

图 2-30　纽约的下沉庭园（GM 大厦）

下面谈谈市中心公园的理想状况和“密接”（immediacy）原理。

造园家在市中心规划公园时，多把它们处理成在领域上独立的空间。因此在公园四周围以大树、栅栏或围墙，用周围的道路或环境加以隔断。这是来自日本的传统园林技法，拿东京来说，就是新宿御苑、六义园、小石川植物园一类的封闭式园林。因此，园林或公园内部虽然可以形成隔绝周围道路噪声的寂静空间，然而在领域上却是孤立于周围环境之中。东京的一个典型半封闭式公园的实例就是日比谷公园（图 2-31）。

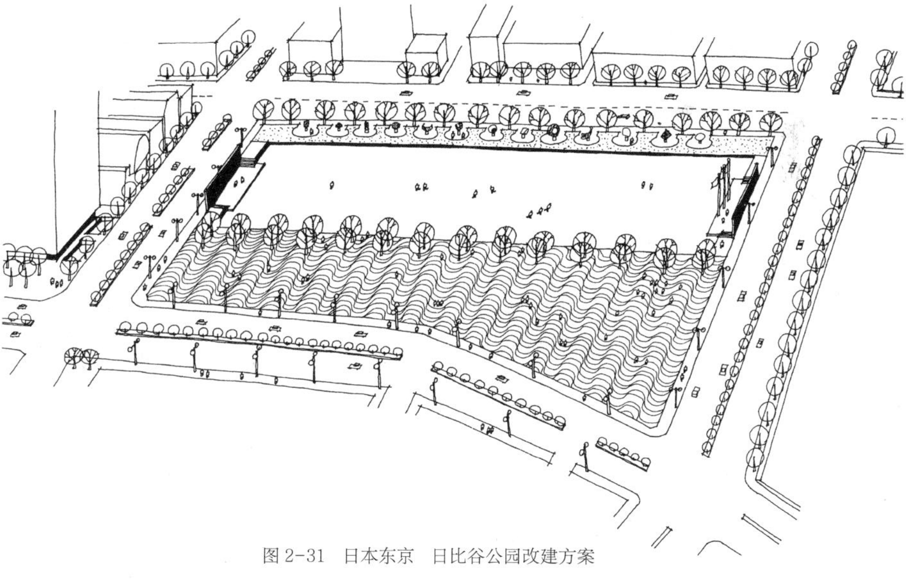

图 2-31　日本东京　日比谷公园改建方案

该公园位于东京市中心极重要的位置，对市民来说是亲切而少有的公园。当经过周围道路时，高大浓密的常绿树使人难望到公园里面。从领域上考虑，这个公园是以周围树木为界，自身独立而向内收敛的空间。可是，对偶尔进入公园内部的人来说，却是一个意想不到的市中心绿洲般的地方。像纽约的中央公园、巴黎的布洛纽森林公园、罗马的保尔盖赛公园那样，作为一个以自然景观为主、占地极广的自然公园，对其本身独立的情况来说是适宜的手法。相对而言，从日比谷公园的规模（南北长 500 米，东西宽 290 米，局部宽 330 米）来说，作为独立的自然公园则嫌太小了，从市中心的中心这一位置来说，孤立也是不恰当的。我认为最好它本身不要孤立，而是和前面的日比谷大街及周围道路组成一体化市中心的外部空间。那么，同周围环境一体化的空间是什么样子呢？参考旧金山的联合广场和纽约的华盛顿广场那样同周围道路一体化，可昼夜使用的情况，我想提出一个方案。

它有这样几个条件：第一，因为是不能取代的市中心，所以可以昼夜使用，特别是不能让夜间行人害怕，夜间也能积极利用。第二，对周围经过的多数人来说，该外部空间在视觉上也是一体的。第三，作为市中心的街道，不仅对市民，就是对到东京的外地人或外国人也能真正作为东京的名胜而受到喜爱。从以上三个条件来说，日比谷公园应摆脱以树为界的市中心公园这一消极意义，处理成更积极的日本代表性的外部空间，那么怎样做才好呢？

首先，从昼夜利用特别是夜间利用条件来说，这个公园一定不能有影响瞭望的死角，周围植树和设立围墙对瞭望来说是不利的。这里树木的配置应考虑改为能看透内部的方式。像西欧那样全部铺成草坪是一种方案；处理成低庭园，降低视线俯瞰景色也是一种方案。其次是关于市中心的新的理想状态，同第一个条件一样，可采用让视线畅通的办法来解决。每边有500米，视线未被树木遮挡，不仅对步行者，就是对驾驶汽车经过的人来说，也能了解公园中的活动。最后，为了成为东京的名胜，可以仔细考虑由功能性和艺术性带来的魅力。

因此，将公园东面宽100米的地段施以海岸般美丽图案的铺装，做成步行街。其次，沿着步行街全部做成水面，冬天模仿洛克菲勒中心作为免费溜冰场，其他时间作为浅浅的湖面供人观赏。沿西侧道路约500米长地段作为室外雕塑广场，为世界年轻的新生艺术家提供展出场所，数米间距可以布置数百件展品。这样，让市中心在功能上、艺术上充分加以表现，市中心有了新的生气，可以不分昼夜受到人们的欢迎。像现在这样，人们经常经过却一次也不进去，的确是市民不大关心的空间，若将其与周围道路在视觉上、领域上一体化，让视线通透，人们就可以安心进入该空间，了解其中的活动，从而成为真正的市中心。这只不过是一个方案。为了使日比谷公园从消极的空地变得积极而富有生气，举行国际设计竞赛征集世界最佳方案，也是一种办法，恐怕只有这样才能提高日比谷公园的世界声誉。

这个方案对造园家来说似乎是极不得当的，可是，造园家如果从一个地段和更广的领域性角度把边界线从公园周围扩大来考虑，可以说也未必不得当。建筑师比造园家所考虑的领域广，城市规划师比建筑师所考虑的领域更广，从这个观点出发就能把握住空间，这恐怕是最普通的事实。例如，不光是考虑日比谷公园，还可以进行市中心的大面积规划，在皇宫前广场及壕沟端部大量植树进行绿化，与人工的日比谷公园形成对比。国家以及地方自治体不仅要建造美术馆、音乐厅之类的室内空间和树木丛生的公园，也应当积极地在市中心创造外部空间，把街道建设成美丽而使人愉快的地方。鉴于欧洲各国自文艺复兴以来建造美丽的城市外部空间的事实，日本虽迟了一步，但也应该迎来一个建造俯瞰景色和视线通透的街道的文艺复兴。最近有一种只要植树就好的想法，可是有时植了树反而影响了街道的构成，这一点必须注意。

关于市中心公园和外部空间还有两个重要的新的想法。一是所谓空间的“密接”①，二是所谓“袖珍公园”（vest-pocket park）〔图2-32（a）、图2-32（b）图2-33（a）、图2-33（b）〕。所谓“密接”就意味着视觉上连通、靠近、可及，所谓“袖珍公园”就是指很小的公园。“袖珍公园”一词首先出现于纽约。关于它，赛玛（W. N. Seymour）曾阐述如下：

在纽约商业街的中心，上溯曼哈顿岛约8千米处，市里出现了最新的袖珍公园。1967年5月23日开园的这个帕莱公园（Paley Park），仅占地405平方米，已成为市里的标志之一。它不仅供顾客、职工和附近居民作为休息场所使用，也有不少专程来游玩的人，不分昼夜总是高朋满座。可称为帕莱公园核心的内容是在公园尽端高3.7米的人工瀑布，构成了可观赏又有声响的背景。此外，这个小公园还以3.7米间隔种植了刺槐树，在浓密的树荫下，摆设了椅子和茶几以代替以往公园中的长椅。②

---

① 戈登·库伦，“密接”，《建筑评论》，1953年4月刊；铃本信宏，《水之IMMEDIACY研究》，日本建筑学会论文报告集第254号。

② 赛玛，《小型城市空间》，小泽明译，彰国社，1973年，第11页。

图 2-32（a）　美国纽约　帕莱公园

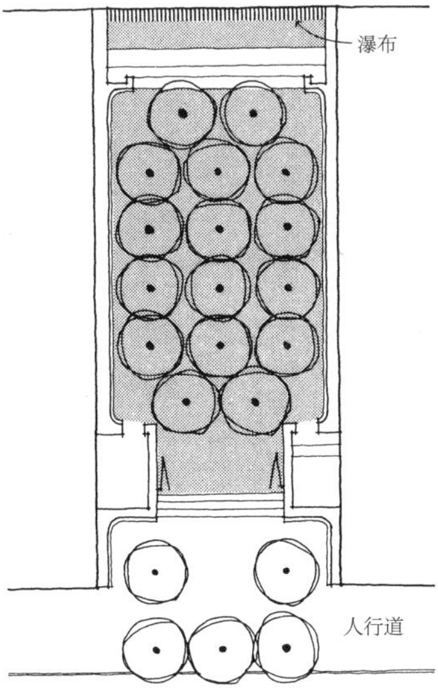

图 2-32（b）　美国纽约　帕莱公园平面图

图 2-33（a） 美国纽约 古林埃卡小公园

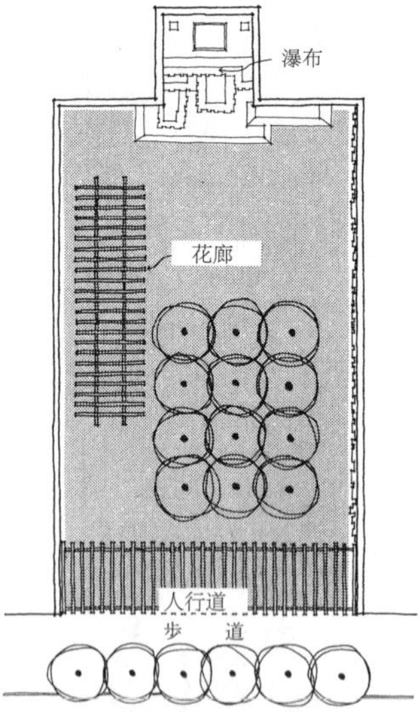

图 2-33（b） 美国纽约 古林埃卡小公园平面图

1963年5月，纽约市公园协会举办了提倡在市中心设置小公园的展览。提出了在当时作为停车场使用的曼哈顿中心区的第40大街、第51大街、第53大街可建造袖珍公园的方案。这个展览会没有引起多大反响，纽约公园局认为不现实而未予重视，反对派的首要人物就是著名的公园局长罗伯特·毛斯（Robert Mose）本人。当时，CBS（哥伦比亚广播公司）总会长威廉·帕莱（William Paley）的财团积极支持，促成在第5大街与麦迪逊大街之间的东53街建造了这个以帕莱命名的小公园。凡是熟悉纽约的人恐怕都知道，这个公园是位于人流最多的曼哈顿区。在仅仅13米×30米的用地上，只有前面所说的那个瀑布。无论怎样，这个小公园如今已成为纽约市的话题，如果就东京而言，它的位置大概相当于在银座大街或林荫大道。这个小公园采用了密接的手法，靠近道路、进入方便、同道路一体化，不，应当说它是道路的一部分。纵使它很小，然而它的开敞、方便，比大而进入不便的封闭式公园要好，这就是“袖珍公园”的长处所在。在日本东京的皇宫前面，也设置了个皇太子成婚纪念喷水池小公园。由于位置上没有密接，所以是连从旁经过的人都不大知道的小公园。而且，由于周围种植了树木，从外面看不到，因此愈发缺乏密接性了。到过罗马的人必定要参观托莱维喷泉（图2-34）和西班牙大阶梯，这些不仅是巴洛克式的美丽景观，同时也因其向街道开敞而体现了密接手法。它为世界各国人民所熟悉和喜爱，这一点是不能忘记的。

在美国的城市里，最近又增加了一些密接手法的小公园和城市的外部空间。如波特兰的劳维约广场（Lovejoy Plaza）（图2-35），可以说是罗马托莱维喷泉的美国现代版。在波特兰市还由同一位造园家劳伦斯·哈普林（Lawrence Halprin）建造了第二个水面广场弗考特广场（Forecourt Plaza）（图2-36）。这个广场的四周被办公楼包围，中

图 2-34　罗马　托莱维喷泉

海神波塞冬在两匹马和半人半鱼的海神的引领下。它作为后期巴罗克建筑的杰作，将建筑与雕刻与喷泉一体化，因为采用了密接的手法，至今仍是罗马的焦点之一。

图 2-35　美国波特兰　劳维约广场

图 2-36 美国波特兰 弗考特广场

间通汽车，由于设在瀑布潭上的照明设备，夜间也很有效果。街道中间的广场之所以使当地市民感到亲切，自然是由密接性带来的。

最近建成而且确像是美国公园作品的，恐怕就是通过西雅图市中心的高速公路上所建的高速公路公园（Seattle Freeway Park）（图 2-37）了。这个位于商业街的公园，巧妙地解决了高速公路的影响，是随着高低错落而逐步展开的绿化并加水面的空间。对于在市中心建造公园首先就碰到用地困难的日本来说，这是很有启发的。

在美国大城市里，也有纽约中央公园那样占地 830 公顷的大公园，而最近在市中心却出现了无数运用密接手法的小公园，这是同欧洲公园和广场不同的城市外部空间构成，我认为应当引起注意。

图 2-37　美国西雅图高速公路公园

7. 第一次轮廓线与第二次轮廓线

重述一下，划分建筑外部与内部的边界线极为重要。由于它的不同，建筑的外观以至街道的构成迥然不同。西欧的建筑多以砌筑的砖石墙构成边界线，街道的构成也很结实。经过漫长的历史，居民也就喜欢上了这样的街道，对它产生了亲切感。例如，笔者曾实地参观过的波兰华沙就是如此，它的市中心尽管在第二次世界大战中全部遭到破坏，但又重建了同原来外观完全一样的建筑。还有比利时安特卫普市中心的住宅区，拆除了老朽的建筑后也是完全照原样重建。只有两处均在地下新开辟了高速路或地下停车场，这样的革新也是必然的。建筑内部完全是现代化的新住宅形式，这是不言而喻的，但外观完全与原来的相同。这一事实说明，居民所期待的建筑和街道就是划分建筑内部与外部的边界线（外墙），完全同过去一样，并确信建筑外观决定周围环境面貌。在砖石结构的历史上，如前面曾提到的维杰瓦诺教堂正立面一样，文艺复兴以后有一种以巴洛克样式来改建整顿街道外观的手法。米开朗基罗和达·芬奇也曾亲自从事过更新建筑正立面墙壁的工作。

相对而言，像日本这样有着木结构传统的国家，作为边界线的外墙有渗透性而不稳定，木装修、木格子和木墙板都是安上去的，的确是临时性的、缺乏有力的确定街道的因素。建筑到了年限需要拆毁时，不光是外墙，多是全部建筑都要拆毁。这就是说，外墙是建筑整体构成的一部分，要拆外墙就全拆。

欧洲有许多祖祖辈辈住了几百年的房屋。砖石结构建筑因干燥、开口部分小，夏季也可以居住；作为耐压结构体来说寿命长，只要重新粉刷，增加设备，就可以使用数百年。木结构建筑一眼就能看出是很简单的结构，但因为它除了承受压力外还承受弯矩和拉力，所以只要部分缺损就不结实了。只考虑使用一代，居住费用实在太高，更何况还有所谓“一生能三建新房是成功者”的说法。日本这样的人很多，从这一情况考虑，日本的居住费用以实际生活年数来除那就极高了。住宅是今世暂时的住处，这一想法是传统性的，即使从人们喜欢新建筑的木香和新榻榻米这一点来看，要让建筑成为永久性的，让街道的构成和过去完全相同，这种欧洲式的想法也是很难扎根的。

街道形成时建筑外墙有重要作用自不必论及。意大利和希腊的砖石结构建筑若反过来说，则是建筑的外墙决定街道。相反，观察一下日本的商业街等街道，从招牌林立的外墙上凸出来的东西非常多，从视觉上说决定街道的不是建筑的外墙，而多是这些凸出物。这些凸出物中有暂时性的，甚至还有飘动的，要创造稳定不变的街道的视觉形象也就越发困难。从宣传大拍卖、新影片、新产品的大幅布幌子，春秋两季的塑料樱花、红叶装饰，伸到道路上的招牌等临时性物品，到君影草灯、电线杆、电线、电线杆上的招牌等道路上的障碍物和高高低低、重重叠叠的招牌，真是五花八门种类繁多，就连本来是功能性的美观的交通标志，也令人厌烦地重来重去。假定侧招牌横向凸出 1 米，那么用平面几何学来分析，以 27° 视角看时，tg27° ≈ 1/2[①]，即从 2 米距离外才能看到外墙，18° 视角时为 3 米，若视线与招牌平行时，那么只有无限远距离才能看到外墙。所以，因侧招牌的关系，道路越狭窄，外墙就越难看到。

在日本的街道上基本看不到建筑外墙，但建筑外墙在制约街道方面也不是没有一点影响，可以说是外墙上凸出来的东西形成了街道。这里把决定建筑本来外观的形态称为建筑的“第一次轮廓线”，把建筑外墙的凸出物和临时附加物所构成的形态称为建筑的“第二次轮廓线”。[②]

① 原文误为 tg27° =2。——译注
② 参见龟卦川淑郎，《街道空间的视觉构造》，东京大学工学部芦原研究室卒业论文。

西欧城市的街道是由建筑本来的“第一次轮廓线”所决定，相对而言，韩国、日本等亚洲国家和地区的街道则多由“第二次轮廓线”所决定。

如前所述，意大利的街道在形成“图形”上，建筑外墙有很大作用；相对地，日本城市的商业区，外墙在促成“图形”的形成上没有多大作用，而飘动物品和凸出物品的含糊轮廓无论如何也不可能成为“图形”。如常言所说，日本画家描绘巴黎也能成画，但日本的街道则成不了画。这是因为，“第一次轮廓线”的秩序和结构清晰容易描绘；相对地，“第二次轮廓线”无秩序、非结构化，所以不能成画。

最近高楼大厦的侧招牌中，还有一种同样大小有秩序排列的形式。这种整齐而有韵律的凸出物，根据情况可组合在“第一次轮廓线”中，融为建筑的一部分。等间距整齐排列的路灯、与建筑协调的酒店杉木灯以及巴黎的煤气灯（图 2-38）等，也可以组合到建筑的“第一次轮廓线”中，为街道的构成发挥作用。爱琴海诸岛的街道和意大利南部的街道等，乍一看，尽管轮廓杂乱却能成画，或者说作为人的空间，它给人以艺术的感受，这是因为它是由“第一次轮廓线”构成的。就像脸上贴着橡皮膏缠着绷带无论如何也使人看不到美好的表情一样，街道也必须尽量减少“第二次轮廓线”，力求把它们组合到“第一次轮廓线”中。在这方面欧洲历史上积累了许多经验，来到欧洲街道的人们为那里美丽协调的城市景观所感动，可以说是当然的事了。总之，尽量减少“第二次轮廓线”就能使街道更美观。

其次略谈一下如何来看建筑的外墙。当建筑沿着道路排列，视点定在道路边界线上看建筑外墙时，因距道路边界线为零，在理论上建筑外墙未进入视野。如果有看到的东西，也只是建筑外墙上凸出的侧招牌一类的“第二次轮廓线”。随着视点逐渐离开边界线，进入视野的墙面比例逐渐增大。相对而言，侧招牌一类的“第二次轮廓线”可以看到的面

图 2-38 巴黎的煤气灯

积没有多大变化，但进入视野的外墙面积却相对增大。从而未被“第二次轮廓线”遮挡的“第一次轮廓线”的印象增强起来。换句话说，离道路边界线越远，本来的建筑立面越能被看清，而且被凸出物遮挡的比例越小。视点距边界线更远，当来到建筑正面时，建筑正面的外墙完全进入视野，侧墙即不再进入视野。即使墙面上附有侧招牌一类的凸出物，也只有它的厚度进入视野，这是“第二次轮廓线”最小而“第一次轮廓线”最大的视点。这样看建筑时，使人得到建筑的强烈印象，丰富了街道的景观。

像这样能以高度二至三倍距离（D/H=2 ~ 3）的视点从正面欣赏建筑的布置方法，曾是欧洲文艺复兴以后营建街道的技法。也就是赋予建筑“正面性”（frontality），强调本来面貌作为街道景观的手法。欧洲广场的景观大量采用了这种手法，建筑的“正面性”作为“第一次轮廓线”有强烈的作用。巴黎营建街道有一种在道路尽端布置建筑的方式，可从正面作为远景看到该建筑。在歌剧院大街的正面可以看到新巴洛克式的代表作——查尔斯 · 加尔涅（Charles Garnier）的巴黎歌剧院华丽的立面（图 2-39）。这幢建筑可由远而近地看到它的正立面。站在皇家大街（Rue Royale）可以看到马德兰教堂的正面，转过身来看协和广场方向，道路正中耸立着方尖碑。印象最深的是香榭丽舍大道正面明星广场中央配置的凯旋门。从广场放射出去的 12 条道路中，只有从香榭丽舍大道和正对面的德拉 · 古兰德 · 阿尔迈大街才能看到凯旋门的正立面。因此，与其他 10 条道路相比是处于主要道路的优越地位。这个巴洛克式的奥斯曼巴黎规划，从现代城市规划观点来看，因其落后时代而受到许多批判，但从建筑配置的技法和街道构成的角度重新评估这种赋予“正面性”的手法，是有不少值得借鉴之处的。如果巴黎光是勒 · 柯布西耶（Le Corbusier）所提倡的具有充足间距和“阳光、空间、绿化”的高层建筑群，恐怕就成了乏味的城市了。历史形成的魅力，巴黎今天仍然很多，我看以“正面性”手法增强“密接性”就是其魅力之一。

图 2-39　巴黎歌剧院—— 建筑的立面

回过头再来看看日本街道的景观，街道上可以说没有充分欣赏建筑正立面的余地。因为街道划分是不规则的，只有在意想不到的地方才能看到一点儿建筑局部正立面的情况。这里所说的“正面性”是指有计划地看到自上而下的整个建筑正立面，而不是隔着其他建筑偶然看到局部的建筑立面。我想拿东京电视塔和巴黎埃菲尔铁塔做个比较，这一点就很容易理解了。

用日本有代表性的大街——东京银座大街作为例子来分析一下它的街道构成吧。首先来看一下，在银座大街从第一街到第八街长约 900 米的街道上，悬挂了多少列侧招牌。因为同一位置也有上下重叠装了侧招牌的，数列数要比数块数更接近实际情况，所以这里采用列数（N）。按此方式统计得知，银座大街东西两侧共悬挂了 199 列侧招牌（见表 1、表 2）。侧招牌累计面积 A 为 1523 平方米，设街道长为 L，A/L=0.84 平方米 / 米，即每米街道有 0.84 平方米的侧招牌面积。从表 2 可看出，L/N=9.1 米 / 列，即平均每走 9.1 米会遇到侧招牌。参考这一数字，假定建筑墙面上每隔 10 米悬挂有凸出 1 米的侧招牌，根据计算结果即可绘制出示意图 2-40。根据该示意图和图 2-41 的一系列图片可知，距道路边界线 3 米左右时，作为“第一次轮廓线”的建筑外墙面就基本上看不到了；距离 6 米左右时，侧招牌遮挡的面积和实际可以看到的外墙面积大体相等；之后，距离越远“第一次轮廓线”的可见面积越增大。当人行道宽度小于 3 米时，对街道的印象就变得淡漠了。

表 1　银座大街侧招牌调查（1978 年 8 月）

地点	道路总长 L（米）	侧招牌总面积 A（平方米）	侧招牌总列数 N	A/L	L/N
银座一街至八街西侧	901	960	111	1.07	8.12
银座一街至八街东侧	910	563	88	0.62	10.34
银座一街至八街东西两侧	1811	1523	199	0.84	9.10

表 2　银座大街各街区侧招牌调查（1978 年 8 月）

地点		街区道路总长 L（米）	街区侧招牌总面积 A（平方米）	街区侧招牌总列数 N	A/L	L/N
银座一街	西侧 东侧	111 126	92 115	11 22	0.83 0.91	10.09 5.73
银座二街	西侧 东侧	111 111	153 104	17 8	1.38 0.94	6.53 13.88
银座三街	西侧 东侧	119 119	132 26	12 2	1.11 0.22	9.92 59.50
银座四街	西侧 东侧	94 94	79 55	7 12	0.84 0.59	13.43 7.83
银座五街	西侧 东侧	108 108	101 50	6 7	0.94 0.46	18.00 15.43
银座六街	西侧 东侧	113 113	169 50	21 6	1.50 0.44	5.38 18.83
银座七街	西侧 东侧	114 114	101 59	20 16	0.89 0.52	5.70 7.13
银座八街	西侧 东侧	131 125	133 104	17 15	1.02 0.83	7.71 8.33

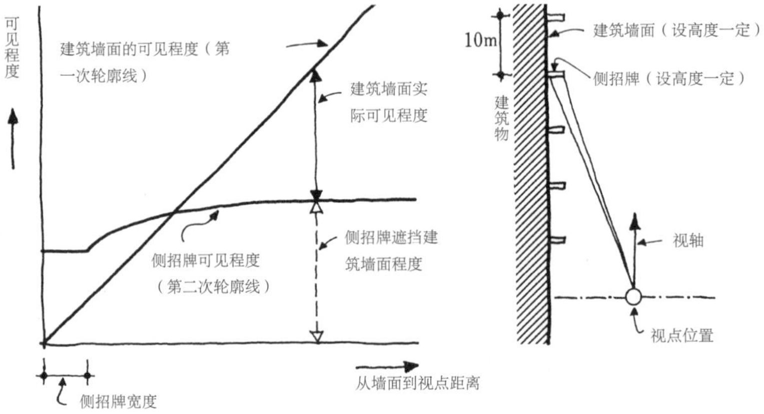

图 2-40“第一次轮廓线”与“第二次轮廓线”可见程度

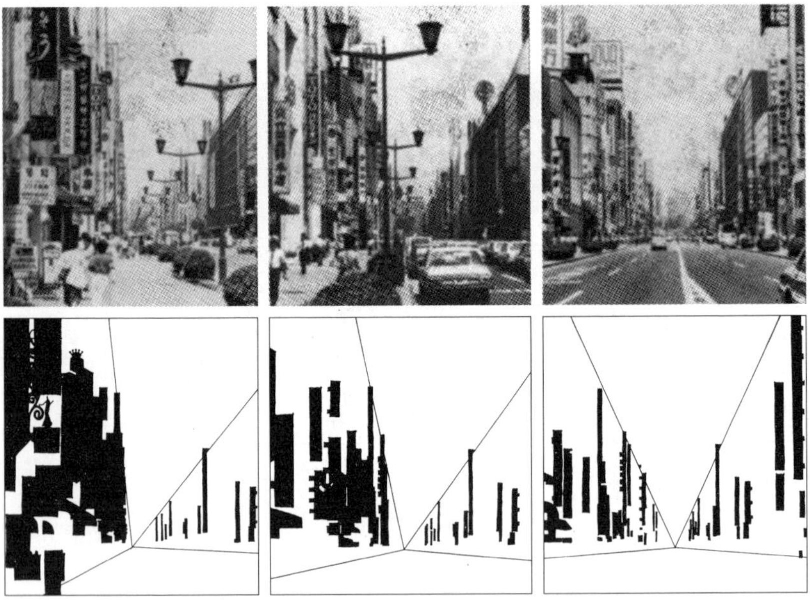

① 西 3 米　② 西 6 米　③ 中央

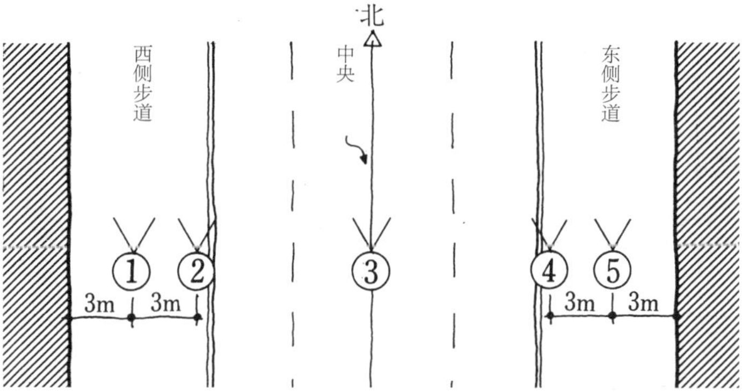

图 2-41　日本东京　银座大街的“第一次轮廓线”与“第二次轮廓线”

图①～⑤，下排图中被涂黑的部分是上排照片中的广告牌，从距西侧边界线开始 3 米的视点观察，西侧几本看不到涂黑的墙面。与之相反，东侧的墙面可以清楚地看到。随着靠近道路中央，东西两侧的墙面看见的部分越来越多，并且逐渐均等。另外，如果从东侧观察，与上述看到的情况则相反。

④　东 6 米

⑤　东 3 米

为了处理好市中心区中心街道的景观，更方便地看到建筑的“第一次轮廓线”，应尽可能减弱“第二次轮廓线”。总之，丰富街道的印象是非常重要的。从该思想出发，提出以下方案：

（1）市中心主要道路要尽可能加宽。东京的代表性街道宽约 30 米，而巴黎的香榭丽舍大道宽约 70 米。

（2）根据前面所述理由，人行道宽度至少在 3 米以上，要尽可能加宽。银座大街的人行道宽约 6.5 米，在日本算是特别宽的了，而香榭丽舍大道的人行道宽度有 11.5 米左右（图 2-42、图 2-43）。人行道宽，旁边建筑的“第一次轮廓线”进入视野的比例就增大，这和第（1）项是同样的原理。人行道的宽窄给人的感受大不相同：一种是步行者的天堂；一种是交叉口接踵而至，走在道路中心欣赏这一带景观时提心吊胆。宽阔的人行道可以协调地布置长椅、饮水器、喷水池、室外雕塑、公用电话、街道时钟及指路牌等，为单纯的交通空间赋予生活空间的功能。

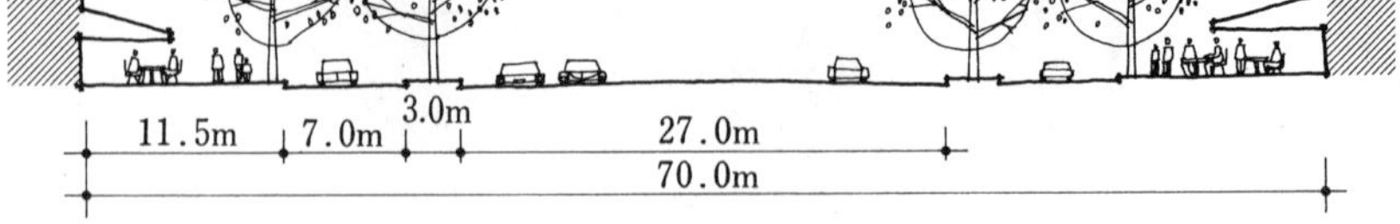

图 2-42　法国巴黎　香榭丽舍大道实测图

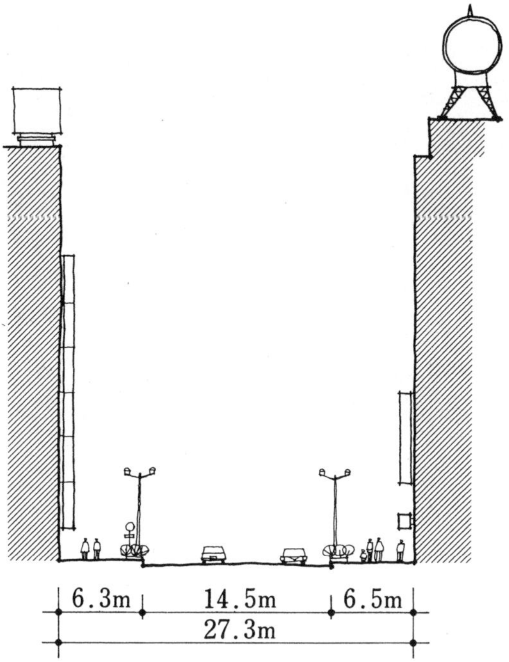

图 2-43　日本东京　银座大厦实测图

（3）极力限制遮挡“第一次轮廓线”的“第二次轮廓线”，特别是侧招牌。由创造“阴角”空间或低庭园空间赋予街道变化和“图形”的性质，并应用“正面性”和“密接性”原理，设法改善街道形象。

美国明尼阿波利斯市的中心街道就是应用第（2）项原理使已有城市活跃起来的成功实例（图 2-44 ~ 图 2-47）。建筑师菲利浦 · 约翰逊在摩天楼及其他多层大楼之间的外部空间上覆以巨大玻璃屋顶，形成外部式的内部空间，在这个严寒地区创造了一个意大利广场那样的亲切空间——尼古莱步行商业街（Nicholet Mall）。在该林荫道的二层，架设

图 2-44　美国明尼阿波利斯　尼古莱步行商业街

图 2-45　美国明尼阿波利斯　尼古莱步行商业街的指路牌

图 2-46　美国明尼阿波利斯　IDS 中心

图 2-47　美国明尼阿波利斯　IDS 中心的架空走道

了跨越道路的空中走廊，它作为联系已有建筑的新交通体系，促成了冬天的繁荣。在联系尼古莱步行商业街的原有道路上，禁止一般汽车通行，这里铺设了只通巴士的狭窄蜿蜒的车道。其他道路空间均作为人行道，施以美丽砖块的铺装。在人行道上设置了巴士候车站、经过设计的指路牌、室外雕塑、喷水池、时钟及路灯等。这些方法使明尼阿波利斯市的中心街道充满了生气，美国其他城市如波特兰、西雅图等也相继采用了同样手法（图 2-48）。像这样加宽人行道，形成步行者的天堂，我认为是优先考虑步行者这一观念的复兴，作为街道构成来说是值得注意的。

图 2-48　美国波特兰人行道

旭川车站前宽 20 米、长 1 米的购物公园，是日本基于上述想法给步行者优先的林荫商业街的宝贵实例。可是，为了更加明确这些手法，我想以东京银座大街为例，提出一个并非城市再开发那样治本的措施，而是从街道的美学角度出发的改良方案。银座大街宽约 27.3 米，现在地段的划分情况是：大百货商店退后红线 10 至 15 米，小型地段多为 5 米左右。前述使得街道形象杂乱不堪的侧招牌，总量达 1500 平方米之多，首先应将其全部清除，以便能显著提高“第一次轮廓线”的可见度，加强街道的形象。作为日本的代表性街道，从银座摘除侧招牌后是什么样子呢？因此，仿照明尼阿波利斯的方式，扩展人行道并应用“阴角”“正面性”“密接性”原理，提出一个如图 2-49 所示的方案。

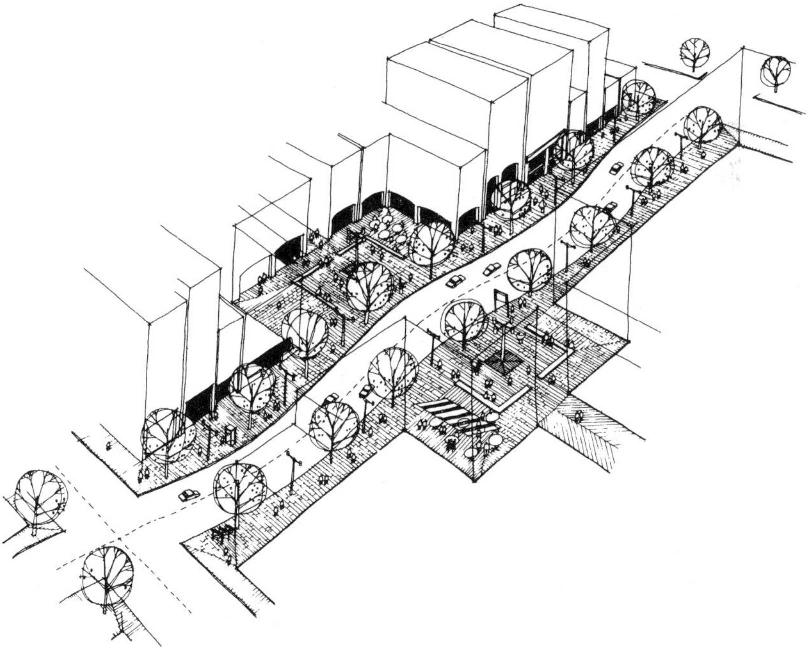

图 2-49 日本东京 银座大街改建方案

8. 俯视景观

城市景观中的魅力之一就是俯视景观。由于俯视，视线迅速而确切地把握住领域，把观光者和街道紧密地联系起来。

到巴黎观光的人恐怕都要登上蒙马特山（Montmartre），背倚着洁白的圣心（Sacre Coeur）大教堂，凭靠在石栏杆上俯望，巴黎的街道就像全景画一般在下面展开，就连埃菲尔铁塔也可在呼之可闻间看到。“这就是巴黎，我终于来到了巴黎”这样的实感在此瞬间油然而生，获得无法形容的感受。谁都知道罗马有七个山丘，隔着许多教堂圆顶，令人产生“兴建罗马非一日之功”感受的地方大量存在。在东京、大阪等日本大城市中，很遗憾没有俯视全体街道之处。在横滨、神户等海港城市有所谓“望港山”，可以使观光的人不由得产生伤感之情。即使不举中国香港这样的例子，从许多实例也可以看出，高山上是有条件的人居住的，拥挤低洼的地方是平民百姓居住的，这一事实说明人们理想的住所是和俯视景观有关的。

我觉得所谓“俯视”“仰视”，恐怕在大脑生理学上有深刻的意义，不过这里是想作为“街道的美学”的视觉结构，从视线的几何原理来探讨它的意义。

美国的亨利·德莱弗斯（Henry Dreyfuss）以1400名空军候补军官为对象，调查了驾驶舱视野的上限、下限、适宜角度等。根据他的研究，站立者的视线一般为俯角10°，端坐者的视线为俯角15°。视野的上限为50°～55°，下限为70°～80°。[①]这是比H.麦登斯提出的60°圆锥的视野范围更为准确的数据。由这一数据也可以说明，从人的身体构造来说，一般情况人俯视要比仰视自然。

---

① 亨利·德莱弗斯，《人的尺度——设计中的人为因素》，查特·惠特尼出版公司，纽约，1960年。

请让我引用樋口忠彦的重要研究[①]：他登上东京电视塔，以大量观光者为对象进行了调查，结果发现不论是在 150 米高的瞭望台还是在 250 米高的瞭望台上，感觉舒适的俯角都是 8° 至 10° 。根据以上研究和德莱弗斯的研究，他以看着舒适的俯角 10° 附近作为俯视景观的中心范围，分析了许多实例。

例如横滨的所谓“望港山”，根据最近的现状，俯角 10° 的视线被面前的仓库群所遮挡，过去那种伤感情调没有了，就是光看海面俯角也减小了，只能从建筑的缝隙间看到一些，作为“望港山”的价值正在降低。与此相反，从函馆山望函馆港时的景观，尤其是它的夜景，实在令人感叹不已（图 2-50）。根据樋口的分析，这一景观以山顶为中心俯角 10° 的圆弧（图 2-51），正好包括了函馆市区与港口的海面，的确是“尽收眼底”了。关于湖面可以说也是同样的情况，能看到关东平原

图 2-50　从函馆山脉望函馆港的夜景

① 樋口忠彦，《关于景观结构的基础研究》，东京大学学位论文。

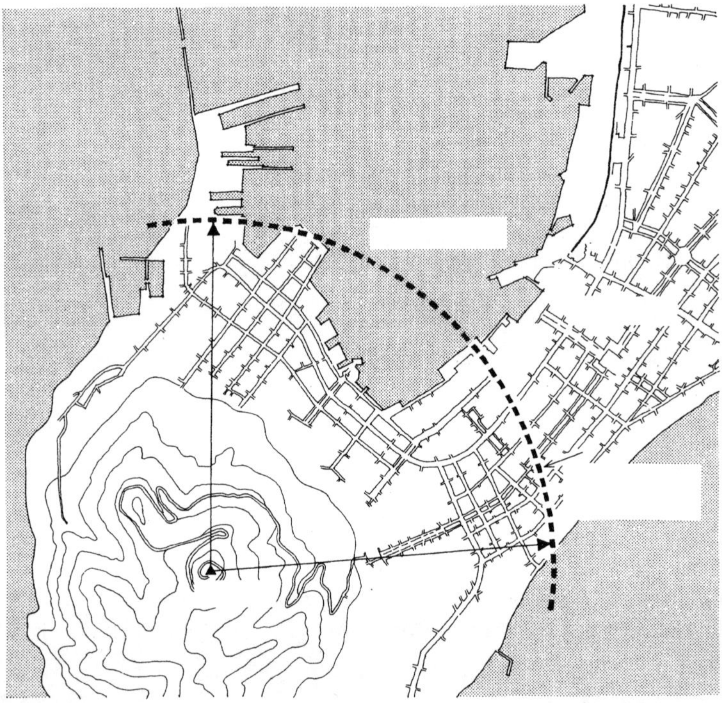

图 2-51　函馆山俯角 10° 可见范围

湖面的状况，大体上是俯角小而很一般，相对地，能看到北海道湖面的状况为俯角 10° 左右，可以充分地眺望湖面。从这些例子看出，为了使景观更为出色，我认为以俯角 10° 左右俯视也是一个重要因素。

再者是从视野的范围来考虑，譬如来研究一下室外踏步吧（图 2-52）。人站立时眼睛高度 1.5 米左右，这一高度对踏步来说是有重要意义的。若踏步比眼睛高，上面的 B 面不进入视线；若踏步比眼睛低，上面的 B' 面即进入视线范围。所谓进入视野，从领域性上说就意味着 A 与 B 结合在一起。但是，如果没有进入视野，B 与 A 在视觉上即进入各自的领域。

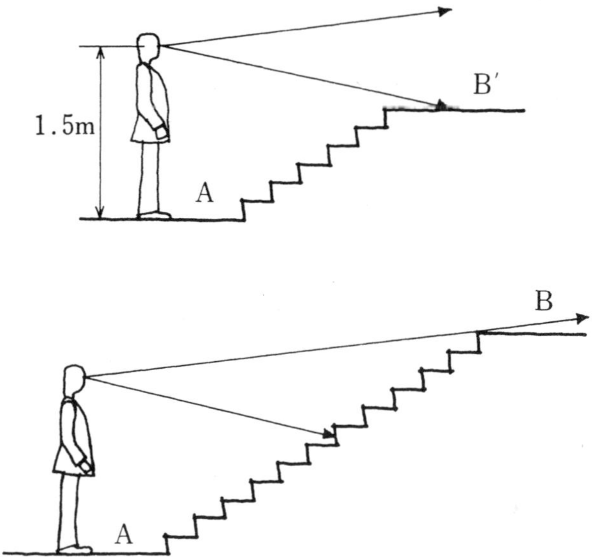

图 2-52　踏步高度与视野

日本神社的石踏步坡度陡级数也多，它在领域上的划分是怎么回事呢？从下面是无法判断的，这样就体现了神社的森严，这是我们平时都有过的体会。

如上所述，城市街道中增添俯视景观，在增加城市魅力上是有效果的。有坡道的街道、有踏步的街道、有山丘的街道以及望港的山丘，均给人们留下深刻印象。作为街道构成，希望尽可能增添俯视景观。

9. 室外雕塑的意义

日本道路铺装的历史很短，而且铺装的材料也很贫乏，可以称作道路附属品的路灯、长椅、标志等也出现得很迟。如在第一章第1节“内部与外部”中所述，这是由于传统上对外部空间的不关心所造成的。相对的，在本章第4节“广场的美学”中也曾讲过，在意大利的外部空间中，既有我们室内地毯一般美丽的图案，又有摆设在壁龛里的艺术品。在欧洲城市史中，特别是文艺复兴以后，艺术性地修饰外部空间，是重要城市都存在的情况。

巴黎德里波里大街那样由拱廊统一的街道或柏林温特・登・林登大街那样檐高和建筑线一致的街道，由于处理一致而美化了街道。日本东京丸之内办公楼街也是由于处理一致而形成统一整齐的美。可是美国城市规划的手法是从快速出发，除了采用功能分区方式外还采用了地区容积制。这是对某一用地按该地区的系数规定建筑总面积，也就是规定建筑容积的制度，并不硬性规定建筑高度和建筑遮挡率的新想法。过去日本的习惯做法如丸大厦那样，也是建筑物直抵红线把用地全部占满，其有高度规定，在商业区不得超过31米。如果容积与丸大厦相同，高度增加一倍，用地的一半即可作为空地；高度增加两倍，用地的三分之二即可成为空地。因为建筑总面积是一定的，城市交通量一点也没有增加，所以可以有效地利用这一空地，创造具有城市魅力的开敞空间。实际上丸大厦中央为通风采光天井，对该大厦来说只起到了消极作用，作为城市空间也没有起到积极作用。即使在美国，早期的超高层建筑帝国大厦和克莱斯拉大厦等也没有这种容积制的想法，建筑物占满用地，没有形成城市外部空间。战前的洛克菲勒中心，可以看到这一想法的萌芽。战后美国的超高层建筑基本上都采用了容积制的想法，作为城市外部空间一直整顿到建筑脚下的实例多了起来。根据这一方法，建筑物的间距拉大，檐口线再要一致也就困难了。作为街道的美学来说，还必须采用不同的理论。所以这个办公楼空间如何处理是有重要意义的。比路面高或比路面低（下沉式庭园）是一种方法，采用水面、流水或瀑布也是一种方法；另一种方法是布置室外雕塑，这是西欧城市广泛接受的方法。像日本高层建筑那样，刚建造了高于视线的广场，周围种上了树，煞费苦心的公共性开敞空间就被路面隔开，成了封闭式的外部空间，城市开敞空间的意义也就模糊起来。

由于这种城市规划手法，开启了一个对雕塑家堪称福音的室外雕塑新时代。美国的大城市由于没经历过文艺复兴和巴洛克等时期，也许是缺乏欧洲城市那种对艺术性的反省吧，纽约、芝加哥等大城市自不必说，地方城市也一样，在大量现代化超高层建筑前面必定布置室外雕塑，大有泛滥成灾之势（图 2-53）。

外部空间布置雕塑，作为修建高层建筑的补偿，也具有把美还原给社会的意义。雕塑如果归个人所有，大部分市民便不能看到，就是美术馆所藏的作品，一般看的机会也较少。如果把它布置在市中心的开敞空间，就可以成为市民的美的公共财产。例如芝加哥市政厅前面有毕加索的巨大铁雕。这和东京都厅舍旁太田道灌像的意义有本质的区别，因为太田道灌像至少没有考虑把美还原给社会的意义。

我觉得日本的雕塑家与画家相比，无论在社会上还是在经济上都没有得到优待，这是由于绘画适于私人的内部空间，相对地，雕塑是适于公共的外部空间，即使日本今后美化街道时，对外部空间以及道路也必须在艺术上更加关心，并寄希望于雕塑家的活跃。不论新艺术派（art nouveau）样式的巴黎地铁入口也好，塞纳河大桥的栏杆也好，都是美术史上遗留的杰作。看一下日本商业街的君影草灯和道路标志就会明白，它们毕竟是毫无艺术性可言的。壁龛挂画轴或插花艺术等美的传统毕竟不能在日本外部空间中通用。我痛切感到，尽可能艺术性地处理城市空间，是日本“街道的美学”的当务之急。

图 2-53　美国的室外雕塑

续图 2-53　美国的室外雕塑

第三章 关于空间的几项考察

1. 小空间的价值

加斯东·巴什拉说过："诗人常能在小中见大。"[①]我觉得这句话有相当含蓄的意义。大空间自有大空间存在的意义，但小空间（并非狭窄空间）却有着不可估量的魅力。

这里所说的"小"是指某种完整的东西，不管小狗、小猫也好，盆栽的山毛榉或小玩具娃娃也好。首先，小的东西像掌上明珠一般可爱，小的东西是富有幻想性和浪漫性的；其次，同大的东西相比，它摆脱了把旁观者带进对象内部，进一步探索其内部秘密的可能性。

如果要从辩证法上证实巴什拉所说的"小中见大"，那么，在"小"的世界中除了发挥想象力外别无他法。例如桌子上有一个苹果，人们或许会把它想象成儿童的小脸蛋，可是，如果进入苹果之中看一看会是什么样子呢？那里想必存在着非常宽广的内部空间，而且又是非常静谧的

---

① 巴什拉，前引书，第216页。

吧。只有想象世界才能把人们导入真正的安静，最终带来满足的幸福感。要说进入小空间，就必须有把自己缩小为若干分之一的想象力。假如能把自己缩小，人们就会被带进独自创造的世界；把自己扩大就不容易进入想象世界。由大的东西想象小的东西是困难的，这正是“小空间”的“小”所具有的意义。

如巴什拉所指出的，在儿童们的想象世界里，或是进入鲸鱼口中居住，或是进入蛙腹之中，世界上这样的童话是很多的。像这样进入体内之说，无非是给人一种安稳之感。这种“小空间”从心理学上可以说是潜意识情结或“归回母体”吧，它是从人一生下来就被安稳地抱在母亲胸前这一潜意识中诞生出来的。

那么，在实际的建筑空间中，这种“小空间”具有什么意义呢？像日本这样的国家，工业越来越发达，人口迅速向城市集中，城市的整顿跟不上，终于不得不形成无秩序的庞大城市。城市本来是由于人口集中而增大了人们邂逅的可能性，提供了方便条件及高效率而产生魅力的，可是从世界范围来看，因城市发展过速而形成无秩序的特大城市已经失去控制，开始走向非人性和丧失精神功能的道路。熙熙攘攘的人群、夺路行驶的汽车和大吵大闹的扬声器等，都在折磨着人们。由于城市当中发出能量的东西太厉害了，我们竟对这种极端无秩序状态形成了一种变态反应。在建筑学范畴，不但对大空间，就是对小空间的研究也关注起来，从中可以感觉到当代人对住宅中如何恢复安静和人情味这一势必实现的心愿。因此，对住在城市的居民来说，与市中心的繁华相对照，住宅区更应是安静的空间。

城市本是由社区到私密性的分段秩序所构成，城市过于庞大杂乱，小型的安静空间就更显得十分需要了。所谓“小”并不意味着空间狭窄，如茶室或盆栽，正因其小，才看到积极实现它的价值，因空间过大而未能实现的丰富内容可以从“小空间”中发现。

那么，“小空间”意味着什么呢？首先，它是个人的、安静的、想象的、有诗意和有人情味的。与大城市的杂乱、喧闹、非人性等现状形成强烈对比。人们日出而作，日落而息，从白天大空间的活动中解放出来以后，便滞留在夜间沉寂的“小空间”里，或享受天伦之乐，或于书斋思索。

笔者在阁楼上有一间仅为两铺席[①]大小的小小书房，眼镜、香烟、稿纸或书，凡是必需的东西，伸手即可拿到。走进这个小房间，就能不假思索地静下心来顺利工作。在欧美国家，阁楼房间很常见，留学生时代在这种天棚低矮的房间里生活过的人，恐怕也很多吧。阁楼的天棚大多是倾斜而低矮的，小小的老虎窗几乎会碰头。由于是在最顶层的缘故吧，同外界隔绝，有一种说不出的安定感。躺在床上望着贴在斜天棚上的照片或座右铭，会觉得十分安闲。在这样的“小空间”里，作为自己的城堡，私密性受到了庇护。

笔者还是桑拿浴的爱好者。记得十多年前，第一次访问森林湖泊之国芬兰时，正是极昼期间。傍晚从林间看到的湖泊，微微发白，亮晶晶的，大自然之美令人赞叹不已。在那里最先体验到的就是桑拿浴。井干式的圆木房子里生着火，也许由于空气干燥吧，让人十分爽快。火上摆着石块，用勺向烧红的石块上浇水，水蒸气顿时充满整个房间，变成了闷热的夏天。拼命忍耐，汗如泉涌；实在忍受不住时便跑到外面，在白夜的光辉中跳进湖水。这样反复几次，身心会感到说不出的爽快。那是个在幽静的湖畔森林中，朴素而微暗的“小空间”。真正的桑拿浴是洋溢着木香、微暗、遐想的小空间，那里能独自安静地根据自己的身体条件调节温度，因此可以给人以安闲之感。这个空间可以消除人们精神的紧张，令人涌现新的活力。

---

① 原文为畳，每畳约 1 米 ×2 米。—— 译注

20 世纪 20 年代，欧洲现代建筑运动盛行。而在此之前，只重视建筑的形式美、对称性及装饰性等，建筑本来应有的功能性、合理性及舒适性等反被放在次要位置。“房屋是居住的机器”这一口号曾被多数人所接受，勒·柯布西耶所提倡的新城市方案强烈地打动了人心（图 3-1）。拆掉紧挨着街道的住房，在“阳光、空间、绿化”的口号下建成新的大间距高层住宅群，作为给人们带来幸福的现代化居住环境而得到承认。日本在改造简陋而过密的木结构住宅区、创造舒适不易燃的城市环境方面，一般也把大片住宅区的多、高层钢筋混凝土公寓的建设作为解决措施之一。建筑师也都把尽可能充足的间距和开敞空间作为有效的手法。这样的住宅区或居住新城，正在世界各地出现。阳光、空间和绿化确实得到了保证，土地得到有效利用，而且成功的实例也不少。不过，人们现在又开始认识到，这里也有某些不足之处，那就是“居住”的充实感及安定感尚嫌不足吧。

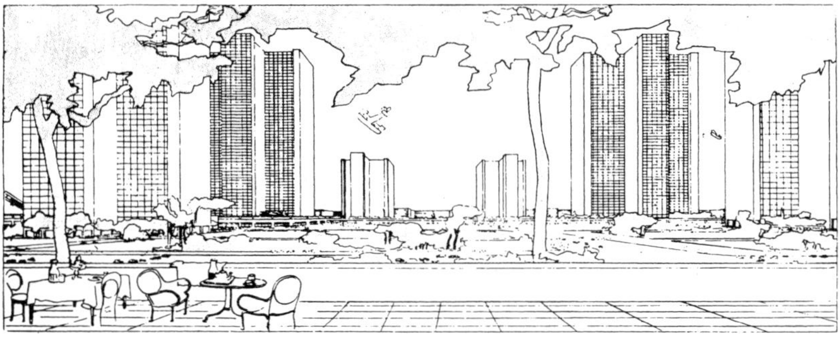

图 3-1　勒·柯布西耶设计的 300 万人口城市方案

让我们仔细看一下建筑与建筑之间的空间——间距。譬如，它是保证冬至日照四小时的空间，是不属于任何居住者所有的空间——消极空间。赛吉·希玛耶夫（Serge Chermayeff）在其所著《社区与私密性》一书中说道：

这一手法的理论，开始让人觉得挺不错，可是，喜欢分散的（建筑间距上的）绿地，只不过是个虚构的结局。因为这些绿地作为公园，面积不够大，又不像有亲切感的私人庭园那样适当地划小。这些地方归一切人所有，结果是谁也没利用，谁也不属于。这种空间的所有权和维护管理，既不是公共的，也不是私人的。它只是方盒子建筑之间剩余的空隙，人影稀少，大人、孩子都不愿停留[①]

有人会问，把这种不属于谁的空间划分给居民，哪怕很小也行，或是作为庭院，或是作为菜园，或是作为杂务院，创造出积极的外部空间，这难道是不可能的吗？

当我们回到郊外那大片的住宅区时，千篇一律的钢筋混凝土住宅，一望无际地排列在那里，倒不如看不到建筑，而是在大自然中漫步回到家里，反会让人愉快些。穿越人工的不连续环境，无论如何也是令人厌倦的。建筑与建筑之间的空间，的确既不像是自然环境，又不像是人工环境，而是半途中的空虚地段。这种空虚感，对居民来说，是使他们形成不愿真正定居只是暂时寄宿的观点的原因之一。公共企业机关的自然环境，是只能看而不能到手的空间，使人产生一种隔靴搔痒的感觉。从市中心回到郊外住宅区，如果还是光能看一看的自然环境，那是不太富有生活情趣的。市中心一带是希望建造这种具有丰富的开放空间和仅供观看的自然环境的多、高层住宅的。人们年轻时、忙碌时或轻快时在市中心附近的高层住宅居住比较恰当，会像住在旅馆或避暑胜地一样方便、

---

① 希玛耶夫等，《社区与私密性》，冈田新一译，鹿岛出版会，1967 年，第 82 页。

舒心。但是当真正定居时，正如希玛耶夫所指出，是希望有“带庭院住宅”的。所谓庭院，就是自己动手创造的自然环境，绝不是只供看一看的。可以在那里培育植物、用早点、沐浴阳光、做体操、读书、做杂务等，完全是自己的空间。即使再小也没关系，可以把自己的室外空间同自然联系在一起，深深植根于大地之中。

当我看到爱琴海诸岛及意大利南部等地中海沿岸的低层集合住宅时，真有一种说不出的感受。伊兹拉、帕特莫斯、罗德斯（Rodos）、圣托里尼等岛屿的街道，都是由斜对着海岸的低层集合住宅构成的。以湛蓝的天空、清澈的海水为背景，白色的建筑物沿着弯曲的道路，或高或低重叠在一起，邻居的屋顶就像另一家的平台，也可以说就像是一幢大建筑构成的街道。在住户与住户之间意想不到的位置，围成小小的庭院，摆着椅子或花钵。由于斜坡的关系，这些庭院后面封闭，前面临海，是能保障私密性的小小室外空间。进入这样的空间，一面静静地听着音乐，一面呷着葡萄酒。当俯瞰爱琴海时，就会仔细欣赏这个曾遇到多次外敌侵略危险，由祖祖辈辈传下来的“小空间”所带给希腊人的定居感。这些街道并不是根据城市规划或建筑法规的规定而出现的，而是根据多年来不成文的规定自发产生的，是规划的城市中所看不到的，是人的智慧在联合防御的共同思想中产生的美丽结晶。如果把由于内部原因自发产生的街道称为“内部秩序”的街道，把按照规划从外面建造的街道称为“外部秩序”的街道，那么，就会深切感到，在这种“内部秩序”的街道上，可以重新发现大城市居民所看不到的人情味和自然的爱抚。 回过头再看看日本最近对低层集合住宅的关心和有关的研究情况。首先，前面提到的郊区多层住宅区不能达到最初预想的情况，根据资料看，大部分住户将来都要迁往带庭院的独立式住宅。其次，东京一类大城市的郊外住宅区逐步在按控制建筑高度、保证日照的方法考虑。再者，保证多层住宅充分间距所需的大规模用地，在市内是很困难的。于是，在用地虽少的情况下建造低层住宅区的方式受到了注目。根据研究结果，若保持多层住宅区 300 人 / 公顷的人口密度，居住空间则更宽敞。尽管还不够大，但有专用庭院，这些都是可能的。

并非大城市只要建造低层集合住宅，一切烦恼均可迎刃而解了——不会那么简单。如果在极细微的计划上有所疏忽，就难保不会出现低层集合住宅的贫民窟。

首先，集合的规模是有限制的，虽然有种种不同见解，但是充其量不过以 50 至 60 户为定论，集合也并不是简单的凑拢，而应形成街道那样的内部秩序。如果超出上述规模，直接通达各户的交通手段将发生困难。例如，前述的希腊各岛上的街道，的确是富于变化、韵律和充满人情味的美丽街道。可是，把它照样搬到现代化城市当中是不可能的，因为，在那种带人情味的弯曲狭窄的街道上，是无法通行汽车的。如果让汽车通行，那它的妙处也就立即被抹杀了。所以，意大利或希腊的内部秩序街道，是不可能原封不动大规模地适用于现代城市的。充其量划分成 50 至 60 户的小规模空间，其间加以绿化，把它作为交通动脉，这是可以考虑的一种解决方法。

再一方面，日本大城市郊区由民间开发的新住宅区又是什么情况呢？在划分得很小的住宅区中，建起了各式各样的装配式住宅，的确是实现了“带庭院住宅”的梦想。但是，由于用地面积、道路宽度、尺度都很小，住宅既小且轻薄，式样又是五花八门，因此，无论如何也形成不了稳定的街道。国民经济已赶上欧美先进国家，其他各部门技术都很先进的日本，为什么在居住环境上还这样落后呢？这样的新开发区恐怕在世界任何地方都看不到吧！然而住在这里的居民，却正是那些勤勉努力取得成功而向往着“带庭院住宅”的人们啊！

仔细观看一幢幢的住宅就会发觉，由于房屋四周是离开边界的，因此就出现了一些空出来的浪费空间。根据民法，住宅用地与邻居地界至少要距离 50 厘米，用地的前后被分成了前院和后院，左右同邻居紧挨着修建的情况恐怕是没有的吧。如果在 30 坪[①]的用地上建造总建筑面积为 30 坪的二层住宅，那么就可以创造 15 坪的室外空间。这种建造方式西欧即称为“带庭院住宅”（court house）（图 3-2）。在这 15 坪的庭院中，3 坪用于道路与住宅间的前院，为了美化街道，可以栽植花木。其余的 12 坪庭院中，可将 2 坪作为用餐平台，6 坪用于植树，2 坪用于桑拿浴小屋，2 坪用于杂务院。日本把这样的连续住宅称为“长屋”，京都称为“町家”，不过在利用前院美化街道的做法上稍有不同。

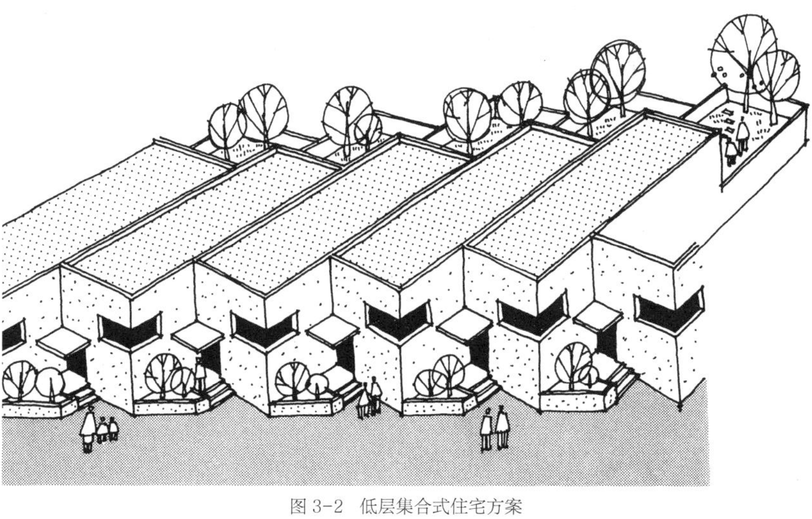

图 3-2　低层集合式住宅方案

① 坪为日本的土地面积单位，1 坪约折合 3.33 平方米。——译注

为了建造这样的街道，必须有不成文的约束。主要是把四周无意中浪费的空间，积极地用在自己的“小空间”上，并把前院贡献于街道的美化。民间开发住宅区时，不光是把用地开辟出来出售，还希望能把这种“秩序”连同土地一起出售。此外，如果每户能提供出1坪土地，50户即可提供50坪，用以建造自用小公园或合用停车场。

城市中根据家庭组成、受教育程度和工作性质等，住宅种类应有选择的可能，一律都是钢筋混凝土住宅也是不行的。社区和私密性的协调关系，应是城市居民最关心的事。

建筑师设计建筑时，通常是用1∶100或1∶200的比例尺在图纸上考虑空间。建筑师自己变成了1/100或1/200的小人，在建筑空间中往返。变成1厘米小人的建筑师，用幻想的空间去创造世界，我想创造的喜悦也正在这里吧。把大空间划分成小空间，实现局部与整体的统一，也是建筑师的任务。大自然本来是茫然的大空间，用限定空间的因素在自然中创造出小空间，要知道对人类生活来说是多么重要啊！

2. 夜景——“图形”与“背景”的反转

笔者曾在纽约市中心的曼哈顿居住过。工作完毕回到小小的公寓，在夜幕降临中，从唯一的一扇窗口向外眺望，只见高层公寓数不清的窗子里，接连亮起了灯光，不久，建筑的外墙即消失在昏暗之中，只有窗子在夜空中放出光亮（图 3-3）。白天，街道的主体无论如何也是建筑的外墙，只有窗子等处的玻璃较暗。一到晚上，建筑的外墙就很难看清了，窗子部分一下子变成了主角。因为室内比室外亮，白天看不到的内部空间可以看到了。建筑出现了通透性，室内空间一下子近在眼前，白天想象不到的内部生活暴露出来了。从远处透过窗子，会有一种人心相通的气氛，且带有几分伤感。

如果从很远处看夜景的窗子，就像是满天星斗。星星也宛如建筑物的窗子，透过夜空的“背景”，使人觉得它就像“图形”似的近在身旁。人们仰望星空时，就会想到星球当中有什么生命存在或引起别的幻想，这和夜景的窗子是有关系的。

那么这里就来考察一下，建筑空间中以反射光看东西和以透射光看东西时的差异。

建筑的外观从历史的角度说是以反射光来看的。考虑夜景而创造的建筑，要说根本没有也不为过。如果在明月之夜登上雅典卫城的山丘，从巴特农神庙（Parthenon）的柱子之间眺望夜空，就像在重叠拱的尼姆（Nimes）水道桥或罗马大斗兽场，隔着拱洞看到夜空一样，不能说月夜就不值得看。一般来说，哥特式、文艺复兴式和巴洛克式等各个时代的著名建筑，如果是夜间来看，那么无论哪一个都会失去白天的那种魅力，充其量只能看到建筑的模糊轮廓。砖石结构是白天以反射光看到的建筑，作为夜间来说，由于墙体缺少通透性，完全变成了一堆石头。

图 3-3　纽约夜景

欧洲的名城或重要建筑物，都有观光性的夜间照明，它们本不是为夜景而建的通透性强的建筑，因此最多只能期望美术明信片般的效果。从建筑的真正欣赏角度来说，应是对包括建筑在内的环境的幻想式欣赏。看东西时，光源的位置和状态是很重要的。为了营造白天的气氛，光源必须设在上方，以同样照度均匀地照明。为了营造夜晚的气氛，光源就要尽量低，只在局部照明。室内照明中，以在天棚安装灯具均匀地照亮整个房间的方法称为“一般照明”，是办公室或工作室等房间采用的方法，这是白天的气氛。欧美的旅馆或住宅中，天棚上不装照明灯具，而是在低处设置许多灯座，采用各个部分有变化的照明方法，这是夜晚的气氛。室内设计时，取消天棚灯使用大量座灯，效果是很惊人的。一般来说，太阳从头顶上空照射就是白天，夕阳西下影子拉长就变成夜的世界。夜晚（包括月夜）一般在低处设置人工光源较好。前面提到的著名建筑的夜间照明，也可因低位置照亮建筑而产生出乎意料的夜间效果，因为建筑本身是在昼光下看到的，所以不能不说这是原则上的变通。

要真正把建筑作为夜景来考虑，就必须有一定的通透性，使内部光线作为透射光被看到。从石块般的砌筑中解放出来的大玻璃面现代建筑，在昼光中外墙的轮廓成为“图形”；夜景中外墙消失，玻璃窗醒目地突出来而成为“图形”。这样，“图形”与“背景”是有反转可能的（图 3-4、图 3-5）。现代建筑中，玻璃的意义十分重要，可以说这是中世纪石砌建筑中无论如何也想不到的新的视觉形象。

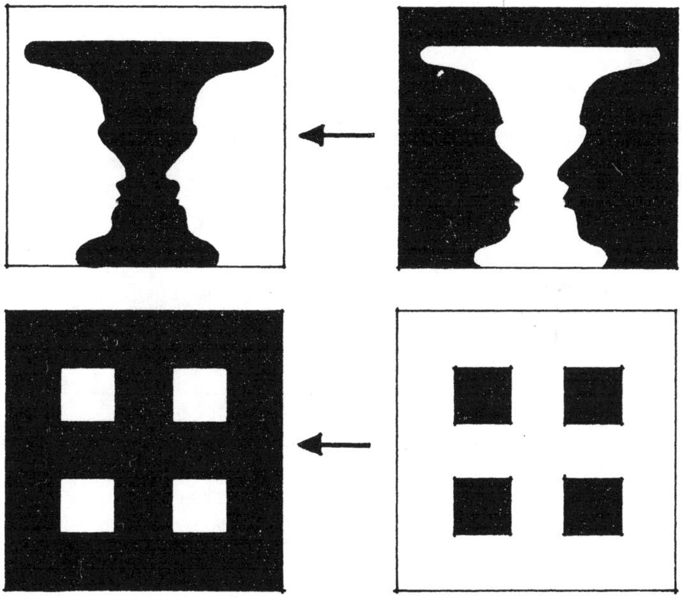

图 3-4　夜景与昼景，“图形”与“背景”的反转

把埃德加·鲁宾的杯图黑白反转，与建筑的夜景和昼景关系加以比较，通透性较强的现代建筑可以“图形”与“背景”反转。

图 3-5　新宿的夜景

这里把东京和纽约有代表性的现代高层建筑的玻璃面和玻璃之外的面积计算出来，分析一下外墙建筑材料的比例（表 1）。

表 1　外墙建筑材料比例

建筑名称	石材、瓷砖、预应力混凝土板（%）	玻璃（%）	金属板（%）	窗格（%）
东京海上大厦	57.9	35.6	—	6.5
东京霞关大厦	—	33.3	56.3	10.4
日本 IBM 大厦	63.3	36.5	—	0.2
富士胶片公司大厦	—	73.0	—	15.6
NHK 日本广播中心	8.6	80.6	—	19.4
新宿三井大厦	—	52.1	29.7	18.2
新宿住友大厦	—	19.1	77.9	3.0
东京国际通信中心	—	15.5	82.7	1.8
纽约西格兰姆大厦	—	57.8	22.1	20.1
纽约大曼哈顿大厦	—	50.0	44.5	5.1

NHK 日本广播中心和富士胶片公司（图 3-6）等建筑的窗下墙部分也装上了玻璃，玻璃外墙面占 70% 以上，白天可以看到全玻璃面建筑，可是夜间因窗下墙无光，故而白天和晚上看到的情况有很大差别。从正面看建筑和从斜处看建筑，所看到的玻璃面比例有明显变化。也就是说，窗格比玻璃凸出较多的建筑，从图纸上并不能看出来，只能看到窗框的厚度。窗格基本上不凸出于玻璃的建筑，从很斜的位置也能充分看到玻璃面。窗框的断面形状是根据支撑玻璃的力学强度和风压所决定的。然

而，由于它可为建筑外观带来明显的变化（图 3-7），它凸出玻璃到什么程度，还是缩进内侧，这要取决于建筑师的经验和手法。同样是高层建筑，因仰望的情况居多，那么或是由于窗玻璃嵌入太深，或是由于有遮阳板或阳台，遇到这种情况，玻璃就基本上看不见了。可以说，白天因玻璃面嵌入较深，会有一种深雕建筑的稳定感，但夜景中因通透性差，就会像中世纪石砌建筑一样，缺乏现代感。

图 3-6　富士胶片公司大厦玻璃幕墙

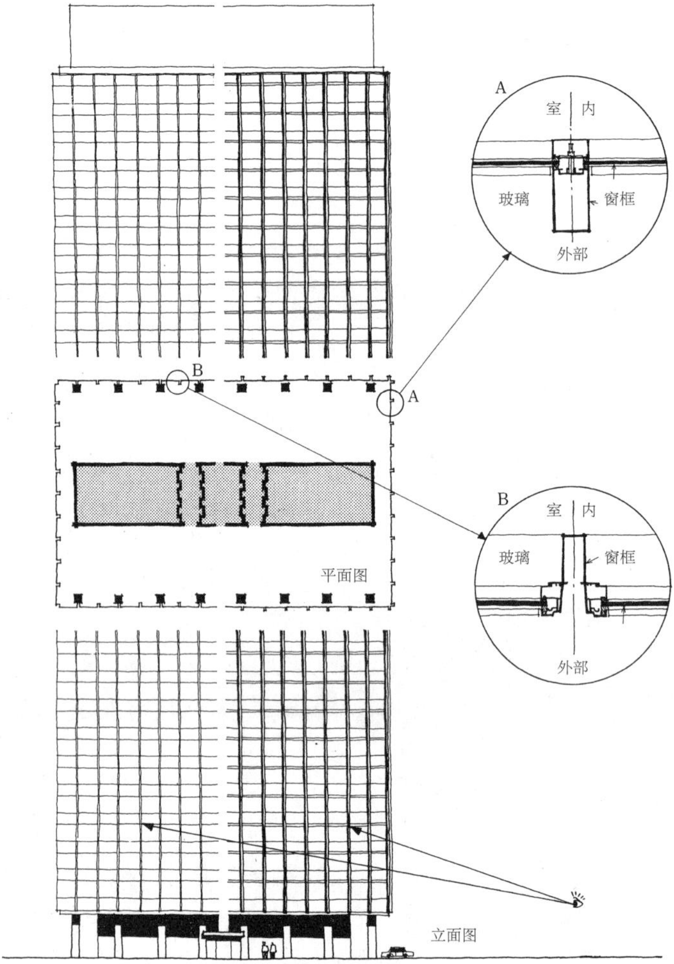

图 3-7 窗框不同断面对建筑外观的影响

图中左面为窗框嵌入，右面为窗框凸出。

像 A 那样的截面，窗框比玻璃面更凸出的时候，从横向来看，窗框被遮去一角，不太能看清楚玻璃面。如数寄屋桥的东芝大厦，纽约的西格拉姆大厦。像 B 那样的截面，窗框比玻璃面更凹陷的时候，即使是从横向来看，也能看清楚玻璃面。如新宿三井大厦，富士电台本社大厦。

作为夜景最美的建筑,恐怕要算纽约公园大街的西格拉姆(Seagram)大厦了吧(图3-8)。这幢建筑是建筑大师密斯·凡·德·罗(Mies Van der Rohe)的作品。窗框均为青铜所制，玻璃是淡淡的青铜色。关于夜间从窗子透出的室内照明，大师有着种种想法。窗侧数米均不堆置东西，也不使用窗帘、百叶窗之类。开灯、熄灯全楼同时进行。如果哪扇窗子挂上了色彩鲜艳的窗帘，或是有哪扇窗内单独熄了灯，那么在夜景中整个轮廓就会出现致命的缺陷。而且玻璃面占去57.8%，正面通透性强，加强了夜景的效果。由于上下没有设置遮阳板之类的凸出物，所以夜间看起来更加壮观。窗格是凸出来的，所以它的效果还不仅限于正面。这幢建筑前面有一个并不出奇的广场，然而它是一个可仰望建筑的广场，是为了观赏夜景而设置的。

外墙中玻璃面比例较小的建筑，又该怎样才能使夜景格外美丽呢?除了从外面照亮建筑之外别无他法。这是纪念性建筑常用的夜间照明方法，在轮廓上是无法考虑“图形”与“背景”的反转的。有一种利用内部反射光造成似乎是半通透性的建筑，这就是东京银座索尼大厦的外观〔图3-9(a)〕，它是由于安装了特殊断面的百叶窗格而取得这一效果的〔图3-9(b)〕。其原理首先是把灯光照不到的与外墙平行的面(暗面)控制在最低限度，其次是尽可能多地采用曲面反射面。格子与格子之间做成透光面，采用这种做法后，内部透过的光与反射光混在一起，这样就形成了纸灯笼效果的外墙面。最近为了节省电力而未使用这种照明，这是很遗憾的。但是可以说，作为街道建筑夜景，它是颇有特色的。

由于谈到夜景，就不能不提城市中的霓虹灯。从全世界来看，除了纽约时报广场等一两个美国的例子外，可以说像日本这样有着大量霓虹灯的国家还找不到。

图 3-8　美国纽约　西格拉姆大厦

图 3-9（a）　日本东京　索尼公司夜景

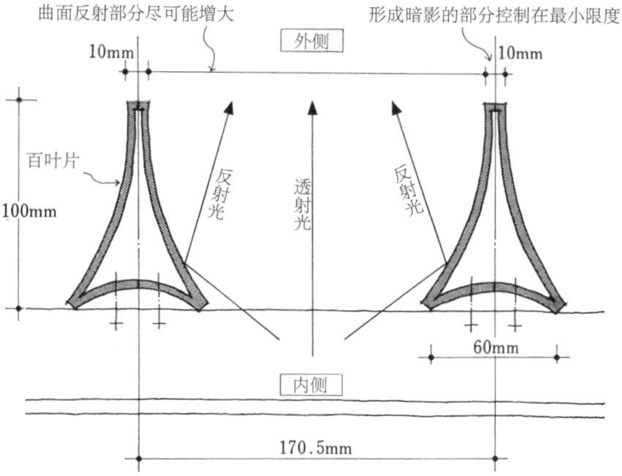

图 3-9（b）　日本东京　索尼公司百叶窗格断面

装在建筑上的屋顶广告牌或侧招牌之类，对建筑来说其实是带来麻烦的东西。建筑本来是只靠自己本身的形态存在的，外墙面的大小和屋顶塔楼的比例等是建筑师最费苦心之处。给塔楼外面蒙上一层巨大的霓虹灯广告是非常无情的，就像是在美人头上扣一顶不般配的帽子。侧招牌或悬挂的布幌子，则像是不顾美女的丽容硬贴上去的橡皮膏。一旦成为夜景，建筑本身就退出了主角的席位，闪耀在夜空中的霓虹灯变成了主角。这就好像美人消失，光是帽子装饰着的橱窗。纵然霓虹灯的图案和色彩是何等漂亮，白天也是不值一看的，只有夜景当中它才能显现出来（图 3-10）。外国人经常称赞日本的霓虹灯，但这并不是从本质上论及街道的美学。像市中心商业区那样的地带，夜景很重要，或许难以对霓虹灯严加控制。可是，距市中心较远的地区，本应把白天的街道作为“图形”来考虑的。重要道路沿街公寓的屋顶广告之类，应严格加以限制。另外，可在设计时统一考虑，将广告塔与建筑融为一体（图 3-11）。

建筑外观上的透射光问题，在建筑室内也同样重要。如前所述，日本传统的木结构建筑与小窗子的砖石结构不同，它的开口部分很大，外面的光线可以充分地进入室内。开口部分所装的“明障子”[①]可以说是日式建筑的精粹，阳光透过白色的窗纸照亮室内，构成了无法形容的幽静空间。隔扇上的木格也经过细心构思，配置得十分美观，就像是蒙德利安的构图。在透射光照射下，“明障子”有着道地的“图形”的形象。

可是，当室外夜幕降临，透射光没有了，在室内照明的反射光下面，“明障子”又是什么样子呢？映出阳光、树影的美丽障子，又化作了白纸。透射光时看不到的粗糙质感，像歌舞伎演员的脸上厚厚的铅粉一样令人

① 日式建筑中糊纸的木隔扇。——译注

图 3-10　霓虹灯白天不值一看，只有在夜景中它才浮现出来

图 3-11　广告塔与建筑融为一体，白天晚上均很美

生厌，格子与纸的对比顷刻间减弱了，作为“图形”的构成也淡漠了。窗纸和席垫之所以希望经常是新崭崭的，从“图形”的构成角度考虑也是当然的。簇新洁白的窗纸，在透射光下看着比什么都好。

一般来说，开口大的日式建筑是白天的建筑而不是夜间的建筑。从使用电灯照明以来，日式房间以天棚吊挂的带罩白炽灯照明的居多，属于前面所说的“一般照明”。由于开口部分大而且多，墙面很少，所以要形成夜的气氛是很难的。

夜晚室内空间最出色的，无论如何也要数北欧了。那里的人们要度过一天只有几小时白昼的漫长冬天，不太期待透射光，考虑由反射光构成室内气氛是很自然的。夜间的室内是封闭的，厚实漂亮的地毯和窗帘、木制家具、五颜六色的坐垫和形色皆佳的餐具，无论哪一样都是夜间用的东西。已为世界所公认的北欧灯具照亮了餐桌，一家人团圆、愉快地进餐，再加上精心考虑的各式各样的座灯，令人完全忘掉了严冬的长夜。

日本普通家庭的室内空间，同国民收入是不成比例的，一般说仍很差，正如街道的美学是必需的一样，希望也大力提倡室内设计的美学。

3. 留下记忆的空间

同那种由建筑或其他实体把握城市或街道的想法相对，有一种把实体被感知的结构，作为描绘在心中的形象来考虑城市或街道的想法。它不是某一个人的特定印象，而是大多数城市居民的共同印象，麻省理工学院凯文·林奇（Kevin Lynch）教授称之为“意象”（image）。他1960年发表了名著《城市意象》，在这一领域开辟了新径。在此四年之前，他就和阿尔文·鲁卡肖克（Alvin Lukashok）一起进行了关于对街道的儿时记忆的调查，并撰写了论文《关于城市的儿时记忆》。城市实际存在的环境怎样留在儿童们的印象中呢？根据测验卡片调查结果，了解到是铺装面、围墙和树木之类的东西，永远留在了他们的记忆中。林奇还同迈考姆·里夫金（Malcolm Rivkin）一起，以波士顿市中心波依鲁斯顿大街和纽贝利大街所围成的街区为目标，向过往的成人调查，了解街道当中给人留下印象最深的是什么，并撰写了论文《漫步在街区周围》。这些研究立足于城市，是根据人而得出印象这一前提，城市中容易理解或容易看到的东西最容易留下印象，进而引申出“意象”这一概念，并提出了构成形象的五个因素：路线、边缘、区域、节点和目标。提高城市“意象”的水平，就可以得到更好的城市环境。

林奇关于儿时记忆的调查，了解了幼年成长时期建筑及街道具有什么样的影响，我觉得这一点是极其重要的。加斯东·巴什拉在他所著的《大地与休息的梦想》一书中还谈到了“出生之家”，它的确是永远留在人们的记忆之中，每当想到它时，就给人们带来安宁和庇护之感。

奥野健男在《文学中的原风景》中，谈到了作为作家固有的、自己形成的空间的“原风景”：

这种也是文学母体的“原风景”，我想是在该作家幼年期和青春期形成的。从出生到七八岁，根据父母的家、游戏场以及亲友们的环境，在无意当中形成，并固定在深层意识之中。多年以后带着不可思议的留恋心情回想起时，小时候不理解的那些风景或形象的意义会逐渐得到理解。换句话说，它就像是灵魂的故乡，是相当于人类历史的神话时代的“原风景”。①

这些作家心目中的“原风景”不是旅游者所看到的自然风土或景色，而是充满感情色彩的风景，它常常作为文学的出发点而表现在作品当中，

① 奥野健男，《文学中的原风景》，集英社，1972年，第29页。

这是大城市中出生的文学家无论如何也无法相比的。

笔者是在东京四谷、南伊贺町（今若叶町）西念寺附近出生长大的，今天这一带已变成了市中心，可是当时寺院内还耸立着高大的银杏树。这座寺院就是我们孩提时代游戏的“天地”，除了抽陀螺之外，骑自行车、爬树、打仗、捉迷藏、试胆量和打棒球等，都是在这座寺院内进行的。寺院尽端的墓地，在孩子们心中总觉得阴森森的，每到日暮黄昏就更加怕人，就像巴什拉所说的，给人以“洞窟”的幻想。放学后直到天黑，都在这个“天地”内奔跑，我想就是这样创造了“原风景”的。

无论笔者的印象也好，奥野健男的印象也好，想不到都是和树木形成的环境分不开。根据林奇的研究，对美国人的成长期来说，树木是重要契机，这是完全一致的。也就是说，在城市居住环境中，人类重要的成长期所必需的大树实在太少了。大树经历了长年风雨，具有一种威严或典雅的气质，因长年固定在同一地点生存，形成了沉着、忍耐和奔放不羁的性格，它不能像动物那样自由行动，但有着植物的接纳性和客观性。大树仿佛是默默无言的严父在监视着人们。对孩子们来说，它作为幼时的强烈印象而被深深刻进脑海，从中还可以忆起许多教训。此外，根据林奇的研究，围墙和地面铺装也留下深刻印象。根据笔者自身的经验，对西念寺的土墙和石板路的确印象很深。只不过铺装在国外生活中是很重要的因素，在日本则不一定那样。对于在教堂前广场上游玩的意大利孩子们来说，教堂前的石踏步或石铺装，是人与大地接触的体验，当然可以成为“原风景”的一种素材了。

前些时候，曾对东京大学建筑系约 40 名学生进行过关于儿时记忆的调查。其中大约 25% 同树木或爬树有关，例如三棵橡树、一棵喜马拉雅杉树、楠树、栗树及银杏树等。此外，谈到小河或堤坝的也很多。有关城市方面，则以谈到石板路、石踏步、空地的较多。这些学生的心目中仍然还有着同自然相关的“原风景”，但是必须认真想到，今后随着时代的前进，青年人将要同电视机一道，在钢筋混凝土方盒子住宅中度过人生中重要的成长期了。这些青年全是通过看电视之类的方法，把他人的经验作为自己的知识积累起来的一代新人。相对来说，欧洲国家的居住环境可谓更有见识、更富哲理。他们的电视之类不像日本这样发达，并不是因为技术问题，而是从人生哲学角度出发，觉得没有那个必要。

那么，撇开“原风景”问题，现实中日本的街道是什么样子呢？认真地说，日本的街道是不太好描绘的，尽管日本画家旅欧期间也画那里的美丽街景，可是回到日本以后却不太容易成功地画出街景。如前所述，日本街道在建筑外墙那样的“第一次轮廓线”之外，由墙面凸出物构成的“第二次轮廓线”很多，决定街道的轮廓线不清晰，因此这不是日本画家方面的缘故。巴黎或威尼斯，建筑和街道的形态明确且结实，的确容易形成画面。

文学上的描写也是同样。奥野健男在《文学中的原风景》中曾谈到，欧美以石结构建筑为中心的城市在小说中容易描写，而在小说中描写日本城市是极其困难的，不论描写得怎么精细也没有意义。我觉得这正是由“第一次轮廓线”所确定的欧美石结构建筑城市和由飘忽不定的“第二次轮廓线”所确定的日本城市的差别所在。他还说：

这个平板板的大城市，到处是一个模样，没有能入画的特征。“烟雾弥漫的天空下，到处排列着不整齐的平板板的住宅，车子川流不息”，或“在廉价的二层住宅之间，建有矩形或薄片似的钢筋混凝土大楼”，或“从大街弯进小巷，凌乱地排列着公寓或住宅”，用来描写东京及其他日本大城市，均可通用　　日本城市没有个性的平板板的空间，没有仔细描写的价值。即使不描写，读者也太清楚了。[①]

在日本的街道上，稳定的形象或造型体系可以说是不存在的，没有

① 奥野健男，前引书，第20页、第21页。

形成明确的“图形”；作为空间来认识，又不是结构化的。当直接感觉空间时，自然也就有别于由社会文化积累或某种固定不变的因素构成的街道“形象”。因为街道就存在于眼前，我们当然能直接感觉到，但是，是否把它纳入某种稳定的形象体系则是另外一个问题。日本的街道的确是易改变的、飘忽不定的为多，可以说能作为一种体系铭记心中的情况是极少的。即使同一城市，也是既有容易搞清楚的街区，又有往返多次仍难搞清楚的街区。从整个城市骨架上、“形象”上考虑时，也是既有难搞清楚的城市，又有独具特征而留下明确印象的城市，还有并无意义只是不规则扩展的城市，更有纽约或京都那样的棋盘式城市，以及东京或巴黎那样由环状道路构成的城市。整个构成易于理解的城市，恐怕要数形如飞机展开双翼的巴西新都巴西利亚了。这里只要了解城市的平面骨架，就立即可以了解自己的位置和整个城市的关系。澳大利亚首都堪培拉平面为三角形，有三条大街：肯戈斯大街、克孟维尔斯大街和肯斯迪乔森大街，其间有伯利 · 格里芬人工湖（Lake Burley Griffin），并有大桥飞架。堪培拉也是巴西利亚那样的规划城市，了解它的平面很容易，但是三角形有时会失去方向性。在容易识别这一点上，我觉得巴西利亚要强得多。

巴黎是家喻户晓的城市，是世界的都市。它把塞纳河很好地纳入进来，出色地起到前述的“边缘”作用。不管左岸还是右岸的景色，都不是脱开塞纳河考虑的。以巴黎圣母院为主角的城岛，美丽的大桥如歌如画，这些特色也不是脱开塞纳河考虑的，而且到处可以看到前述的“目标”。埃菲尔铁塔、巴黎圣母院、巴黎歌剧院、马德兰大教堂、巴黎万神庙等许多著名建筑，强有力地提高了巴黎“形象”的水平。此外再加上七叶树及其他行道树，就更加拂动人心。东京有一条隅田川，架有几座大桥，又有筑地本愿寺、国立剧场、浅草寺和水天宫等建筑，银杏、悬铃木、榉和枫等行道树也栽了不少。可是，哪一样也没有提高城市“形象”的水平。如果把巴黎比作精心编织的波斯地毯，那么日本的城市只能比作草席。日本建造街道的经验积累毕竟太少，时间到底还是太短。战后三十年，东京从废墟中复兴，这在世界上是个奇迹，可是同欧洲城市比较，仅仅是个“现凑”的城市而已。

如果根据勒·柯布西耶的“伏瓦生规划”（Plan Voisin），把巴黎建成像巴西利亚那样“阳光、空间、绿化”的城市，会是个什么样子呢？它并没有巴西利亚那样明快的平面形状，到处是空隙的巴黎毕竟不会成为世界的巴黎吧。20世纪60年代世界经济发展时期，全世界都在认真考虑城市的革新，如空中城市、海上城市、塔状城市等；另一方面，对著名古建筑及旧街道的保护运动也很活跃。保存与开发被认真考虑起来，建筑师也从创造新城市或彻底改造城市的幻想方案渐渐回到现实当中。

始于勒·柯布西耶的现代主义的城市，否定传统城市或街道的连续性，在那里分散地布置新的高速道路及高层建筑。城市再开发及新市中心规划方面，有巴黎的德方斯规划，以及新宿那样超高层建筑林立的规划。可是，它们是逐渐形成的，同建筑师最初梦想的高效率、功能性、阳光、空间和绿化等事与愿违，这样没有人存在的空间，到底是为了谁的城市呢？说是“步行距离”却根本无视步行者，因为它太长了，这种依靠汽车交通的规划，是年轻的现代人的街道，而不是老年人或病人的街道。没有在罗马纳沃纳广场、威尼斯圣马可广场或佛罗伦萨希纽里亚广场时所感到的人情味和安全感，虽近在咫尺却因立体交叉而不能靠前，人们在汽车横行的道路上无精打采地行走，这就是新宿副都心那样的空隙。不能忘记，现代建筑运动就是在这些地方失去社会的信任的。所谓外部空间的构成，就是让巨大的城市达到人的尺度，把“大空间”划分或还原成“小空间”，把空间充实得更富有人情味的技术。进行能使建筑与建筑间的空间转换成“图形”的细致规划，形成真正为了人的街道。我想，在城市里是可以创造出使人深深留下记忆的空间的。

第四章　世界街道的分析

1. 几个问题

像东京那样直接遭到关东大地震及第二次世界大战战火袭击的大城市，可以说得到了彻底进行城市改建的机会。面对着一片废墟，就连我们这些初出茅庐的建筑师，也在认真思考着东京的复兴问题。今天看起来，那些想法也许很不成熟，但在当时它却正是我们的梦想。

譬如政府购买山手线[①]内侧的全部土地，在合理的交通规划和土地利用规划的基础上进行再开发。从几处据点开始，有计划地建设多层和高层钢筋混凝土住宅，逐渐吸收居民，采用这种方式是不会产生个别的日照及环境等问题的。在山手线内侧的总面积中，除公共用地及商业、文化和交通等用地外，全部作为住宅用地。在这里要坚决禁止建造独院式的低层住宅，如果建造起附近设有学校、体育设施及公园的多层、高层公寓式住宅，那么就足可容纳数百万人口。像勒·柯布西耶所提倡的“光

---

① 东京都内围绕千代田区、中央区和港区等市中心三区的环行铁路线。——译注

明城市”那样，有着充裕的阳光、空间和绿化，用于上下班的路途时间也可以减少。希望建造独院式住宅的人，可以居住到山手线外侧。

但是，现实的复兴中，一方面不断重复着试行中的错误，一方面却走向了不正确的方向。至少，城市中土地私有比公共土地利用规划远为优先的政策，促成了地价的飞涨和土地的分割零碎化，土地已经变成了投机的对象。日本战后的经济复兴以及技术的发展，在世界上的确是惊人的，可是，唯有土地政策却缺乏想象力和实施能力，现在已无可挽回了，要说到了无能为力的地步也不为过。有土地的人卖掉一部分即可享用一生，如此等等，的确是一种疯狂的土地政策，而一生勤奋工作的普通职工却得不到住宅。

在土地指定用途方面，也存在有任意划分的不合理现象。例如，东京都内的 246 号公路或甲州道、中原道、某号环路等重要干线，其道路沿线被指定为路线商业区。再如，从赤坂穿过青山的 246 号公路，沿东西向经过市中心区。由于其两侧为指定商业区，因此不论是建筑高度、容积率还是用途方面，均可预期建造具有商业功能的大型建筑物。而事实上，道路的两侧被划分为零碎的居住区。道路南侧尚好，北侧的沿街商店则像面壁似的排列着。这一指定的重要道路沿线的商业区，到底要形成什么样子的城市形象呢？其背后的居住区至今仍在建造独户式木结构住宅，这又是什么理由呢？这些是 19 世纪初尚无汽车交通时的“大马路”的设想，在今天这样过境交通频繁的干道上，指定局限于道路两侧的商业区是没有意义的。倒不如以不少于 20 米宽的沿街绿地代替沿街商业区，建筑物垂直于道路修建，使商店等建筑面向与干道成直角的专用人行道，这样岂不要好得多。荷兰鹿特丹等城市的市中心就是采用这种布置方法（图 4-1）。独院式低层住宅，可在山手线外侧按照保证充分日照和庭院的方式自由建造，而在山手线内侧，则不如制止建造低层独院式住宅，代之以多层、高层住宅。

图 4-1　荷兰鹿特丹市中心

街道，本应使人们到此散步或买东西时感到愉快而且美观。然而高速公路下面的商业街是什么情况呢？在巨大的混凝土块的上空，与该地区无关的过境交通频繁，高速公路下面地下室一般凄凉的商店就像要被压垮似的。所谓街道应当美观云云，似乎与之完全无关。纽约的林荫大道是几条大道中绿化良好的典雅街道，这条林荫大道因有中央站出发的列车从下面通过，所以到处设有排气孔，但街道本身却施以很好的绿化。为城市带来方便固然重要，不过希望能像欧美那样，应为美化城市和道路付出代价。每当看到巴黎塞纳河上的桥栏杆时就会想到，这毕竟是个艺术之国啊！附带说一下，近来日本城市的交通标志很多，像指明美术馆、图书馆在何处之类的指路牌还好，而像速度限制、禁止超车、禁止停车等标志，现在已越来越变成“标志公害”了。这说明即使付出代价，它的用法仍是与文化艺术相距甚远的。

现实中日本的城市，重复着缺乏固定形象的试行错误，所以始终未能创造出堪在世界上自豪的街道和居住环境。大城市改造的梦想已完全破灭了，只有进行一些小规模的改良，为不致比现状更恶化而尽最大努力吧。

下面，想对世界街道中一些有特色、有意思的实例加以分析。

2. 澳大利亚帕丁顿的联排住宅与京都的町家

帕丁顿是排列着维多利亚式联排住宅的悉尼市的古老住宅区。它有一个时期曾变成贫民窟，但那美丽的街道已成为新的保护对象，今天，它被切实地整顿为艺术家和知识分子居住的有魅力的街区（图 4-2）。所谓联排住宅，就是具有共用墙壁的长条形住宅。这里在狭长用地上建造的多为两层住宅，在正面阳台上具有玲珑剔透的铸铁栏杆，它是维多利亚时代的样式（图 4-3）。

帕丁顿现由面积达 162 公顷的街区构成，其起源可追溯至 1804 年。最初为简朴的乔治安式建筑，随后很快就变成了华丽的维多利亚式，今天这种样式已占绝大多数。这里最令人感兴趣的是狭窄地段上建造的房屋，用地毫不浪费且室内相当舒适，利用小庭院带来了季节感（图 4-4），通透的装饰性铁栏杆千变万化，街道具有整体感。

图 4-2　澳大利亚悉尼帕丁顿区

图 4-3　帕丁顿的街景

图 4-4　帕丁顿的庭院

该地区的道路宽度平均为 10 米以上，建筑高度与道路宽度之比 D/H 为 1 至 1.5，因此道路有宽敞明快之感，漂亮的联排住宅可作为街道整体来欣赏。由于地段的有效利用，道路因而比较宽阔，且能相当有效地提高人口密度。实际上从澳大利亚这个国家或家庭组成来看，人口都很少，所以家庭中平均每人所占用的面积就相当宽敞。据推测，其人口密度还不到允许密度的一半。

从宅前道路通过小小前院中的几步踏步即来到入口前。每段用地从 3.5 米左右直到其数倍宽，各式各样，形式不一，但进深都是一定的。在入口旁边必定都是起居室窗子的位置，起居室里面为面向内院的餐室，其间一般装折叠门，起居室一侧及餐室一侧为可采光、通风的隔墙。进门后通常布置通向二楼的楼梯，二层设有几间卧室。主要卧室面向道路并设有阳台，漂亮的栏杆成为这种并列式住宅的重要表现手段。仔细想来，栏杆从住宅内并不大看得到，相反，从道路上倒是可以很好地看到。而且，这种铸铁栏杆绝非廉价物品，可以说是一种精心制作的漂亮艺术品。花边似的玲珑剔透纹样，为建筑带来通透感，显得十分轻快（图 4-5）。

这些纹样不仅用于栏杆，还常用于屋檐下部、外廊下部以及梁柱间的斜撑等处。这种空透的铸铁构件，在促使帕丁顿形成完整统一的街道方面起到极大作用。此外，如前面谈到的意大利街道那样，住户与住户之间紧紧邻接，中间没有空隙，因此，道路很容易形成“图形”的轮廓，街景也美观。由于澳大利亚幅员辽阔，就连悉尼一带的住宅用地一般也达 1000 平方米以上，带有宽敞前院的住宅比比皆是。其中，帕丁顿原本是普通百姓的住宅，它体现了当时的开拓者们缅怀遥远的英格兰的思乡之情，第二次世界大战后，被建筑师和文人重新发现。今天，他们在广阔的澳大利亚土地上有了自己小巧玲珑的城，这是颇有兴味的。

图 4-5　帕丁顿联排住宅的铸铁栏杆

日本京都的町家是与帕丁顿的构成颇为类似的住宅。那里道路宽度为 6.5 米左右，*D/H* 近于 1，比帕丁顿的情况要低矮和狭窄得多，可以说是人的尺度。与铸铁栏杆相当的是窗上的木格子（图 4-6）。直线构成的简朴木格子与维多利亚式的曲线纹样相对应，它在形成町家特色的街道上起着重要作用，这同帕丁顿是一样的。住宅的宽度因受用地制约，一般是大致相同的，正面有入口和表座敷[①]的格子窗，沿进深方向，房间之间装有可启闭的木隔扇，这一做法一直延续到内庭院，侧面为过道或通向二层的楼梯。町家的规模，由《京都的町家》可知，用地面积平均为 133.5 平方米，建筑面积为 131.6 平方米，建筑密度平均为 64.6%，人口密度比今天住宅公团多层住宅的 300 人/公顷还要高，每户的面积为住宅公团（平均 52 平方米）的 2.5 倍，生活内容也丰富得多，甚至还有专用的小庭园。[②]这样说来，联排住宅与京都的町家等条形建筑，在街道的形成上是十分有利的，用地面积虽小却有专用的室外空间，而且按用地大小毫不浪费地提供宽敞的室内空间，因此，这些住宅形式是有必要充分研究的。日本也可以考虑引进这种联排住宅形式，逐步创造更好的居住环境。

① 日式房屋的前客厅。——译注
② 岛村昇等，前引书，第 16 页。

图 4-6 日本京都町家的木格子

3. 意大利奇斯台尼诺与爱琴海希腊诸岛

1971年夏，意大利建筑师托马索·瓦莱（Tommaso Valle）陪同笔者访问了普利亚大区的阿尔贝罗贝洛。普利亚大区在罗马的东南方，相当于长靴形意大利半岛的后跟部分(图4-7)，是意大利的人口稀疏地区。阿尔贝罗贝洛圆锥形石砌屋顶民居是很有名的，现存此种形式住宅的街区为阿尔贝罗贝洛的一部分，范围约有15公顷，是国家指定的保护地区。名曰“特鲁利”（Trulli）的圆顶石砌建筑，现尚有103幢，约3000人照原样居住在内。好似童话世界般的“特鲁利”建筑，外墙用石灰刷得雪白，屋顶用石板砌成圆锥形，檐口部分涂以石灰，最上面为石砌尖顶（图4-8、图4-9）。在下面看来不怎么大的尖顶，取下来一看却是又大又重，正因如此，取下来看看还是值得的。据说这种“特鲁利”建筑也有廉价出售而被北欧的富人们购做别墅的。进到“特鲁利”里面看，是狭窄而稳重的空间，厚重的石墙与外界隔绝，带来了安定感。内墙面也同外墙面一样刷白，十分清洁，顶上有的裸露出圆锥顶的内表面，也有的设有木地板的夹层，开口部分只有入口的门和几扇小窗子。这种石砌建筑在

图4-7 意大利普利亚大区位置图

图 4-8　意大利阿尔贝罗贝洛的街道

图 4-9　意大利阿尔贝罗贝洛市区平面图

日本那样高温潮湿的地区是无论如何也不会考虑的，它是洋溢着洞窟幻想般的有魅力的内部空间。

笔者从很早就着手研究京都古老的町家，很想保持其外观，只把内部改造成清爽雅静的艺术性内部空间。阿尔贝罗贝洛的“特鲁利”和京都的町家是性质完全不同的空间，可对于一心想创造美观舒适空间的建筑师来说，同样都有启发。在厚重的石墙上砌有壁龛，里面摆放着漂亮的餐具或装饰品。所有杂物都堆放在嵌入墙内的搁板上。石地面上铺着美丽的地毯，配以非常现代化的家具。充分利用了从小窗子射进来的自然光线或低处设置的照明灯具，创造出亲切柔和的气氛。这种用厚重石墙与外界隔绝的内部空间与京都町家用榻榻米、木隔扇、木格子和壁龛等所构成的内部空间，是性质完全不同的空间，然而正因如此，才可期望创造出既安稳又有魅力的内部空间。

离开阿尔贝罗贝洛之后，无意中驱车驶上公路，当经过洛科罗通多、马蒂纳·弗兰卡等小镇，来到名为奇斯台尼诺的小镇，这座小镇的街道所具有的魅力，让我产生一种十分意外的心情。

因为，它正是笔者从很早就在考虑的“一幢大建筑般的城市”或“内部秩序的街道”的体现。托斯卡纳大区的圣基米亚诺和阿西西等中世纪围郭城市，也有类似的内部秩序街道。然而，这里街道的建筑是一幢幢地紧紧毗连，形成了一幢大建筑般的城市，但若仔细观察，那些建筑因时代不同仍各有差别。它正像京都的町家一样为统一的手法所创建，而每幢建筑又各具特色。

在奇斯台尼诺城墙包围的旧市区内，可能是由于不断发展的原因，砌筑室外石踏步、二楼扩建另一户住房的情况十分普遍（图 4-10、图 4-11）。还有在道路上面砌拱，并在上面修建住宅的。因此常会在意料不到的地方碰到住宅入口或邻居的阳台。这里和经过规划的街道不同，不论是在相邻地段、屋顶还是空中，都在接连不断地建造住宅。只是由于城墙的限制，无法向外面扩展。由于住宅外墙全用石灰刷白，所以无论哪一家看起来都像是同一时代的，我想，这正是这座围郭城市之所以看起来像“一幢大建筑般的城市”的重要原因吧。整个街道是迷宫般的白色街道，漂亮得像统一的石块般的街道，有着大量室外踏步的街道，甚至在住宅下面穿过的街道，我没有想到世界上很早就有了这样的街道。偶然的巧遇，不由得喜悦万分。

在这个旧市区的中央，有个小小的维托里奥·埃马努埃莱（Vittorio Emanuele）广场。大量的行人依照意大利的习俗，来到广场上会见亲友并谈笑风生（图 4-12）。面对广场有两家理发店，其中一家的老板是位名叫尼古拉·戈莱克（Nicola Greco）的男人。这家理发店正是简·雅各布斯所说的“街道观察站”，从这里可以监视这条街上所发生的一切。这些连罗马人都轻易不到的乡镇小街，我一个日本人却乘着马赛勒提牌小轿车，挎着照相机，在街道上采访起来。于是巧遇了尼古拉·戈莱克，并很快就熟识了。我很想得到这条街的绘图或历史资料，如 1966 年至

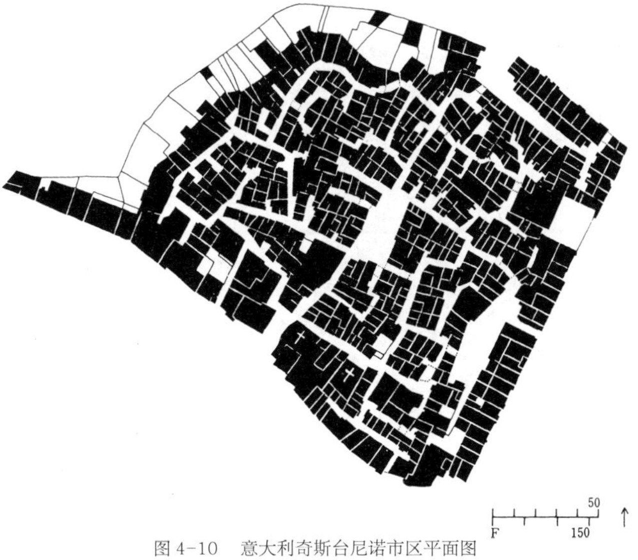

图 4-10　意大利奇斯台尼诺市区平面图

图 4-11 意大利奇斯台尼诺的街道

图 4-12　人们在埃马努埃莱广场上谈笑

1967 年美国建筑师爱德华·阿兰（Edward Allen）来到这一地区调研，撰写的《石头庇护所》一书，书中收集了这家理发店。从那以后，笔者曾多次访问奇斯台尼诺，还同这家理发店保持通信联系，建筑系的许多学生也很关心，最近收到他儿子的来信，得知他已因患癌症去世。的确让人遗憾，这条街上的“街道观察站”已减少了一员，不管对我还是对那条街上的人们来说，都是件凄凉的事。

这种用石灰涂刷外墙使街道整齐统一的做法，不仅在意大利南部，在西班牙、希腊及北非等地也有，但在统一、整洁感方面最为出色的，恐怕要数爱琴海希腊诸岛的街道了。这种白色的住宅起源于地中海沿岸的干燥地带，以湛蓝的天空和大海为背景，与灰绿色的自然环境形成对比，显示了人工的美。窗子极小且数量很少，以减少强烈日晒的影响。那种全玻璃的现代建筑毕竟与当地环境不协调，即使从日晒这一点来说也很不相宜。

从雅典的比雷埃夫斯港（Piraeus）出发，向南航行 60 千米即到达伊兹拉岛。（Hydra）巡游爱琴海诸岛时，最近最适合的莫过于伊兹拉岛了。当天出发当天即可返回，因此夏季有大量旅游者，岛上十分热闹。此岛令人伤脑筋的是水源不足，从春季到秋季天气非常晴朗，长期无雨。夏季气温虽然达 30℃左右，但湿度低，很爽快。不管怎样，湛蓝的天空、雪白的住宅，的确引起了我们的游兴（图 4-13）。我想希腊诸岛十二月、一月份阴天时一定也是很冷的。过去建造的蓄水池上有蓄存雨水的记录，这大约是冬天的雨水。此岛的年降雨量为 40 厘米左右，只相当于日本一天的降雨量。

伊兹拉岛的位置因靠近伯罗奔尼撒半岛，据说古代曾为临时避难地，16、17 世纪人们才定居下来。19 世纪 20 年代为最盛期，人口达到 28 000 人，由于多次战乱、海盗侵扰以及水源不足等原因，人口日趋减少。最近的人口为 2500 人左右。①

希腊诸岛沿海岸坡地上所建的街道，原来是为了防备海盗侵扰，今天则成了旅游观光的资源，爱琴海沿岸的低层住宅因而名声大振。从街道上仔细观察，防御性是很强的。道路大致分为两种，一种是沿等高线布置，一种是基本上垂直于等高线的坡道。面对海岸码头的广场是街道的中心，街道的所有功能均从这里开始，道路也从广场放射出去，与垂直于等高线的坡道相接。这些道路多有几段阶梯，不熟悉地形的入侵者，慌慌张张很容易摔倒。沿等高线的道路弯弯曲曲不能一眼望穿，一般都没有阶梯。从住户来到中心广场非常容易，顺着带阶梯的坡道而下，必

① 据维基百科伊兹拉岛 2011 年人口为 1900 余人。——编注

定会来到中心的码头，但反过来则不一定容易。沿等高线的道路上有两三重石墙，是为了防止敌人入侵。道路宽度可以保证驮货的骡马交错通行，交叉口处植有树木。因住宅是建在斜坡上，遇到侵袭时，下面住宅的屋顶即成了上面住宅的堡垒。窗子数量很少，而且不论大小其安全性都很高。住宅的入口与其说面向道路，不如说大都面向容易发现码头方面来人的方向。

图 4-13 希腊伊兹拉岛

用今天的观点来重新估价这种以防御为中心的街道，可以深切感到在现代城市规划手法中常被忽视的创造性和人情味；再加上同风光明媚的地方环境相配合，所以更加提高了它在今天的身价。在这种一幢大建筑般的街道中，码头的广场是居民会面的“起居室”，道路则是住宅的“走廊”。街道当中亲切安适，具有家庭感和内部秩序。根据康斯坦丁·米卡里迪斯（Constantine Michaelides）的调查，[①]住宅的标准平面是采用了“道路—围墙中的私用室外空间—室内”这一构成方式。住宅直接面向道路这一点，同意大利的街道类似。从入口处一迈步即进入住宅中相当于门厅的空间，这是没有屋顶的室外庭院，从庭院即可进入住宅内部。乍一看，这些街道似乎和意大利的街道一样，但从具有私用内庭院这一点来看，则与西班牙民居的特征相同。充分利用土地，房间数量很多，而且也很宽敞。

希腊诸岛的街道中，特别引人注目的是利用坡地阶梯形建造住宅的方式。前面一家的屋顶成为后面一家的平台。从屋顶平台上可以俯视大海；反过来，从靠近岛屿的海面上也可以看到地中海沿岸层层叠叠的白色住宅。这些不毛之地的白色街道，使人感到了居民强烈的生活欲望。这些景观中最精彩的，恐怕莫过于圣托里尼岛（图 4-14）了。该岛大致位于雅典与克里特岛的中间，岛上的蒂拉街真是意想不到的美。笔者曾两度访问该岛，都是夏天。即使是在冬天阴郁的日子里来到该岛，凭着伊兹拉岛的体验，也不难想象，这里在夏日强烈阳光下的景色会是多么美丽。蒂拉街建在 300 米高的悬崖绝壁上，船在清晨到达蒂拉街下面的海面，逆光中仰望这条街道，的确令人心情振奋。船一靠码头，已有许多驴马在等候着，这里和威尼斯一样，也是没有汽车的街道。曲曲折折的石阶梯通向几乎有 45° 的山崖，驴马驮着人可一口气登上崖顶。

---

① 康斯坦丁·米卡里迪斯，《伊兹拉岛：一座希腊岛城》，芝加哥大学出版社，1967 年。

图 4-14　希腊圣托里尼岛蒂拉街

总之，这条蒂拉街的特征，就是由建在陡坡上的曲曲折折的白色低层集合住宅群所形成的景观。这一带很干燥，有些住宅中挖了窑洞，也很舒适。由于降雨量少，住宅均采用平屋顶形式，重重叠叠都是屋顶平台(图4-15、图4-16)。屋顶平台是很小的空间，前面向大海方向开敞，后面靠墙，是非常宁静的空间。从这里俯瞰毫无遮挡的湛蓝大海，堪称世上绝景。

图4-15 希腊圣托里尼岛 重重叠叠的屋顶平台

图4-16 希腊帕特莫斯岛 重重叠叠的屋顶平台

4. 波斯街道——伊朗伊斯法罕

如果把德黑兰比作日本的东京，那么伊斯法罕（Isfahan）就相当于古都京都。德黑兰北面的上半城，海拔 2000 米，所有街道均从北向南倾斜。街区中心在海拔 1300 米的高地上。这里的人口正在急剧增长，由于高速公路和高层建筑的建设而迅速地向现代化方向推进。然而，如果到南面较低的下半城的市场大街看一下，到处尘土飞扬，充满异国情调的人们熙来攘往，仿佛到了古代波斯的市集。

伊斯法罕在德黑兰南面约 300 千米处，正好位于波斯波里斯（Persepolis，波斯大流士一世创建的阿契美尼德王朝的首都）与德黑兰的中间。自然条件基本上是干燥的沙漠地区，生活方式具有基于伊斯兰文化传统的中东的共同特点。

笔者生长在青山绿水的日本，对干燥的沙漠地区非常陌生，对由此而形成的衣食住生活方式也很难习惯。

世界上存在着各种不同的气候条件，1918 年德国著名气象学家弗拉基米尔·彼得·柯本（Wladimir Peter Köppen，1846—1940 年）提出了气候分区的主张。柯本原为植物学家，后精通气候学，因此他由调查植物分布而想到了气候的分区。今天有人认为柯本的气候分区不符合实际情况，也有其他学者提出了新方案。不过，对于像建筑师这样重视视觉形象的人来说，按植物划分的气候分区，在基于视觉现实这一点上是颇为可取的。根据福井英一郎有关柯本的阐述，[①]世界气候可分为树木气候和无树木气候两大类。树木生长需要一定温度和降雨量两个条件，无树木地带是缺少上述两个条件或其中一个条件的地区。他认为地球上

① 福井英一郎，《气候学概论》，朝仓书店，1961 年，第 98 页。

存在七种树木气候和四种无树木气候。其中与本文关系密切的是树木气候中的温带多雨气候（Cf）、温带冬雨气候（Cs，地中海气候）；无树木气候中的草原气候（Bs）、沙漠气候（Bw）。例如东京雨水最多的九月与少雨的一月，降雨量之比在 10 以下，因而被划为温带多雨地带，从植物来看是树木繁茂生长的地区，是所谓“人生到处有青山”的环境。地中海气候为温带冬雨气候，夏季相当干燥，不生夏草，然而由于冬雨，树木可以稳健生长。上述的 Bs、Bw 中的 B 就是干燥气候，它和草原气候在降雨量上有差别。沙漠气候的年降雨量小，年平均温度高。

干燥地区的建筑，应当怎样建造才好呢？木材是很好的抗压抗弯结构材料，可以用做梁、柱、板材，是便于加工的构造材料，可以用做搁板、门、屋顶、天棚等。在无树木气候区，一般民居不能使用木材。伊朗南部阿拉伯海沿岸降雨地区属于特殊情况，这里的建筑主要用泥土建造，也有用土坯建造的。这种极原始的住宅，从某种意义上说是隔热性能良好的住宅。但是，从结构上看很容易倒塌，不耐风雨而且表面容易起尘。总的感觉是阴郁的，缺少地中海沿岸白色石头住宅那种洁净和明快之感。木结构和砖石结构，轮廓线是直线形的，而且坚硬结实，相反，泥土或土坯住宅的轮廓线是浑圆的土馒头形状，材料质地松软不结实，可靠性很差。这种平民住宅就像地中海沿岸的白色石头住宅一样，是不能同自然条件分开的。住宅中唯一的人工色彩是铺在泥土地面上的色彩斑斓的波斯地毯。因为没有板材，所以餐桌和床全都没有。进餐、睡觉和一家团聚等所有生活起居都在这张波斯地毯上进行。这种泥土或土坯住宅就是伊斯法罕的现状。

笔者初次访问伊斯法罕是 1970 年夏。伊朗的法拉王后当初在巴黎美术学院学习建筑学时，巴列维国王对她一见钟情并同她结了婚，因为有这段经历，所以她想到举行一次世界著名建筑师会议。于是笔者接受了法拉王后邀请，得以下榻在伊斯法罕的阿巴斯王饭店，出席会议并观光市容。的确，对于街道的面貌、广告上的文字和居民的表情等，都很不习惯。但是，这里是干燥地区的文化，对这种干燥的自然环境来说，上述街道还是合理的。我想纵使不习惯、不喜欢，但也应当研究一番。

离开伊斯法罕以后才觉察到，色彩斑斓的釉砖贴面的清真寺、迷宫般的市场和紧贴在大地上的泥土住宅等所组合成的一个整体，竟是不可思议的和谐统一。这种街道说明了人们是如何理解当地的风土，同时也是在伊斯兰文化的背景中多年营建的结果。由此，笔者于 1977 年再次访问了伊斯法罕，进一步加深了对当地街道的理解。

看到伊斯法罕的航空照片就会清楚，住宅沿着狭窄的街道密密麻麻地排列在一起，或者也可以说是狭窄的街道穿过紧密排列的住宅之中（图 4-17）。因为住宅全是向着内院开敞的，所以就形成了砖坯墙沿街而立的情况，图中的凹空间即为内院。

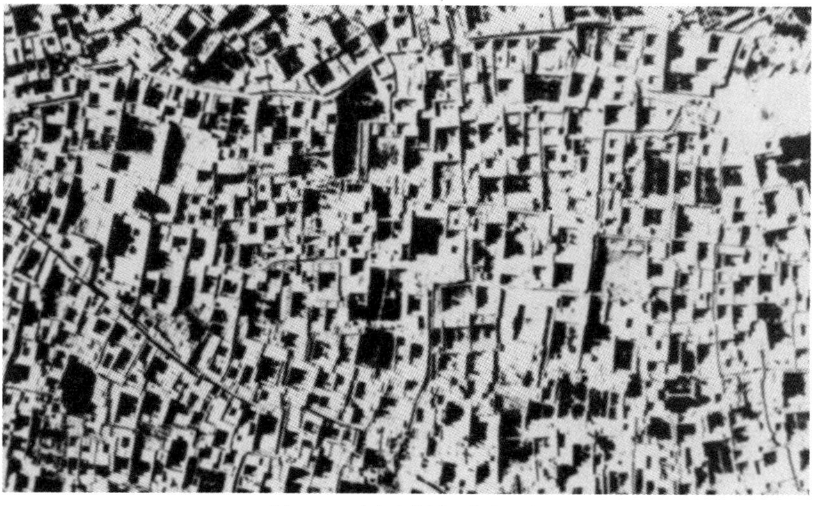

图 4-17　伊朗伊斯法罕航空照片

八木幸二阐述道：“在干燥而温差较大的内陆地区，采用内院形式最为适合。通风没有多大必要，冬季为了获得必需的日照，窗子以安在当中为好。墙壁、屋顶使用蓄热量大的厚重材料，利用其传热的延迟特性，把白天热量的散发延迟到夜间，因此夜间的室内温度比室外要高，冬季可兼做采暖，夏季炎热持续时间长的地区可以考虑户外就寝空间（屋顶、内院、露台等）。”[①]他的这一学术性考察，发现了当地居民长期以来创造的智慧。笔者曾访问了伊斯法罕郊区农民用泥土或土坯建造的住宅。伊朗因经常发生地震，这些材料在结构上是不安全的，不过现实中至今仍在采用。如前所述，当地因木材尤其是板材很难得到，所以写字台、搁架、餐桌和床等全都没有，入口的木门是唯一的木制品。土间上铺着波斯地毯，墙壁上挖成壁龛，摆放餐具或杂物。卧具是棉被与毛毯之类，就那么堆放在地面的一角，所有的生活内容全都在这张波斯地毯上进行。为什么清真寺的穹顶要饰以华丽的彩色釉面砖，波斯地毯上要织出色彩斑斓的图案呢？只要进入那泥土色的空间看一下就可明白。人们如果没有这点美丽的色彩简直就无法生活了，它是最低限度的生活条件。地毯绝不是奢侈品，也不是趣味品，而是同生活密切相关的实用品，甚至是精神上的寄托。

至于伊斯法罕市内的住宅，则已电气化、西方化，生活内容与上述农村住宅有所不同，但在内院式这一点上仍基本相同。前一节曾提到，在奇斯台尼诺及圣托里尼，同样把建筑材料涂成白色，街道整体呈现出一幢大建筑般的“内部秩序”，白色的住宅与灰色的大地截然分明。伊斯法罕的泥土色住宅紧密相连形成整体，但因与地面颜色相同，要想了解其“内部秩序”的存在，恐怕就得花点时间。但是，随着反复深入了解，这种街道的整体性和秩序感，再加上宗教和民族特色，是会显示出

---

① 八木幸二，《中东的气候与居住环境》，日本建筑学会《建筑杂志》，1977 年 6 月，第 27 页。

它的魅力的。除了鲜艳夺目的清真寺之外，就像是在大地上雕琢而成的一幢大建筑。这种泥土住宅集合的整体，静悄悄而强有力地限定了街道，结果就连清真寺也被吸收到街道整体环境中而趋向一体化。

公元7世纪中叶，由于阿拉伯势力逐渐强大，萨珊王朝的波斯帝国灭亡，从公元7世纪末开始，初期的伊斯兰建筑繁荣起来。公元11世纪时，伊斯法罕建成了“礼拜五清真寺”，它是赛尔柱王朝也是中期伊斯兰建筑的著名作品。公元16世纪末，阿巴斯大帝迁都于伊斯法罕，按照大规模城市规划，在已有市区的西南面建设了新城区。据说伊斯法罕当时也是围郭城市。今天，现代化的浪潮虽然来得较迟，但也波及这里。尽管不像德黑兰那样以惊人的速度在变化，但古都伊斯法罕毕竟也在发生着变化。无论如何，这个城区的中心要算阿巴斯大帝所建造的“皇家广场”了。这个广场与赛尔柱王朝的“礼拜五清真寺”通过一条线形街道——市场街连接起来，今天仍令人缅怀伊斯法罕往昔的街道。这条市场街可以说是伊斯法罕的脊椎。我的朋友伊朗建筑师纳达尔·阿达兰（Nader Ardalan）经过调研后，1969年完成了伊斯法罕市场街的总平面图（图4-18）。从礼拜五清真寺到皇家广场，市场街全长约1.6千米。这座礼拜五清真寺是伊斯法罕最古老的建筑，在约为50米×70米的院子南面是带有两座美丽光塔的穹顶，人们席地而坐，朝着麦加的方向礼拜。院子周围是两层的拱廊，构成完全封闭的空间。这里的建筑不论是住宅还是清真寺，均向内院开敞，这同日本木结构住宅那种向外开敞的建筑，在空间构成上有着根本的差异。并且它是以蓝色为基调的彩釉面砖，鲜艳夺目。最重要的一点是伊斯兰教建筑中没有基督教的十字架或佛教的菩萨之类，这就好像是建筑空间中没有中心。可是，在强烈日晒的干燥地区，在色彩艳丽的拱廊所围成的封闭空间里，遥向麦加方向膜拜，这是同当地的沙漠自然条件相符合的，从宗教建筑的构成上造成了一种使人敬仰膜拜的气氛。清真寺内没有门或隔墙，所有空间都连续在一起。

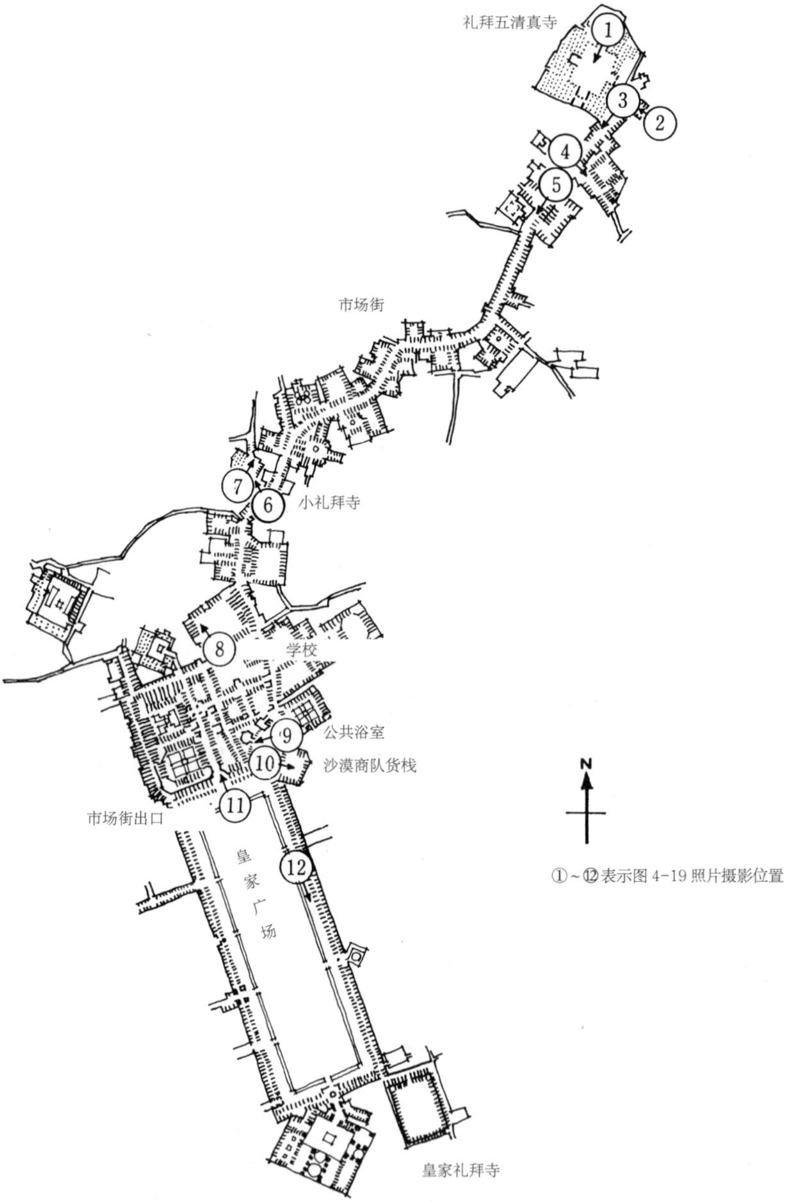

图 4-18　伊朗伊斯法罕　市场街总平面图

有的部分受到日照，有的部分成为阴影，对比非常强烈，正像是明与暗、光与影、黑与白，中间没有“灰色”，真正是“空”的空间。笔者进入清真寺后，顿觉凉爽干燥，汗水全消。

从清真寺向前走进市场街（图 4-19），市场的屋顶用土坯砌成拱或穹隆，两边密密麻麻排满了商店。从屋顶天窗射进的阳光，像剧院的聚光灯似的形成一条条的光束。商品基本上都是衣服、食品、金属品和餐具等地方产品，使人不由得想起古代的波斯市集。进入市场街后，到处均可看到商店之间的缺口，从那里拐进去，大部分都是内院式建筑，有小清真寺、学校、公共浴室和沙漠商队货栈等。所谓沙漠商队货栈就是商人们批发他们用驴、马、骆驼等所驮来的商品的地方。上述许多功能内容，就像房间似的依附在市场街这条轴线上。尽管市场街十分喧闹，它们却像世外桃源似的各自形成独立的空间。从一些缺口还可以通向住宅街，住宅街为内院形式，院内的生活从外面窥视不到。在这条市场街里，可以获得在日本或欧美商业街中所得不到的五感俱全的感受。例如，以听觉来说，建筑物由于是用吸声性强的泥土墙壁围成，所以是反射声少而直达声多的空间，尽管十分喧闹却并不刺耳。嗅觉方面是特殊的香料及当地其他独特味道与灰尘的神秘混合。当最后走完这 1.6 千米长的市场街，空间豁然开朗，从隧道般不见阳光的空间，一下子来到了阳光灿烂的大广场。这个广场即为阿巴斯一世所建造的“皇家广场”，来到的地方是广场的北面。广场东西方向宽 165 米，南北方向长 510 米[①]，它比卡米洛・西特（Camillo Sitte）所说的平均尺寸为 58 米 ×142 米的欧洲大型广场[②]要大得多。两边建筑的距离与建筑高度之比 D/H，连短边方向也达到 10 以上，作为外部空间来说，其封闭条件与紧凑感均不如意大利的广场。但是，对于穿过幽暗的市场街

① 《建筑评论》，1976 年 5 月，第 28 页。
② 西特，《广场的造型》，大石敏雄译，美术出版社，1968，第 62 页。

① 礼拜五清真寺

② 一直走到礼拜五清真寺，向左到市场街

③ 市场街

④ 市场街

⑤ 市场街

⑥ 小礼拜寺入口

⑦ 小礼拜寺内部

⑧ 学校

⑨ 公共浴室

⑩ 沙漠商队货栈

⑪ 市场街出口

⑫ 皇家广场

图 4-19 伊朗伊斯法罕市场街

来到广场的人来说，这时与其封闭不如更希望开敞吧。这个广场是整整齐齐的矩形，周围的两层拱廊可同意大利文艺复兴时期的拱廊媲美，对形成广场的韵律感和整体感起了很大作用。今天，底层设置了各种商店，二层是刷白石膏浆的拱形壁龛，进到里面可以看到土坯的颜色。白色的壁龛按等间距重复，与广场的整齐矩形极为协调，与市场街的不规则性相比，有着显著差别。

在广场上 45° 方向布置有两座清真寺，广场东侧是沙克·鲁特法拉礼拜寺（Masjid-i-Shaykh-Lutfullah），南面是皇家礼拜寺（Masjidi-Shah）。前者既无内院又无光塔，后者则可以说就像这个广场的眼珠。半穹顶的拱门和两座光塔引导人们入内，进门后向右拐到达内院。正面有两座色彩极为艳丽的光塔和穹顶，人们在这里朝着麦加的方向礼拜。广场西面是阿里·卡普（Ali Qupu）宫，从楼层可以俯瞰广场上的活动。阿里·卡普宫与当地那种似乎在土中掘出的凹形空间不同，它是楼层采用了木柱的通透性凸形空间。

在世界各国城市日渐国际化、统一化的倾向中，伊斯法罕今天仍作为干燥地区文化的象征而存在着。伊斯法罕协调的街道是从当地的自然环境和传统中诞生的。要理解它是否为富于人性的街道，需要费些时间，这或许是因为它没有意大利或希腊建筑那样的石结构吧。可是，不管石结构也好，土坯或泥土住宅也好，毕竟是干燥地区的地方建筑，这一点是没有区别的。

5. 昌迪加尔与巴西利亚

对于像我这样在二战前学建筑的学生来说，勒·柯布西耶的作品集简直就是美妙的天书。在那长方形的横开本中，印有大量照片和建筑图，并印有英、法、德三国文字，尤其是建筑图更为出色，不论立面图、剖面图以至平面图、总平面图，全都像是艺术品。如果把那些平面图或总平面图装入镜框悬挂起来，就像是现代绘画。关于建筑设计图有几种情况，一种是一幅幅的完整构图，协调美观，具有大师本人的笔迹，光是图面本身就有很高的艺术价值。另一种所谓“图纸”，只是为了实现实际建筑的手段，而不管是谁和用什么方法绘制的。根据不同情况可以用电子计算机绘制，也可以用文章或计算式表现。还有一种是图面本身比机器绘图更有构成的价值，同时实际建筑的质量也很不错。从目前的国际趋势看，对图面艺术性的要求正在下降。不过另一方面，大概是纽约现代美术馆举办巴黎美术学院建筑图展以来吧，美国等一些国家对巴黎美术学院的建筑图正在重新进行评价。

勒·柯布西耶是十分重视每一幅图的图面表现的。笔者非常注意勒·柯布西耶图面一角的数目字或罗马字镂花模板在使图面紧凑上所起的重要作用。他那图面的美和完整性十分吸引人，笔者很想通过自己的目光来弄清楚：他那饶舌的文章和设计图，同他那业已实现的建筑是怎样联系的呢？对他来说图面是手段，还是目的呢？后来终于有了这样的机会。

1954 年夏，笔者渡过大西洋来到巴黎，在买到勒·柯布西耶图面使用的镂花模板之后，立即去走访他为巴黎国际大学城的瑞士学生们所设计的瑞士学生宿舍。这幢学生宿舍横向排列的房间与楼梯、电梯及卫生间等纵向联系的空间属于不同的空间秩序，因此在平面设计中是截然分开的，外观也表现出来。这在当时是划时代的设计，我想这就是今天经常采用的

“中心核平面”的最早实例（图 4-20）。我的印象里这是一幢实际看来相当高明，其表现也比预想更谨慎的建筑。然而从其平面设计中，的确可以看到当时这位建筑大师的眼光之远大。

接下来我访问了著名的马赛公寓。这幢高层公寓的剖面图非常高明，位于三层的中间走道，把上下两个贯穿两层的居住单元交错地组合在一起，因此无论哪个单元都是两侧面向室外。一般高层公寓若采用单面走廊形式，居室只有一侧面向室外；若采用中间走道形式，那么一侧居室为南向，另一侧则必然为北向。从马赛公寓的剖面图来看则避免了这一缺点，而且各居住单元都具有跃层式（split level）的空间变化，并交错吻合在一起。这幢高层公寓从很远的地方即可一目了然，在法国南部晴朗的阳光下，深雕似的窗框呈现出强烈的阴影，其外观的匀称比例，给人一种舍此无他的印象。近一点看，裸露的混凝土表面与凹廊内强烈色块的对比较为粗犷。更近，当到达入口、楼梯间、电梯间时，你会发现那才真的称得上粗犷。它和意大利或希腊住宅中所看到的那种原始性的朴素不同，一眼就会产生这种印象：像是现代工业产品，然而精度很差。再进到居住单元中去看，似乎远比剖面图上所看到的空间狭长，房间中部的空间看来很不好使用（图 4-21）。这样狭长的平面，在前述的帕丁顿及京都町家等内天井式住宅中司空见惯，但它们有可供采光的内天井，有用于私生活的室外空间，因而才能形成。马赛公寓一个居住单元的宽度为 4.19 米，长度竟为其五倍左右。以建筑平面设计一般知识来看，在没有内天井的情况下，这种尺寸是无论怎样也不便使用的。如果要想了解该楼居民的感想，那么就会听到滔滔不绝的抱怨。

把剖面图与平面图对照起来就会清楚，上面一个单元一进入位于中间走道的入口，就是大小适宜的厨房兼餐室和起居室。从内部楼梯上楼是一分为二的极为狭长的儿童室和毗连餐室上空的主卧室。浴室为主卧室专用，儿童只能淋浴。下面一个单元比上面单元更不好用，从中间走

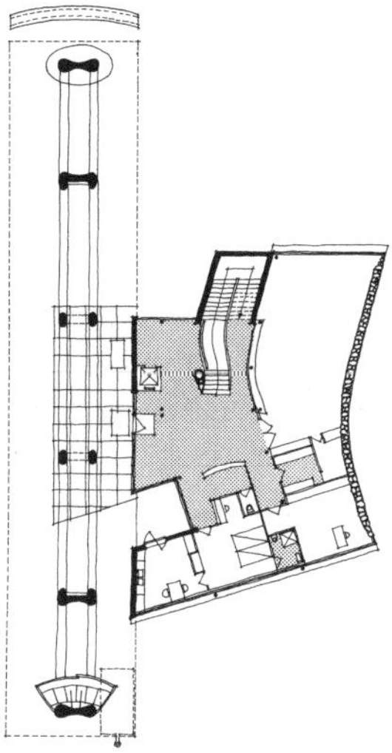

（a）平面图

（b）侧面图

图 4-20　法国巴黎国际大学城　瑞士学生宿舍楼（勒·柯布西耶设计）

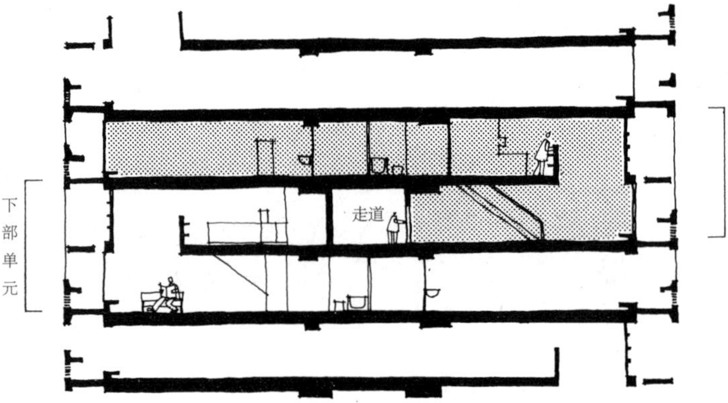

（a）剖面图

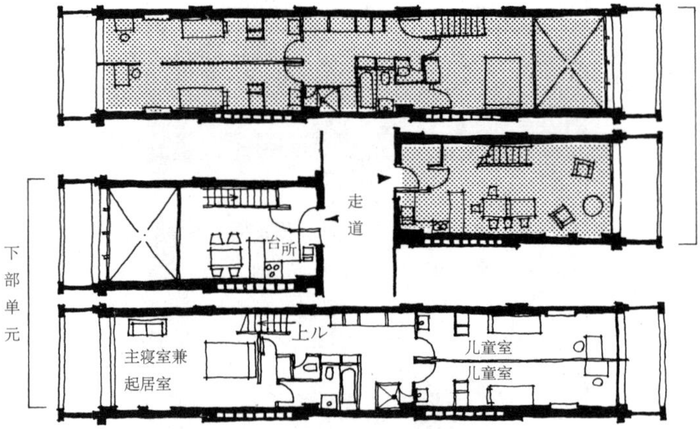

（b）剖面图

图 4-21　法国巴黎　马赛公寓（勒·柯布西耶设计）

（c）侧面图

续图　4-21 法国巴黎　马赛公寓（勒·柯布西耶设计）

道进门后为厨房兼餐室，其端头为楼下主卧室的上空。下楼之后是两间狭长的儿童室的主要卧室，卧室上空与餐室毗连，卧室同时兼为起居室，其使用情况想必极为不便。从这个居住单元来看，要说它是为了建筑造型或比例而牺牲了居住空间，恐怕也不为过吧。

笔者当时脑海中掠过这样的想法：勒·柯布西耶在长 140 米、宽 24 米、高 56 米这一完美比例的体积中划分居住单元，乃是根据正立面比例要求所确定，并把它置于支柱层之上，嵌入了打一开头就想好了的相互交错的居住单元剖面形式。结果完成的是协调美观的立面和与人的生活没有多大关系的狭长居住单元……当然，读了他的《模度》（*Le Modulor*）一书就会明白，他就是在马赛公寓的居住单元中首先应用这一尺寸系列的。公寓从整体到局部乃至剖面、家具等所有尺寸，无不符合他的模度系列。勒·柯布西耶写道："不管模度怎么好，把它取消吧。你把模度理解成笨拙或不精细者的灵丹妙药吗？如果模度导致不快，那就抛弃它吧。你的眼睛就是判断，它是你应当承认的唯一准绳。用眼睛去判断吧。"[①]勒·柯布西耶的确有一双极富天赋的了不起的眼睛，那不是练来的或学来的，而是天生的对比例极为严格的审美眼光。我想这幢建筑与其说是炎热的法国南方的高层公寓，还不如说是用他那严格的眼光所创造的巨大的混凝土雕塑吧。如果不考虑这幢建筑的居住功能，而只是单纯观赏时，不是非常美吗？对勒·柯布西耶来说，楼梯、电梯和居住单元等同生活密切关联的内容，不是并不怎么具有重要意义吧？或不如说几何尺寸以及局部与整体的比例匀称才是有意义的。如果真是这样，我想，与其称他为建筑师，恐怕更应该称他为"超级雕塑家"吧。参观马赛公寓之后，有个疑问一直萦绕于怀，即勒·柯布西耶同 20 世纪以来的"住房是居住的机器"或"形式服从功能"的功能主义观点，

---

① 勒·柯布西耶，《模度》，吉阪隆正译，鹿岛出版会，1976 年，第 89 页。

到底如何协调起来呢？几年前直接从前川国男（他年轻时曾在勒·柯布西耶门下参加设计实践）处听到，勒·柯布西耶对设计非常热心，可是却不大喜欢去现场；另外，对于剖面图上楼梯起始与结束位置吻合之类的问题也十分拘谨，这的确说到了要害上。昌迪加尔规划也是如此，常驻现场的是皮埃尔·雅纳雷（Pierre Janneret），勒·柯布西耶住在巴黎，只是定期地前往印度，而大部分工作任凭他的堂兄雅纳雷去完成，他自己则埋头于“不朽”建筑的设计。即使身在法国，听说他同样也不大去马赛。的确，若非如此，光从法国建筑技术水平来看，是不会完成马赛公寓这样的粗糙工程的。比起受到技术、经济、社会和时间制约的一些实际建筑来，他不是对设计本身、图面构成和几何比例更为关心吗？实际的建筑物各层空间是分别独立的，因此楼梯从何处起始何处结束，并不怎么受限制，但若从图上看，有时就成了非常担心的事。不大去现场的人，没有注意现场实测尺寸与结构误差，而是拘泥于图面的吻合。这是为什么呢？我曾把勒·柯布西耶的“几何的诗”以及他的版画悬挂在房间里每日欣赏，凡是应有的地方全都布满线条或色彩，它是在任何地方也无可否认的精彩艺术作品。他正是一位出色的画家。建筑师当中经常进行静物或风景写生，而且画得很好的人很多，至于说是否必定是艺术作品，那是另外的问题。在图纸上进行艺术创作的建筑师，很可能是在图面的框框中考虑其艺术性，然而它实际是一百倍或两百倍大小的建筑物。也就是说，光从看平面图或剖面图的角度，不可能体验实际的建筑，以至乍一看会认为把理所当然的东西都忘掉了。

勒·柯布西耶有大量城市规划方面的论著。在早期住宅那样单纯的个体建筑上看到了他的成功，可是在城市规划方面也是按照理论实现的吗？我日益强烈地想把这一点弄清楚，因此很想到印度旁遮普邦首府昌迪加尔去实地看一看。机会终于来了，1972 年冬的一天早晨，我到达了昌迪加尔机场。

昌迪加尔规划的基本方案是由尼赫鲁的私人朋友、纽约的艾伯特·麦耶（Albert Mayer）的事务所完成的。麦耶受到了成为 20 世纪 20 至 30 年代主流的埃比尼泽·霍华德（Ebenezer Howard）的田园城市思想的强烈影响。

艾伯特·麦耶的基本方案是，包括小学校、商业街和小公园在内的 900 米 ×450 米的邻里单位和人车分流的交通规划，并且是以创造十分开敞的美丽首府为目标。它是基于西欧田园城市的设想，但是否适合于印度的经济、社会和自然条件，今天看来仍然是个疑问。负责这一规划的建筑师系由当时北卡罗来纳州立大学教授马休·诺维奇（Matthew Nowicki）担任，但因他在 1950 年一次飞机失事中遇难，所以旁遮普邦政府必须重新物色主持建筑师。当年 11 月两位印度人首先访问了罗马，然后来到巴黎。他们会见了奥古斯特·派莱（Augusto Perret），不过谈判并不顺利。接着，他们经法国政府要员推荐，会见了勒·柯布西耶。由于要在印度专心致志工作三年而报酬甚微，因此他本人似乎不怎么乐意。于是这两位印度人又到伦敦会见了麦克斯韦·福莱（Maxwell Fry）和简·德鲁（Jane Drew）。会谈相当顺利，另外，请勒·柯布西耶出马一事也最终取得成功。结果商妥，福莱、德鲁和雅纳雷三人作为主持建筑师留在印度，勒·柯布西耶住在巴黎，一年两度以一个月时间前往印度。

勒·柯布西耶作为城市规划理论家而驰名世界，这里为把他的理论变为现实提供了可能。他 1951 年首次访问旁遮普邦时，把麦耶的基本方案做了相当大的改动。首先把邻里单位的大小改为 1200 米 ×800 米，把曲线形道路改成直线形，他所提出的交通规划被导入 V_7。V_1 是从外地进入昌迪加尔的道路，V_2 为两条交叉的大干道，V_3 为高速公路，V_4 为低速公路，V_5 为地区道路，V_6 为通向住宅的道路，V_7 为步行道。这种道路体系在理论上的确是很出色的，可是在大部分居民尚未使用汽车的今天，如何评价这个 V_7 体系还难以得知。尤其是在能源危机之后的印度，要实现家庭人人都有汽车，以便充分利用 V_7 体系，还不知要等到何年何月呢。总之，尽管有这样高效率的交通规划体系，要在昌迪加尔充分发挥作用，还是十分遥远的事。

印度虽然也希望得到小汽车及公共交通工具，然而今天仍以自行车或步行交通为主，昌迪加尔所有设施都布置得非常分散，各幢建筑相距甚远，这是件非常令人头痛的事。这样的远距离在酷暑当中尤其难耐。人车分流的高速公路、立体交叉等，今天在这里的确毫无用途。赤足者、蹬三轮车者、兽力车等来来往往，在这样的现实当中，这种田园城市是否能适应这个社会，在我的头脑中终究是个疑问。昌迪加尔的居民在无视社会、经济和自然条件的西欧式环境中，也只好硬着头皮度日了。

为什么这样的城市规划会得以实现呢？可从当时印度的政治形势中得出答案。1947 年印度与巴基斯坦分治，旁遮普邦被分成了两半，当地的古都拉合尔成了巴基斯坦的第二大城市。东面的印度也必须建设旁遮普邦的新首府，于是便选定了昌迪加尔。当时作为自由印度象征的尼赫鲁，期望这座新首府成为不逊于西欧的现代化城市。因此，除了基于西欧城市规划理论的新城市建设外，其他概不考虑。此外，根据印度的工业化政策，该国也是有望很快实现汽车化的。在这样的背景下，使得邻里单位、V_7 体系和田园城市之类的理想，在贫穷的印度得到了实现的机会。

那么，让我们来看一下这座城市的中心设施议会大厦建筑群吧。在称为“扇面”的邻里单位北面的这个建筑群，是由政府大楼、议会大厦、省长官邸等建筑物以及分布其间的纪念建筑所组成，它是勒・柯布西耶最倾注精力的作品（图 4-22 至图 4-24）。

他的总平面布置纯粹是几何图形的，首先是把两个每边为 800 米的正方形并排在一起，其中排列着每边为 400 米的正方形，并分别布置重要建筑。最后方案把这两个正方形向西移了 100 米，腾出的空间布置各种纪念建筑，对于这一布局，褒贬皆有。

图 4-22 印度昌迪加尔行政中心

图 4-23　印度昌迪加尔　从高等法院遥望议会大厦

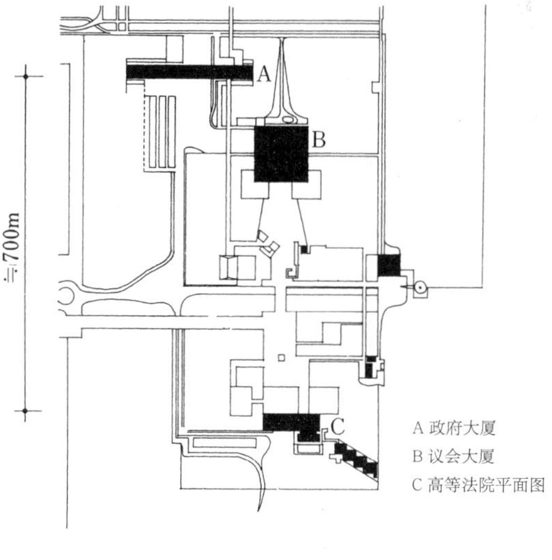

图 4-24　印度昌迪加尔平面图

关于建筑的总平面布置，视觉问题成了决定因素。我取 8 米长竿，相间涂以黑白两色，顶端悬挂白旗。首先想好用地选择方案，在建筑转角处竖起上述黑白两色长竿，这样一看就会发现建筑的间距过大了。在这片一望无边的土地上，我必须在非常不安和烦闷的心情下做出决定，只能苦恼地自问自答，并必须独自来评价和做出决定。这已经不是理性问题，而只是感觉问题。

如勒·柯布西耶所述，他是依照几何图形从视觉上来确定建筑的总平面布置的，竖起 8 米长竿，在自问自答和烦闷不安中独自苦恼。这对今天的建筑师来说，简直像是奇闻。在欧洲的历史上，有过中世纪自发而富于人性的总体布局技法，有过文艺复兴、巴洛克时期匀称完美的总平面规划。经过了这样的历史，在现代建筑中积累了丰富的科学技术成就的今天，一位建筑师在气候酷热的印度平原上，竟凭着 8 米长竿从感觉上来考虑庞大的总平面规划，这样的方法的确堪称奇闻。像议会大厦这样的国家中枢机构，它的建筑群布局乃是根据放在地面上的两个并排正方形及其对角线来确定，实在是不可理解。实际到当地一看便知，各幢建筑都是相距甚远、孤零零地耸立着。例如政府大厦与高等法院的间距约为 700 米，这在东京则相当于银座四街与京桥交叉点前的距离，然而其间无论如何也不称其为充实的建筑空间。如前面讲到意大利空间时所述，建筑物是“图形”，建筑间距则是“背景”，若过分强调“图形”的纪念性，那么“背景”就会成为不成其“图形”的空地。换句话说，勒·柯布西耶的建筑中，建筑物与建筑物之间的空间，不存在轮廓的性质。所以从这样的建筑群中，很难有形成街道的机会。建筑均为几何构图，十分明快，非几何构图、不明快者则不允许存在。空间虽说明快了，但换来的却是缺乏人情味。我不否认这些建筑美观超群，但我无论如何也不能不产生郁郁不快的心情。再进入这些建筑内部来看，到处都是为了表现几何构图，我总觉得它不能说是为人使用的建筑——“居住的机器”——而是“供观赏的雕塑”。

我越来越确信，勒·柯布西耶与其说是建筑师，不如说是画家、雕塑家、思想家。然而，作为雕塑家，他远比我们所想象的更加伟大。几百年之后，要是今天的建筑还存在，怕只有勒·柯布西耶的建筑了。密斯或菲利浦·约翰逊的玻璃与金属建筑也好，赖特、路易斯·康（Louis Kahn）、保尔·鲁道夫（Paul Rudolph）、凯文·洛奇（Kevin Roche）等人的建筑也好，全都会毁掉。白色派、灰色派以及最近流行的矫揉造作的建筑兴许会最先毁掉。即便到了那时，偏僻的昌迪加尔的议会建筑群无疑仍会保存下来。作为非功能性的巨大混凝土雕塑，人们会像走访雅典卫城似的来参观这座20世纪建筑群的。建筑间距$D/H>3$，整个建筑即可作为一个完整景观来欣赏。勒·柯布西耶使用了8米长竿，也许就是考虑到这一点吧。我认为他的确是今天建筑师当中有远见的伟大雕塑家。

再者，勒·柯布西耶的伟大素质不正是他那天赋的美感吗？日本的建筑师，是在温和潮湿多雨地区的大开口木结构住宅中成长起来的，成年后才学习西方现代建筑；相对地，勒·柯布西耶则是在砖石结构的历史中成长。他之所以否定砖石结构，憧憬支柱层和大开口，正是作为与厚重石墙的对照。他的思想强烈地支配着他的美感，那是一种舍此而外，任何因素均置之不顾的天生的强烈感觉。正因为如此才决定了他一生毫不犹豫的创作道路。

回过来再看看日本的情况又是如何呢？经常处在双重性的共存关系中，厚重粗野的混凝土表现手法与亮晶晶的玻璃幕墙表现手法往往集于建筑师一身，几何构图与非几何构图也同时并存。日本的建筑是在建筑师成年后才学到的而不是天赋的，这一点毕竟无法胜过勒·柯布西耶。如此说来，称勒·柯布西耶为伟大的建筑师仍是很恰当的。昌迪加尔的高效能交通规划也许现在是无用之物，但仔细想来，说不定它是很重要的。现在建筑的间距很大，可是五十年、一百年之后，如果空地上相继建造起建筑物，那么由于交通体系很完善，即使出现东京那样高密度的居住区，恐怕也不会发生交通拥塞现象。昌迪加尔的是与非，只有让历史来证明了。

昌迪加尔之外，另一个我特别想要参观的城市就是巴西新都巴西利亚（图 4-25）。巴西利亚位于内地海拔 1000 米以上的中央高原上，距里约热内卢和圣保罗均为 1000 千米。1957 年举行设计竞赛，卢西奥·科斯塔（Lucio Costa）的方案获一等奖，遂付诸实现。登上这座首都东西轴线上的电视塔向下俯瞰，街市全貌尽收眼底，科斯塔所构思的十字交叉轴线，犹如大型喷气机展翅欲翔。机首部分为三权广场（图 4-26），轴线上布置了政府机构、大教堂和文化设施等建筑物，向后伸展的两翼部分布置了居住区。在这里，只要了解城市的平面骨架，就会立即弄清楚自己所在的位置和整个城市的关系。尤其是两翼部分，因道路略呈弧形，因此，根据是内弧抑或外弧即可判断其位置和方向。这座城市在“易识别性”这一点上，比澳大利亚首都堪培拉的正三角形构图要优越得多。

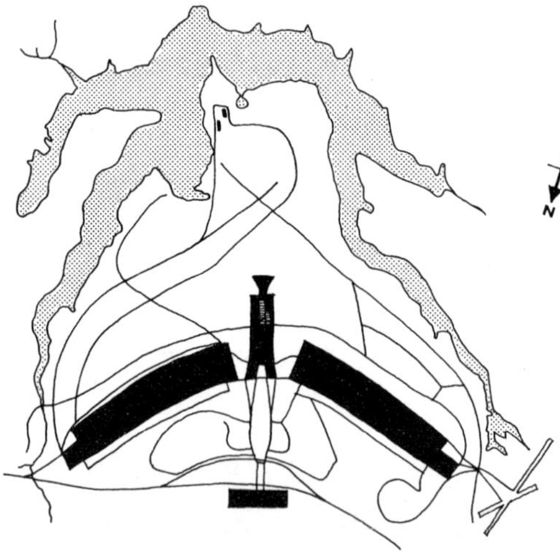

图 4-25　巴西巴西利亚市总平面图

图 4-26 三权广场远眺

这里有许多经常在照片上看到的建筑，因此虽初到此地却并不觉陌生。此地是奥斯卡·尼迈耶（Oscar Niemeyer）大显身手的地方。不管是昌迪加尔还是巴西利亚，建筑都十分分散，间距很大，不过将来汽车化之后，城市就会有生气了。五十年、一百年后，大量建筑物耸立起来，建筑之间的空间丰富了，那么只有骨架清晰的城市才会显得生动。在国家最庄严的三权广场一角，看到了不知怎样就建起来的中国餐馆，我非常高兴。巴西利亚的前景是美好的，可是大多数人现在仍希望住在里约热内卢或圣保罗，里约热内卢既能看到山和海，又有海滨散步道和许多小街巷，所以远比巴西利亚那样平坦而公式化的街道受欢迎。建筑直接面向道路或广场的欧洲现有城市和这种建筑分散在广阔地段上的规划城市，在理论上有着本质区别。在欧洲现有城市中，未建造建筑物的空间容易形成“图形”，以适于步行者——人的尺度为基准；而在以“阳光、空间、绿化”为目标的规划城市中，则是把各幢建筑物作为“图形”，是基于汽车交通的巨大尺度而成立的。我们应当选择怎样的城市及街道呢？希望怎样的城市生活呢？我觉得这是必须充分加以研究的问题。

第五章 结束语

街道是当地居民在漫长的历史中建造起来的，其建造方式同自然条件和人有关。因此，世界上现有的街道与当地人们对时间、空间的理解方式有着密切关系。虽然，人们能够改变街道的基本形式，但不可能简单地改变居住方式，这就和不能改变自然条件是同样的。不过，根据对不同自然条件国家的街道的分析比较，可以对日本街道的理想状态进行更为深入的研究。从日本现状来看，建造并迁都于像巴西利亚或昌迪加尔那样的新型规划城市是相当困难的。为什么这样说呢？因为对出生在日本而不得已要过城市生活的大部分日本人来说，尽量创造出愉快的居住环境和美丽的街道乃是当务之急。故而不希望采取建造新首都之类的庞大的规划，而是希望尽可能理解现状的城市文脉，保留其优良的部分，改善其恶劣的部分，尽可能创造出给人美观和愉快印象的街道。

首先，为使“街道的美学”成立，必须建立“内部”空间与“外部”空间的明确领域观念，即住宅以内考虑为“内部化”，住宅以外考虑为“外部化”。这两个领域要同样作为空间来考虑，或者说把空间统一来考虑是很重要的。在大家族制度崩溃而个人受到尊重的今天，西欧那种内外空间境界的划分方式，以及内外空间统一的方式，对我们来说越来越有必要了。这也就是西欧那种从外向内统一的方法了。不过，我觉得在日本也可以充分考虑从内向外统一的方法，即从内向外地统一为某个单位，例如町进一步统一而成为地区那样，是日式空间秩序的创建方法。由大范围到小范围建立向心秩序的观点，从规划的角度来说自然是正题了，但为此必须首先确定“大范围”的规模。不过，对日本人来说，把零碎的东西一点点集中起来，在历史上是很不擅长的。

如果把自己的住宅作为“内部”空间来考虑，那么住宅前面的道路可以说就是“外部”空间。将空间领域稍许扩大，则可以把宅前道路与自己住宅有密切联系的部分看成“内部”，领域再扩大，直到町内均可以考虑成“内部”。这样逐步地内部化，到什么地方才是边界呢？这是个很重要的问题。它和城市规模及街道规模是有根本区别的。这里把内部化的界限设定为街道的规模是适当的，可以看作是“街道的美学”成立的依据。

根据日本《建筑基准法》第 65 条规定，防火地区或准防火地区内的建筑外墙为耐火结构时，其外墙可与相邻地段紧接。但一般住宅按日本《民法》第 234 条规定，则必须距用地边界 50 厘米以上。假定修改了《民法》，住宅可以紧接相邻地段修建，像独院式住宅或并列式住宅那样拥有共用分户墙，那么若把每条边界两侧的50厘米地段移在道路一侧，就可以建成沿道路 1 米宽的前庭。这条 1 米宽的空间是把原来相邻地段之间所浪费的空间积极地作为街道空间而利用起来，其间可以植草栽花。这样在住宅区道路两侧，就分别形成了 1 米宽的绿化缓冲地带（图 5-1）。这就是所谓“宅前道路内部化”。在这条 1 米地带中间最好不要建围墙，如果非建不可，那么就建在后退 1 米处。这样，必定会在一般住宅区出现面貌一新的良好环境。

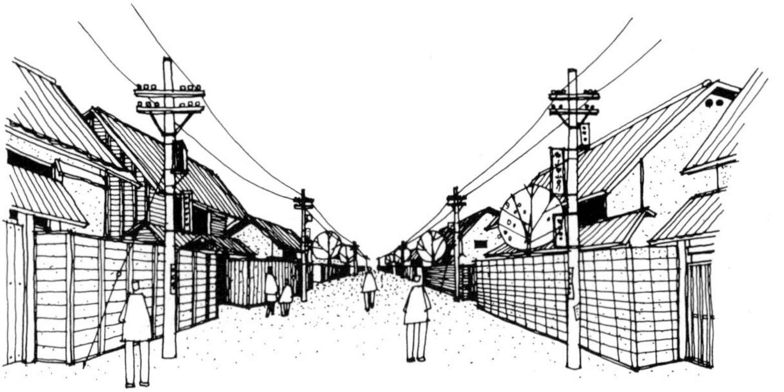

过去的街道

⇩

图 5-1 在住宅道路两侧建造 1 米宽的绿地

大学、植物园、御苑等大型公共空间应禁止沿道路建立围墙，围墙应至少从道路后退 5 至 10 米。在这段 5 至 10 米宽的沿道路空间里，可以布置草坪、花坛、灌木、长椅以及户外灯具等，让它作为绿化散步道而为“街道的美学”做出贡献。对这类大型公共空间来说，贡献出数米宽的空间是不会影响其功能的。东京六义园带铁丝网的砖围墙（图 5-2）、小石川植物园（图 5-3）的永久性围墙等都是从园内角度考虑的，可以

图 5-2　六义园带铁丝网的砖围墙

这是著名的六义园的围墙。如果让不了解情况的人看到，大概会认为这是监狱的那种带铁丝网的砖围墙吧。

图 5-3　小石川植物园的永久性围墙

将植物园和周边的街道一体化考虑的时代也许已经来临了。如果一定要设立围墙，我认为至少应该后退 5 米到 10 米。

说没有照顾到街道的景观。如果有关当局对前述的内外空间领域方面具有卓见，能把园前道路作为内部化来考虑，这些问题即可迎刃而解。若再进一步按和辻哲郎所说的“西欧式的空间统一”来考虑，那么干脆就可以取消围墙。围墙是在街道周围建立的，而不是在庭园周围建立的，这就是西欧的观点。世界上有不少没有围墙的大学、植物园和庭园。可能有人会提出如何管理的问题，这是思想方法的问题。内部空间多戒备森严，一般市区的警戒听之任之，外部空间则毫无戒备。像日本这样治安教育非常普及的国家，是不需要围墙的，主要是从空间领域的观念上需要围墙。

其次应修改关于室外广告的法律及条例，在指定地区应禁止设置凸出于道路上的侧招牌等物。根据东京都现有有关条例规定，广告物在距道路红线 1 米以内可以凸出。距广告物上端的高度，居住区内为“20 米 + 伸出宽度”以下，居住区外为“31 米 + 伸出宽度”以下。如在第二章中所述，这对街道的形成是极为有害的，公共道路上设置广告的宽容规定，是丑化城市街道的罪魁。在自己地段内平行墙面设置广告，只不过遮挡自己建筑的外墙，而凸出道路的侧招牌所构成的第二次轮廓线，则大量遮蔽了由建筑外墙所构成的第一次轮廓线，从而减弱了街道给人的印象，降低了景观的质量。狭窄的小街巷本来就难以见到第一次轮廓线的空间。在这些街巷内的侧招牌和霓虹灯非常集中，呈现了城市夜间的繁华景象。如果把侧招牌按同样大小等间距设置，则容易组合到第一次轮廓线中。此外，从一开始就设计了的屋顶广告塔，有时与其说是第二次轮廓线，不如说已被组合到第一次轮廓线中，从而呈现出协调的景观。根据该条例规定，还允许悬挂条幅广告以及在电线杆、路灯杆和公用电话亭上设置广告。作为第二次轮廓线本来就有损景观的电线杆之类，再允许设置广告，商业主义气氛的确太过分了，也可以说是“广告公害”吧。因此，修改该条例乃是当务之急，这样可以恢复同国外一样的幽静街道景观。

另外还应修改《道路法》，在市区道路上无论如何也不应随意设置电线杆、变压器和电线等，这样可以净化街道的第二次轮廓线，得到清爽的景观。废除电线杆，埋线于地下，投资并不会增加，并且有利于改善景观。

道路上的附属设施（路灯、长椅、垃圾箱、标志、引导牌、饮水器、邮筒、公用电话及地铁入口等）由于均形成第二次轮廓线，故而希望能精心设计，在整体上与第一次轮廓线协调。人行道的路面铺装，希望能像客厅的地毯那样漂亮。道路主管部门应对市区主要道路采取有效措施，力求提高街道艺术水平，不要把道路单纯作为交通空间来考虑，应动员优秀的设计师和艺术家为“街道的美学”贡献力量，应把道路建设费用的一部分用于道路的美化和室外雕塑上，这样就会在街道中形成良好的景观。

如凯文·林奇所说，提高城市“意象”水平是非常重要的。日本的大城市缺少西欧城市那样的街道中心或吸引人的名胜，“意象”水平并无多大提高。在欧洲街道的构成中，首先由历史上遗留下来的高耸的教堂决定了街道的轮廓线。教堂前的广场，除进行宗教活动外，也成为街道的中心，直到今天仍富有生气。它们面向街道敞开，与街道形成一体，这一点非常重要。日本城市中并非没有宗教活动，例如进入京都即可看到高耸入云的东寺塔，它也像欧洲城市一样令人振奋。但是一般来说，日本的宗教建筑多是位于“境内”（院墙内）的封闭式，影响街道景观的很少。尽管如此，东京都内与环境关系密切，并使居民感到亲切的宗教建筑也不是没有。例如水天宫、浅草寺等，都是地处街道之中，而且与居民和传统有着密切关系。特别是浅草寺，庙前道路两侧开辟有“仲见世”[①]，是日本街道景观中罕有的开敞形式。其他神社、佛寺则大多为封闭式。总之，为了提高街道景观水平，应在街道中尽可能多采用开敞式布置，改善“意象”质量，这是非常重要的。

此外，如在日比谷公园改造方案及银座大街改造方案中所指出，对市中心的公共空间或道路，除交通功能外还应赋予其他功能，以丰富街道内容，同时希望把它们向街道开敞。正如意大利人把城市广场看成自己起居室的延伸、巴黎人在街道上设置咖啡座一样（图 5-4），希望能把市中心的空间，看成市民的内部空间，不分昼夜均可利用。

图 5-4　法国巴黎街道上的咖啡座

① 意为庙前街。——译注

以上所述都是一些具体手法，多少有些创造性，这些手法只要施行是很容易实现的。主要是明确空间观念，如何考虑街道美化的问题。

在《街道的美学》结束之前，还想再补充一句，即第四章中评论勒·柯布西耶作品的理由。这是因为我在勒·柯布西耶的作品中无论如何也看不到人情味，他的作品存在着以形式美为出发点的美学观念，其中甚至连人的存在都否定了。笔者提倡“街道的美学”，从根本上是以人为本的，是肯定人的存在的。当我们认清自己的自然风土，创造有人情味的街道时，至少应看清方向，读者若能理解这一强烈愿望，本人将不胜荣幸。

后　记

周游世界，观赏各处的城市和建筑，我们就会抱着这样的疑问：那些地方的地理条件和气候风土、宗教、历史等都和日本不同，那么基本的城市及建筑的空间概念是不是也和日本不一样呢？特别是我对意大利的城市和建筑发生兴趣之后，这种感觉就更强烈了……

二战后，日本的建筑技术有着显著的飞跃发展，可以骄傲地说，在技术上恐怕已经达到了世界顶尖水平。但即便确实有个别建筑质量很高，那些建筑如果汇合成建筑群，甚至一旦形成了一条街道，怎么说也达不到世界领先水平。我们日本人也许是没有将街道建得既适宜居住又漂亮的意识吧。或许是因为我们不适合建筑美丽的街道吧。关于这些问题，我打算在这本书里试着总结自己的想法。当然这本书既不是城市规划的书，也不是建筑的书，更不是最近在建筑报刊上宣传的概念化的建筑论，而是关于存在于城市与建筑之间的“街道”的存在方式的实体论阶段的书。如果遵从矶崎新根据卡西尔式方法展开的分类，城市设计可以分为实体论、机能论、构造论、象征论四个阶段。据此，在实体论的最初阶段，把城市和街道当成物理存在本身，城市规划就是将其物理式地美化完成的巴洛克式手法。但是，无论是哪一个阶段，最终将概念转移到实物上时，都必须使用实体论的手法。我本人这二十年作为建筑学家也被认为是沉沦于实体论阶段。19 世纪巴黎的城市规划如果按这种区分的话，就属于实体论阶段。虽然从近代城市规划的观点来看，被认为是落后于时代，但是同柯布西耶提倡的“光明城市”——构造论阶段——做比较来看的话，可以说是各有所长，而在城市视觉构造及其魅力方面，大概乔治－欧仁·奥斯曼（Georges-Eugène Haussmann）的巴黎比柯布西耶的巴黎要优秀。在认识到这一点的同时，也要看到另一方面，就是在边理解原有城市街道、边建筑新建筑物的时候，并不把原有建筑物和新建筑物之间的空间作为“背景”，而是把它当作“图形”来考虑，这种想法都开始被全世界众多的建筑学家和学者所接受，特别是在“图形”和“背景”的逆转空间中存在着形象感，这种想法被认为是“街道的美学”的有效思考方式。我在《外部空间的构成》中提出 P 空间（积极空间）、N 空间（消极空间）的说法，将其分别读成“图形”和“背景”，被认为是最近在美国等地被提倡的建筑学上所谓“文脉主义”（Contextualism）的始祖。

在建筑领域，针对于被认为是 20 世纪初以来的正统现代建筑，从各种角度诞生了前卫建筑，可以说建筑业进入了下一个探索时代。特别是在我国有新陈代谢派（Metabolism）建筑、手法主义（Mannerism）建筑、后现代主义建筑、语言学和符号论建筑等的运用，在概念和形态上很多样化，以至于让人有种眼花缭乱的感觉，甚至说受到世界建筑界的瞩目也不过分。可这一切不能认为是决定建筑和街道未来存在方向的东西。

这是因为，考虑到建筑和街道最终要反映一个国家的文化底蕴，有大多数人愉快和感动的更稳定的体系，必须得是据此能够说明的东西。我想，在这层意思上大概是立足于人性，没有“人”的存在是绝对不可以的。

街道和建筑的环境给予我们更多的信息。住在稳重的欧洲都市和宁静的美国郊区的人们，能够寻到更多的信息量吧。每天从街道和建筑中获取过多信息的人们，大概是想追求更稳重的都市吧。文丘里着眼于拉斯维加斯的霓虹灯和广告的象征，即便如此，也不能认为是直接可以应用于我国都市的，因为美国的国土面积更宽广。

此书是我经过二十年的时间，通过亲身经历和调查所写的。根据被凯文·林奇首次叫做“人情派”、引起学者和建筑家共鸣的想法而展开。基本构思是从拙著《外部空间设计》（*Exterior Design in Architecture*，1970 年由 Van Nostrand Reinhold 出版公司出版）发展而来的。

此书照片大多是由作者亲自摄影的，但其中也有从二川幸夫氏的优秀照片中借来的。也向其他照片的提供者表示深深的感谢。插图都是儿岛学敏君和他的组员所绘。为分析银座的街道，守屋秀夫博士承担了大部分的图表制作。还有为了推进此书，佐久间裕子嬢的协力也不可或缺。另外说到出版，也向出版此书的岩波书店的各位编辑、制作、校对表示深切的谢意。

芦原义信

1978 年 12 月

参考文献

建筑一般

J. M. Richards, *Who'sWho in Architecture*, Weidenfeldand Nicolson, London, 1977.

Norman Davey, *A History of Building Materials*, J. M. Dent&SonsLtd., London, 1961.（山田幸一訳『建築材料の歴史』工業調查会，1969）

和辻哲郎『風土人間学的考察』岩波書店，1935.

Dagobert Frey, *Glundlegung zu einer vergleichenden Kunstwis- senschaft*.（吉岡健二郎訳『比較芸術学』創文社，1961）

Gaston Bachelard, *La Poétique de l' Espace*.（岩村行雄訳『空間の 詩学』思潮社，1969）

Gaston Bachelard, *La Terre et les Rêveries du Repos*.（饗庭孝男訳『大地と休息の夢想』思潮社，1970）

奥野健男『文学における原風景一原っぱ　洞窟の幻想』集英社，1972.

Otto Friedrich Bollnow, *Neue Geborgenheit: Das Problem einer Überwindung des Existentialismus*.（須田秀幸訳『実存主義克服の問題』未来社，1969）

Otto Friedrich Bollnow, *Mensch and Raum*, W. Kohlhammer GmbH, Stuttgart, 1963.（大塚恵一他訳『人間と空間』せりか書房，1978）

Antoine de Saint-Exupéry, *Citadelle*, Éditions Gallimard, Paris, 1948.（山崎庸一郎他訳『城砦』みすず書房，1962）

Maurice Merleau-Ponty，*Phénoménologiede la Perception*.（竹内，木田，宮本訳『知覚の現象学 2』みすず書房，1974）

Michel Ragon，*Les Erreurs Monumentales*.（吉阪隆正訳『巨大なる過ち』紀伊国屋書店，1972）

Lewis Mumfordy, *The Culture of Cities*, HarcourtBrace Javanovich，Inc., NewYork，1938,（生団勉訳『都市の．文化』鹿島出版会，1974）

Robert Venturi, *Complexity and Contradiction in Architecture*, The Museum of Modern Art, NewYork，1966.（松下一之訳『建築の複合と対立』美術出版社，1969）

Sibyl Moholy-Nagy, *Native Genius in Anonymous Architecture in North America*, SchockenBooks, NewYork, 1976.

Peter Blake, *Form Follows Fiasco*, Little, Brown and Company, Boston, 1974.

鈴木秀夫『風土の構造』大明堂，1975.

上田篤『日本人とすまい』岩波書店，1974.

視覚構造

James J. Gilbson, *The Perception of the Visual World*, Houghton MifflinCo., Boston, TheRiversidePress, Cambridge, 1950.

Henry Dreyfuss, *The Measure of Man*, Whitney Library of Design, NewYork, 1959.

WolfgangMetzger, *Gesetze des Sehens*, Waldemar Kramer, 1953.（盛永四郎訳『視覚の法則』岩波書店，1968）

Rudolf Arnheim, *Art and Visual Perception*, The Regents of the University of California, 1954.（波多野完治他訳『美術と視覚 上・下』美術出版社，

1963）
EdwardT.Hall，*The Silent Language*.（国弘正雄他訳『沈黙のことば』南雲堂，1966）
Edward T.Hall，*The Hidden Dimension.*（日高・佐藤訳『かくれた次元』みすず書房，1970）
Robert Sommer，*Personal Space*.（稽山貞登訳『人間の空間』鹿島出版会，1972）
Robert Sommer，*Tight Spaces,Prentice-Hall, Inc., Englewood Cliffs,* 1974.

建築・都市空間

Camillo Sitte，*Der Städtebau nach seinen künstlerischen Gründsätzen*（first edition，1889）.
Camillo Sitte，*The Art of Building Cities*，translated by Charles T. Stewart,Reinholdv，1945.
Camillo Sitte，*City Planning According to Artistic Principles*，translated by GeorgeR. Collins and Christiane Crasemann Collins，RandomHouse，1965.（大石敏雄訳『広場の造形』美術出版社，1968）
GeorgeR. Collins and Christiane Crasemann Collins，*Camillo Sitte and the Birth of Modern City Planning*，Random House，1965.
Janathan Barnett，*Urban Design as Public Policy*，McGraw-Hill，Inc.，NewYork，1974.（六鹿正治訳『アーバン・デザインの手法』鹿島出版会，1977）
Werner Hegemann&Elbert Peets，*The American Vitruvius: An Architect' s Handbook of Civic Art*，Arch. Publishing Co.，NewYork，1922.
Ernö Goldfinger，"The Sensation of Space"，*Arch. Review*，Nov. 1941.
Ernö Goldfinger，"Urbanism and the Spatial Order"，*Arch. Review*，Dec. 1941.
Ernö Goldfinger，"Elements of Enclosed Space"，*Arch, Review*, Jan. 1942.

Gordon Cullen, "Immediacy", *Arch.Review*, April1953.

Gordon Cullen, "Closure", *Arch. Review*, March 1955.

Gordon Cullen, "CounterAttack", *ArchReview*, Dec. 1956.

Gordon Cullen, *Townscape*, The Architectural Press, Lonaon, 1961.

Hans Blumenfeld, "Scale in Civic Design", Town Planning Review, April 1953.

Pieter Dijkema, *Innen und Aussen*, Verlag G.Van Saane, Lectura Architectonica, Hilversum.

Philip Thiel, "The Anatomy of Space", a draft copy, 1959.

Philip Thiel, "The Urban Spaces at Broadway and Mason, A Visual Survey, Analysis and Representation", 1959.

Philip Thiel, "ANotationforArchitecturalandUrbanSpace Sequences", 1960.

Philip Thiel, "ASequence Experience Notation for Architectural and Urban Space", The Town Planning Review, April 1961.

Philip Thiel, "AnExperimentinSpaceNotation", Arch, Review, May 1962.

Kevin Lynch&Malcolm Rivkin, "A Walk Around the Block", *Landscape*, Spring 1959.

Alvin K. Lukashok&Kevin Lynch, "Some Childhood Memories of the City", *American Institute of Planners Journal*, Summer 1956.

Kevin Lynch, *Image of the City*.（丹下健三·富田玲子訳『都市のイメージ』岩波書店，1968）

Kevin Lynch, *Site Planning*, The MIT Press, Cambridge, Mass., 1962.（前野淳一郎·佐々木宏訳『敷地計画の技法』鹿島出版会，1966）

Frederic Gibberd, *Town Design*, Architectural Press, 3rd ed., London, 1959.

Bruno Zevi, *Architecture as Space*.（栗田勇訳『空間と丨しての建築』青銅社，1966）

Steen Eiler Rasmussen, *Experiencing Architecture*.（佐々木宏訳『経験と

しての建築』美術出版社，1967）

Steen Eiler Rasmussen, *Towns and Buildings: Described in Drawings and Words*, The University Press of Liverpool, Liverpool, 1951.

Christian Norberg-Schulz, *Intentions in Architecture*, Universitetsforlaget, Allen & Unwin Ltd., 1963.

Christian Norberg-Schulz, *Existence, Space and Architecture*.（加藤邦男訳『実存・空間・建築』鹿島出版会，1973）

Edited by Charles Jencks & George Baind, *Meaning in Architecture,* Barrie & Jenkins, London, 1969.

The Editors of Fortune, *The Exploding Metropolis*, Doubleday & Co. Inc., New York, 1958.

Jane Jacobs, *The Death and Life of Great American Cities.*（黒川 紀章訳『アメリヵ大都市の死と生』鹿島出版会，1969）

Ian Nairin, *Counter-attack against Subtopia*, The Architectural Press, London, 1956.

Ian Nairinf, *Outrage*, The Architectural Press, London, 1955.

Constantine E. Michaelides, *Hydra : A Greek Island Town*, The Univ. of Chicago Press, Chicago & London, 1967.

Myron Goldfinger, *Villages in the Sun*, Lund Humphries, London, 1969.

Edward Allen, *Stone Shelters,* The MIT Press, Cambridge & London, 1969.

パディントン

The Paddington Society, *Paddington—A Plan for Preservation*, Sydney, 1970.

Albert N. Glarke, *Historic Sydney and New South Wales,* The Central Press Pty Ltd., Sydney, 1968.

John Roseth, "The Revival of an Old Residential Area" , Doctor theisis to Univ. of Sydney, 1969.

Patricia Thompson, *Paddington Sketchbook,* Rigby Ltd. Sydney, 1971.

Patricia Thompson, *The Story of Paddington,* The Fiveways Publishing Company, Sydney.

Rob Hillier, *Let's Buy A Terrace House* , Ure Smith, Sydney, 1968.

J. M. Freeland, *The Australian Pub,* Melbourne University Press, Australia, 1966.

ロックフェラー・センターとニュー・ヨーク

W. Reid, I. S. Robbins, F. V. Madigan & G. J. Carey, *Memo to Architects,* New York City Housing Authority, 1952.

Marya Marnnes, *The New York I Know,* J. B. Lippincott Company, Philadelphia, 1959.

Norval White & Elliot Willensky, *AIA Guide to New York,* Macmillan Publishing Co. Inc, New York, 1967.

Robert F. R. Ballard, *Directory of Manhattan Office Buildings,* McGraw-Hill, Inc., New York, 1978.

Alan Balfour, *Rockefeller Center,* McGraw-Hill, Inc., New York, 1978.

Regional Plan Association, *Urban Design Manhattan,* Studio Vista, London, 1969.

David Kenneth Specter, *Urban Spaces,* New York Graphic Society Ltd., Greenwich, Conn., 1974.

イタリアの広場と囲郭都市

Wolfgang Lotz, *Studies in Italian Renaissance Architecture,* The MIT Press, Cambridge, Mass., 1977.

Paul Zucker, *Town and Square,* Columbia Univ. Press., New York, 1959,（大石敏雄監修，加藤・三浦訳『都市と広場』鹿島出版会，1975）

G. E. Kidder Smith, *Italy Builds,* Reinhold Publishing Co., New York, 1954.

Franco Borsi & Geno Pampaloni, *Monumenti D' Italia LE PLAZZE,* Istituto Geografico, De Agostini/Novara, 1975.

Howard Saalman,*Medieval Cities*, George Braziller, Inc., New York, 1968.

Paolo Favole, *Piazze d' Italia*, Bramante Editrice, Milano, 1972.

Italia Meravigliosa, *Piazze d' Italia,* Touring Club Italiano, Milano, 1971.

Italia Meravigliosa, *Ville d' Italia*, Touring Club Italiano, Milano, 1972.

Ivor de Wolfe, *The Italian Townscape*, The Architectural Press, London, 1963.

Giovanni Cecchimi, *San Gimignano*, Electa Editrice, Milano, 1962.

Malcolm Todd, *The Walls of Rome*, Paul Elek, London, 1978;

Horst de la Croix, *Military Considerations in City Planning :Fortifications,* George Braziller, Inc., New York, 1972.

Howard Saalman, *Haussmann : Paris Transformed*, GeorgeBraziller, Inc., New York, 1971.

イスファハン

Abdol-Hamid Eshragh (supervisor) , *Masterpieces of Iranian Architecture*, The Ministry of Development, Iran, 1970.

Henri Stierlin, *Iran of the Master Builders*, Editions d'Art Sigma, Geneva, 1971.

Henri Stierlin, Ispahan-Image du Paradis, La Biblioth é que des Arts, Lausanne, 1976.

Nader Ardalan & Laleh Bakhtiar, The Sense of Unity, The University of Chicago Press, Chicago, 1973.

"Art and Architecture" , *Iran*, No. 18-19, June-Nov. 1973.

Roland Rainer, *Anonymes Bauen in Iran, Akademische Druck-u,* Verlagsanstalt, Graz, 1977.

日本建築学会『建築雑誌』「中東地域の風土 ・建築特集」Vol. 92, No. 1123, 1977. *Architectural Review*, London, May 1976.

景観

John Ormsbee Simonds, *Landscape Architecture,* McGraw-Hill Book Company, Inc., New York, 1961.

Litton, Tetlow, Sorensen & Beatty, *Water and Landscape,* Water Information Center Inc., Port Washington, 1974.

Jay Appleton, *The Experience of Landscape,* John Wiley & Sons, London, 1975.

Robert Venturi, Denise Scott Brown & Steven Izenour, *Learning from LasVegas*, The MIT Press, Cambridge, Mass., 1972.

Craig S. Campbell, *Water in Landscape Architecture*, Van Nostrand Reinhold Company, New York, 1978.

樋口忠彦「景観の構造に関する基礎的研究」東京大学工李部学位論文, 1974.

樋口忠彦『景観の構造』技報堂，1975.
中村良夫『土木空間の造形』技報堂，1967.
鈴木昌道『ランドスケープデザイン』「〈風土・建築・造園〉の構成 原理」，彰国社，1978.

街並み

島村昇・鈴鹿幸雄『京の町家』鹿島出版会，1971.
清水一他『京の民家』淡交社，1962.
上田篤他『町家』鹿島出版会，1975.
『日本の町並み』（上巻，下巻）毎日新聞社，1975.
Thomas La Brevine, *Enchanted Paris*, B. Arthaud, Paris, 1959.
Carole Rifkind, Main Street, *The Face of Urban America,* NewYork, Harper & Row, Publishers, 1977.
Pennsylvania Avenue Development Corporation, *The Pennsylvania Avenue Plan 1974*.
Bernard Rudofsky, *Streets for People*.（平良・岡野訳『人間のための街路』鹿島出版会，1973）
Thomas Sharp, *Towm and Townscape.*（長素連・もも子訳『タウンスケープ』鹿島出版会，1972）
西沢文隆『コート・ハウス論』相模書房，1974.
Harald Deilmann, Gerhard Bickenbach, Herbert Pfeiffer, *Housing Groups*, Karl Krämer Verlag, Stuttgart, 1977.
M. W. Barley, *House and Home : A Review of 900 Years of house Planning and Furnishing in Britain*, Studio Vista, London, 1963.
Duncan Macintosh, *The Modern Courtyard House*.（北原理雄訳『現代のコートハウス』鹿島出版会，1976）
Hubert Hoffmann, *Low Houses and Cluster Houses, An Ihternational Survey*, Frederick A. Prager, New York, 1967.（北原理雄訳『都市の低層集合住宅』鹿島出版会，1973）

José Luis Sert, *Ibiza,* Ediciones Poligrafa, S. A., Barcelona, 1967.
Jacques Hillairet, *Dictionnaire Historique des Rues de Paris*, Les Éiditions de Minuit, Paris, 1964.

外部空間の構成

芦原義信『外部空間の構成 / 建築より都市へ』彰国社，1962.
Yoshinobu Ashihara, *Exterior Design in Architecture*,Van Nos- trand Reinhold Company, New York, 1970.（芦原義信訳『外部空間の設計』彰国社 ,1975）
Edward K.Carpenter，*Urban Design Case Studies*, RC Publica-tions, lnc., Washington, D. C.， 1977.
Harold Lewis Malt, *Furnishing the City*,McGraw-Hill Book Company, New York, 1970.
John J. Costonis, *Space Adrift,* University of Illinois Press, Urbana, 1974.
Whitney North Seymour，Jr.ed.，*Small Urban Spaces*.（小沢明訳『スモー.ルアーバンスペース』彰国社，1973）
Olwen C. Marlowe, *Outdoor Design : A Handbook for the Architect and Planner*, Crosby Lockwood Staples, London, 1977.
Roberto Brambiila & Gianni Longo, *For Pedestrians Only*, Whitney Library of Design, New York, 1977.
Geoffrey Warren, *Vanishing Street Furniture*. David & Charles Limited, Newton Abbot, 1978.
Design Council, *Street Furniture from Design Index*, Design Council, London, 1976.
Declan Kennedy,Margrit Kennedy, *The Inner City*（*Architects' Year Book XIV*）, Paul Elek, London, 1974.
Ernst-Erik Pfannschmidt, *Fountains and Springs,* George G. Harrap & Co. Ltd., London, 1968.
Madge Garland, *The Small Garden in the City*, The Architectural Press,

London, 1973.

Charles Goodman, Wolf von Eckardt, *Life for Dead Spaces,* Fred L. Lavanburg Foundation（Harcourt, Brace World, Inc.）, New York, 1963.

Lawrence Halprin, *Cities.*（伊藤ていじ訳『都市環境の演出』彰国社, 1970）

PROCESS: *Architecture,* No. 4,「ローレンス・ハルプリン」, ブ ロセスアーキテクチュア, 1978.

Lawrence Halprm ,*Freeways*, Reinhold Publishing Corporation, New York, 1966.

Lawrence Halprin, *Notebooks 1959–1971*. The MIT Press. Cam-bridge, Mass., 1972.

Serge Chermayeff and Christopher Alexander, *Community and Privacy*, Doubleday, 1963.（岡田新一訳『コミュニティとプラ イノベ、シー』鹿島出版会, 1967）

Paul D. Spreiregen, *The Architecture of Towns and Cities*, McGraw-Hill Book Company, New York, 1965.

チヤンデイガールとブラジリア

Charles Jencks, *Le Corbusier and the Tragic View of Architecture,* Allen Lane, London. 1978.

Norma Evenson, *Le Corbusier*: *The Machine and the Grand Design*, George Braziller, Inc., New York, 1969.

Willy Boesiger & Hans Girsberger, *Le Corbusier 1910–65,* Zürich, 1967.

Willy Boesiger, *Le Corbusier 1952–1957,* Zürich, 1957.

Norma Evenson, *Chandigarh*, University of California Press, California, 1966.

Le Corbusier, *Le Modulor,* 1948.（吉阪隆正訳『モデュミールⅠ・Ⅱ』鹿島出版会, 1976）

Stamo Papadaki, *Oscar Neimeyer*, George Braziller, Inc., New York, 1960.
Willy Staubli, *Brasilia,* Verlagsanstalt Alexander Koch GmbH, Stuttgart, 1965.

屋外彫刻

Louis G. Redstone, *Art in Architectiire,* McGraw-Hill Book Company, New York, 1968.
Margaret A. Robinette, *Outdoor Sculpture,* Whitney Library of Design, New York, 1976.
Eduard Trier, *Form and Space,* Thames and Hudson, London, 1961.
Kurt Kranz, *Capire l' Arte Moderna*, Edizioni di Comunitá, Milano, 1964.
Marcel Joray, *Le Béton dans l' Art Contemporain*, Éditions du Griffon, Neuchátel, 1977.
Udo Kultermann, *Neue Dimensionen der Plastik*, Verlag Ernst Wasmuth, Tübingen, 1972.
M.-R. Bentein-Stoelen, *Middelheim,* Anvers, 1971.
R. V. Gindertael, *Morice Vipsit*, Éditions du Griffon, Neunchâtel, 1965.
Palma Bucarelli, *Giacometti,* Editalia, Rome, 1962.
Ionel Jianou, *Henry Moore,* Tudor Publishing Co. Inc., New York, 1968.
James Johnson Sweeney, *Alexander Calder*, The Museum of Modern Art, New York, 1951.
Ionel Jianou-Michel Dufet, *Bourdelle*, Arted-Éditions d' Art, Paris, 1965.
Sidney Geist, *A Study of the Sculpture-Brancusi*, Grossman Publishers, New York, 1968.
Sidney Geist, *Brancusi, The Sculpture and Drawings,* Harry N. Abrams,

Inc., New York, 1975.

M.de Micheli, *Manzu,* Fratelli Fabbri Editori, Milano, 1971.

Frank Popper, *Agam,* Harry N. Abrams, Inc., New York, 1976.

Jan van der Marck, *George Segal*, Harry N. Abrams, Inc., New York, 1975.

Ionel Jianou-C. Goldscheider, *Rodin,* Arted-Éditions d'Art, Paris, 1969.

Waldemar George, *Maillol*, Éditions Ides et Calendes, Neuchâtel, 1964.

Ionel Jianou, *Zadkine,* Arted-Éditions d'Art. Paris, 1964.

Edouard Trier, *Marino Marini*, Editions du Griffon, Neuch^tel, 1961.

Carlo Pirovano, *Marino Marini*, Electa Editrice, Milano.

J. P. Hodin, *Emilio Greco*, Sculpture & Drawings, Adams & Dart, Bath, 1971.

Fortunato Bellonzi, *Emilio Greco,* Editalia, Rome, 1962.

图书在版编目（CIP）数据

街道的美学 /（日）芦原义信著 ；尹培桐译. -- 南京 ：江苏凤凰文艺出版社，2017.5
ISBN 978-7-5594-0439-8

Ⅰ. ①街… Ⅱ. ①芦… ②尹…Ⅲ. ①城市道路－设计 Ⅳ. ①U412.37

中国版本图书馆CIP数据核字(2017)第091957号

书　名	街道的美学（上、下）
著　者	[日] 芦原义信
责任编辑	孙金荣
特约编辑	陈　景
项目策划	陈　景
封面设计	毛欣明
内文设计	毛欣明
出版发行	江苏凤凰文艺出版社
出版社地址	南京市中央路165号，邮编：210009
出版社网址	http://www.jswenyi.com
印　刷	北京建宏印刷有限公司
开　本	710 mm×1 000 mm　1/16
印　张	27
字　数	518千字
版　次	2017年5月第1版　2017年5月第1次印刷
标准书号	ISBN　978-7-5594-0439-8
定　价	88.00元（上、下册）

[日] 芦原义信 著
尹培桐 译

街道的美学（下）

江苏凤凰文艺出版社
JIANGSU PHOENIX LITERATURE AND
ART PUBLISHING, LTD

目　录

第一章 关于空间领域的考察

1. 墙型建筑与地板型建筑

地板、墙和天花板是限定建筑空间的三要素，其中墙的存在状况，在形成建筑空间上，作为“内”与“外”的界线是十分重要的，这一点在《街道的美学》[①]一书中已经阐明。那么，这里想再论述一下，地板的存在状况与建筑空间的形成有什么关系，以及地板与墙的相互关系又是如何。

哲学家博尔诺夫和海德格尔从存在主义立场出发，强调建筑中墙的存在的重要性。他们认为，由坚固的人为墙壁创造出内部有庇护性的空间，只有人们在那里居住，才能达到自身本质的实现。这一观点恰好由西欧砖石建筑的厚实墙壁体现出来。不过笔者认为，同墙的重要性相比，地板的状况则要比日本的“床”[①]单纯得多。（在西欧）住宅内外，空间一视同仁，不论是在家里还是在外面均穿着鞋活动。相对的，在日本

---

① 本书中提及的《街道的美学》即指中文版的《街道的美学》(上)；《续街道的美学》即指中文版《街道的美学》(下)。——编注

② 日本传统建筑中空并铺有榻榻米的地板。——译注

的木结构建筑传统中，重视与自然的联系，对坚固墙壁的存在不太关心，而代之以对榻榻米所代表的洁净的“床”十分关心。重视内部空间作为空间秩序的重要性，在家里不穿鞋，即日本所谓的“上足”。而且，即使在今天这种国际化的日本住宅中，仍然牢固地保持着这一传统。

因此，我想把以墙为主体的西欧建筑称之为“墙型建筑”（图 1-1），把以地板为主体的日本建筑称之为“地板型建筑”（图 1-2），由此来展开论述。

那么，日本人究竟持有什么样的空间观念来与墙对峙呢？首先是与自然的联系感。不是与自然对立、采用截然划分的墙壁去创造内部空间，而是融于自然之中，纳入生活之中。

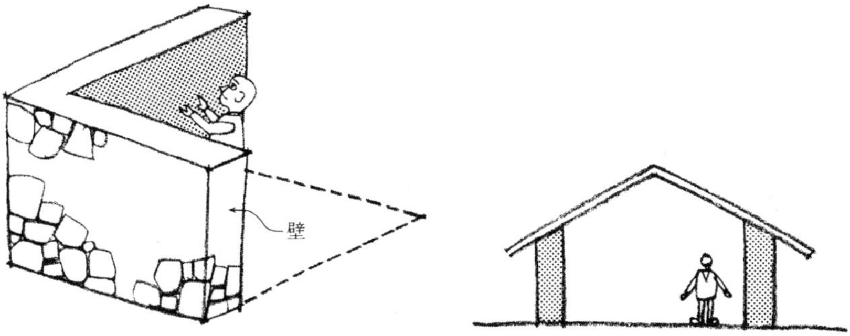

图 1-1　墙型建筑

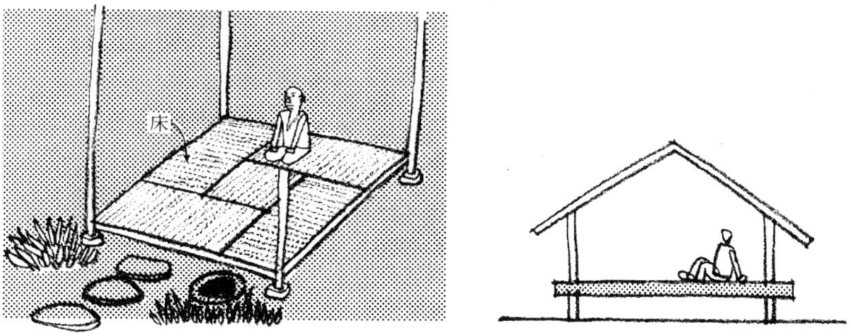

图 1-2　地板型建筑（原文床の建筑，“床”即地板）

所谓与自然联系，就是不怎么意识到建筑空间中作为界线的墙。

墙有时可以是眼睛看不见的、无形的。即使实际上不具有作为存身之处的庇护性，也可以说具有象征性。例如：竖立四根竹竿，悬挂上稻草绳，地面敷以白沙。由于在这里举行祈神仪式，于是便在稻草绳内侧形成了神圣领域，稻草绳象征性地表示出神圣领域与不净区域的界线（图1-3）。虽然并无看得见的实际存在的墙，然而外部领域与内部领域却在观念上可以明显地加以区别。日本人就是这样在观念上限定空间的。而且，正如“拉绳定界”一词所示，在日本存在着虽然眼睛看不到然而却不得侵入的领域性。樱花盛开季节，照例要进行赏花活动，在旷野铺上红毯子，于是那里就成了某单位团聚的场地，成了外单位不得进入的领域。可是，当收掉毯子，那个场地也就消失了，又恢复成原来的面貌。所以，我们可以在时间上、空间上很简单地限定“场地”。再如，日本每逢喜庆事悬挂的红白两色帷幕，遇丧事悬挂的黑白两色帷幕，都可以

图 1-3 稻草绳内侧的神圣领域

迅速划定不同活动所需要的场地。这些幛幕从作为墙的意义来说是轻飘的、暂时的，但从限定领域性来说，这种程度已足够了，而且可以说是象征性的、现象性的。

要举出日本“地板型建筑”的典型实例，那就是京都鸭川的“床”[①]和贵船川的“床”。笔者参观贵船神社时虽为炎夏时节，却仍有凉爽之感。在贵船川的溪流当中安设有“床”，可在“床”上品茶饮酒。墙是简单的竹帘，山谷间的微风可以透过，溪水不断地从“床”下面流过（图1-4）。这的确是一种不同于在船上的特殊风趣。然而季节一过，这些“床”式饮食摊也就撤了，又恢复成原来的贵船川。这种别具风格长年保持的习俗，说明比起墙来日本人要更加留恋地板。而且，地板（榻榻米）可以年年更新，经常保持清爽。

如前所述，日本传统木结构住宅中，由梁柱构成的流动性室内空间，大面积地向着自然开敞，墙的观念很淡薄。划分房间的功能由隔扇、拉门、竹帘、布帘和屏风等来承担已经足矣。随便取掉哪一部分都很轻便，而且会变得畅通无阻。相对的，地板是高于地面的架空式，并排铺上一尘不染的榻榻米。家里是比外边高出一块的空间秩序，在入口处脱了鞋才登上去。这不可以看成是“地板型建筑”与“墙型建筑”相对成立的理由吗？

当考虑城市街道的形成时，划分建筑外部与内部的分界线可以说是极为重要的。在西欧城市的街道上，砖石建筑的外墙非常厚实，而且是连续性的，它们决定了街道。相反，日本这种墙的观念淡薄的“地板型建筑”，在街道的形成上是非常困难的。换句话说，在街道的形成上，比起地板这一领域性因素来，墙这一连续性线形因素要更为重要。因为街道是实实在在的实体，而不只是在观念上形成。

---

① 日语中的床即地板。——译注

图 1-4（a） 贵船川的“床”

图 1-4（b） 贵船川的“床”（近景）

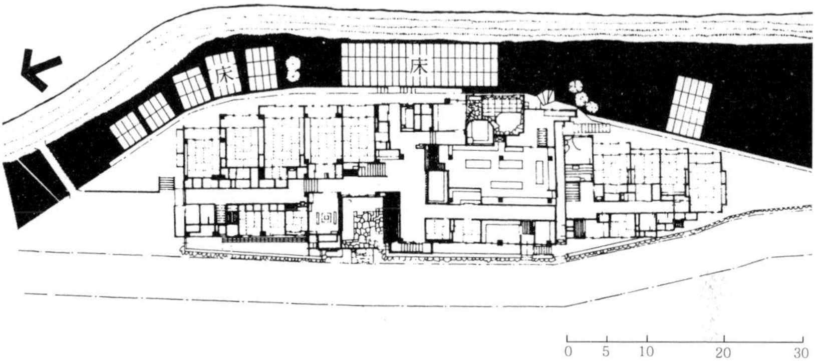

图 1-4（c）　贵船川的“床”（平面图）

回顾历史，建筑是采用各个地区的方便材料以及适于不同地区气候自然条件的方法所建造的。日本雨多湿度大，适于树木生长，因此形成了建造坡顶瓦屋面和开敞式木梁架结构住宅的传统。在沿着道路连续建造时，日本也有形成了美观的历史性街道的情况。例如京都带木格子的町家以及以妻笼、奈良井为代表的驿站等传统木结构建筑街道。不过一般来说，日本在街道形成这一点上，要比西欧砖石结构的“墙型建筑”迟，这也可以说是“地板型建筑”的宿命吧。到了 20 世纪，随着工业化的高速发展，建筑材料也从地方传统材料变成了世界性的工业生产的均质金属、玻璃和其他材料。木结构和石结构的传统做法，有着各个地方固有材料的色彩和趣味，但 20 世纪初以来的近现代建筑，当其做法和理论尚不十分成熟时，形形色色不同色彩和光泽的工业产品到处滥用，建筑造型也是高低、方圆和三角等五花八门，令人眼花缭乱，总之，不可能考虑什么统一的街道美学。而且还应强烈地意识到，在我们日本人内心深处，存在着对“地板型建筑”这一建筑空间的宿命论观念，这对美观的街道的形成，是不适宜的特性。

在考虑到日本文化时，要撇开这个地板来论述，恐怕是不大可能的。送别宴会、各种礼仪自不必说，还有坐禅、茶道、日本舞蹈、弹奏古筝或日本二弦等，都和地板有着密切关系。在日本人的内心，深深地渗入了“地板型建筑”的精神。罗丹的“思想者”不是坐着的人直起腰，而是立着的人弯腰坐下的姿势；日本中宫寺或广隆寺的“半跏思维像”，则是坐着的人挺直上身的姿势，这种“坐的文化论”[①]也不能不考虑上述的“地板型建筑”。若要进一步说明日本人的空间观念是“地板型建筑”而不是“墙型建筑”，那么可举日本表示住所的方法为例。从国际上看，西欧大多数国家的住所表示方法，是以道路名称附上住所门牌号的线形体系为主流。日本尽管经历了历史变迁，可即使在今天的国际化时代，仍然采用自己的独特方法来表示住所，亦即：依次写上某某县、某某市、某某町这些大领域的名称，再写上小领域的地名和门牌号。也就是说，从大的领域到小的领域，这和西欧通常从小的领域到大的领域恰恰相反。这一领域体系由于1962年5月10日颁布的《住所表示法》而被进一步肯定下来。仔细想来，这种住所表示法对日本人来说不一定不合理吧。

为道路命名，这大约是来自西欧“墙型建筑”的线形想法。在耐久的石结构建筑当中，与其为领域取地名，不如依据由两侧建筑物形成的线形道路分辨形态特征、为其命名更为合理。而且，石结构建筑正因住所门牌号变更较少，才有其意义。而在日本，与其称呼地段这样的小领域，还不如直呼这一家，这和从个人出发以国家结束的表示住所的想法也是一致的（图1-5）。在日本要比在陌生的外国寻找住家还要困难得多，之所以坚持这种领域体系，正是由于牢固地盘踞在日本人头脑中的“地板型建筑”思想。这种住所表示方法如果国际化，必然会带来让日本人在榻榻米上穿着鞋生活般的困难。在“地板型建筑”中，地板领域被看

① 山折哲雄，《坐的文化论》，佼成出版社，1981年。

成是上位的空间秩序，因此不能轻视。道路这样的外部空间，因为只被看成是下位的空间秩序，故而把它看成主体性和持续性的因素而赋予名称则与日本人的观念不符。而且，由于有住宅容易变化无常的看法，所以门牌编号也不符合日本人的观念。在札幌等新的城市规划中采用了“条道制”，乍一看这些城市和纽约的方格街道很相似，可是本质上却完全不同。看一看札幌的交叉口就清楚了，交叉口对面的町名各不相同。也就是说，在住所表示方法上，采用了街道划分的领域制，而不是像纽

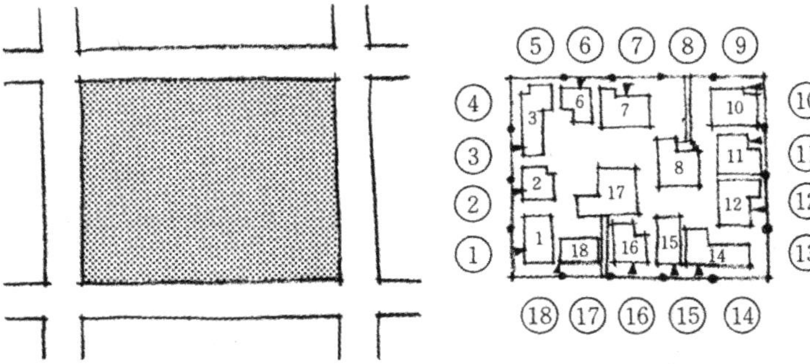

日本一个街区内表示住所一例

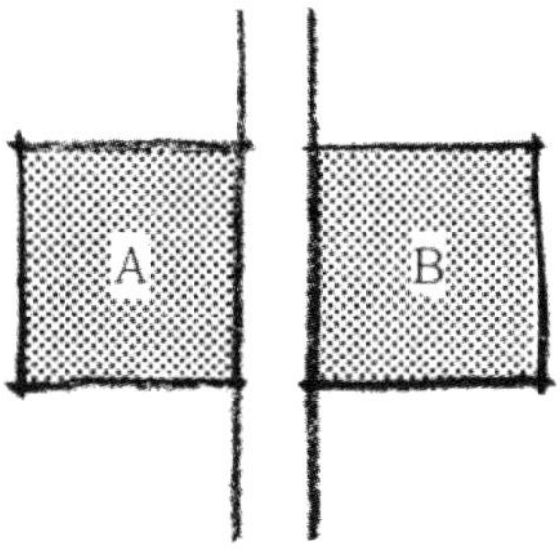

日本的面的观念，道路两侧地名不同

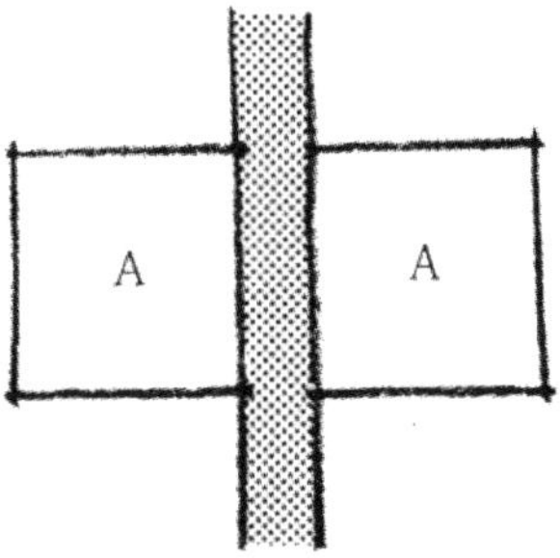

西欧的线的观念，道路两侧同一地名

图 1-5　街区平面图

约那样，采用道路、门牌构成的路线方式。

那么，日本为什么会有这样的空间观念呢？根据考察，这恐怕同日本的自然条件有着密切关系。日本夏季气候高温多湿，建筑中与其说需要墙的存在，不如说为了通风良好而要求大的开口更为重要。前著已述，地球土砖石结构的“墙型建筑”均分布在干燥地带，而日本的“地板型建筑”则将地板架空并加大开口部分，取得良好通风才是先决问题。而且，只要加大出檐，即使没有厚墙，也可防止雨水侵袭。离开潮湿的草丛地面，具备清洁的地板，比之用厚墙防雨，乃是更为必要的条件。这样，随着同日本的气候自然条件紧密联系，“地板型建筑”的思想也就牢牢扎下根来。另外，空间不是由厚重的实墙限定，而是作为形而上学的“场（地）”的观念来加以限定，这一点或许同中国古代的阴阳之说和佛教思想也有关吧。按佛教说法，世上现实中存在的东西，实际上是想象构成的，并非实际存在，而且，一切都是变化的、暂时的。为了说明佛教思想，可举蜡烛的火焰为例。尽管火焰的形和质相同，但某个时刻之前和它之后的火焰绝不相同。人本身的过去和现在也绝不相同， 是在变化着的。而且，不仅火焰和人是如此，一切东西都是经常变化的，绝不是固定在同一状态，这一点就连东京或纽约这一类大城市的形成和发展也是同样道理。佛教三法印中的“诸法无我”和“诸行无常”，可以说也暗示了建筑的空间性和该空间沿时间的变化，这和今天现代建筑新的方向也是共通的。从厚重的石结构建筑演变到轻快透明的金属与玻璃建筑，根据该建筑寿命长短，当其寿命结束时就代之以另一建筑，这就是新陈代谢的观念。秋山里子说：

"诸法无我是空间观念，诸行无常是时间观念。"[①]的确，可以说这对今天建筑状况的本质也很有启迪。包括人在内的世上万物，都是空间上、时间上在变化的暂时现象，万物皆空。从厚重中解放出来，到了极限，则只剩下"场（地）"的相互关系存在。这大约就是从厚重的"墙型建筑"中解放出来，在万物发展变化中，象征性地考虑人与住宅的关系，这种日本人独特的"地板型建筑"思想的根源吧。

进入当今这样高度发达的工业社会，当然也给城市面貌的观念带来变化。法国、意大利、西班牙和希腊等国家的石结构建筑传统，表现了建筑的永恒性，而日本的木结构建筑传统则经常是变动的、新陈代谢的。一生当中能盖房子两次以上的人，在日本是成功者，甚至还有以盖房子为嗜好的日本人。石头文化和木材文化，其观念是两个极端，不过西欧也开始出现了另外的观念，而日本则也开始出现了西欧式的观念。我认为有必要再次对此两者加以分析比较。

---

① 秋山里子，《悟的分析》，朝日出版社，第 21 页。

2. 内眺景观与外眺景观

当探讨景观问题时，可以说西欧的砖石建筑传统与日本联系自然的木结构建筑传统，其差异之一是：一为“内眺景观”，一为“外眺景观”。西洋建筑史上遗留下来的哥特建筑、文艺复兴建筑和巴洛克建筑等，不论哪个时代，建筑物内外均以厚重石墙加以分隔，内部与外部当然就构成了各自独立的空间。建筑物外观具有庄重堂皇的正面性，左右对称而富于纪念性，构成了经得起从外面尽情眺望的景观。在总平面布置中，为了能充分观赏建筑物，而在正面空出建筑高度两倍以上的距离（$D/H \geqslant 2$）来布置广场。另一方面，内部空间十分庄严，除从靠近拱顶处射进的自然光线外，是与外面街道完全隔断的独立空间。要想从内部眺望外部，无论从结构观点还是从空间构成观点来说，几乎不大可能（图1-6）。而且，即使外部有庭园，也是与内部隔开的独立外部空间。相反，在日本传统中，多把重点放在从内部眺望外部上。木梁架结构建筑的柱与柱之间开口大，向自然开敞，住宅内部空间一体化。作为前述“地板型建筑”的空间秩序，从抬高一段的住宅内部眺望外部庭园之类空间时的景观是至为重要的。与“墙型建筑”不同，“地板型建筑”中让人停留视线的壁画很少，外观也不必堂而皇之，没有正面性。随便在哪里开设便门，避免左右对称，也没有纪念性的表现。为不使入口处一眼望穿，在日本经常可看到经过转折才进入里面的入口处理（图 1-7）。

在桂离宫和修学院离宫等回游式园林中，可边游览庭园、边观赏建筑的景观也不是绝对没有。不过，京都的多数庭园均为小规模的私家园林，重点从室内眺望的景观居多。从内部眺望外部时，木梁架结构的开

图 1-6　里昂圣让首席大教堂

图 1-7 桂离宫含蓄的入口

口具有构图的画框作用，同时纸窗子的纵横窗棂也起到收束景观的作用。石结构建筑由于结构方面的原因，为了减轻载荷，只能在墙体上部开设纵长方形的小窗子；相对的，木结构建筑则可在接近地板的视线位置开设横长方形的开口。

充分发挥木结构建筑这一特征的出色实例，为京都大德寺孤篷庵忘筌间。该建筑是小堀远州于宽永年间（1624–1643 年）建造的“书院造”[①]茶室。在忘筌间开口部位的上方装有纸窗子以遮蔽视线，当视线降低，点缀着洗手钵和石灯的庭园则映入眼帘（图 1–8）。在这样低的位置能开设很大的横向开口，体现了木结构建筑的精髓。忘筌间可说是充分发

① 日本传统住宅建筑形式，形成于 16 世纪，基本特点是一幢房子的若干房间里，有一间最主要的，称为“上段”或“一之间”，地板略高于其他房间。——译注

图 1-8　京都大德寺孤篷庵忘筌间

挥木结构特征而颇具匠心的空间构成。如果说石结构建筑令人想到开在高处的彩色玻璃纵长窗，那么横向的大开口则的确会令人想到传统的木结构建筑。此外，从京都桂离宫古书院二之间内眺望月见台的景观也非常美。直抵天花板的巨大矩形开口，由门顶的纵向木格子和纸拉门加以划分，外面是竹丛掩映的月见台，隔着水池，远处的石塔也尽收眼底，打开纸门即与自然连成一体，从这里眺望中秋月色时的景观，作为内眺景观，它的美恐怕是世上少有的（图 1-9）。像这样由内向外眺望的美妙景观，京都还有好几处。在诗仙堂巨大开口前的榻榻米上静坐沉思也是颇有雅趣的（图 1-10）。再有就是京都龙安寺的石庭，该庭园是建

图 1-9　桂离宫古书院二之间

图 1-10　从诗仙堂内向外眺望

于 15 世纪末的枯山水坪庭，面积约 12 米 × 25 米，三面顶有低矮的夯土墙，庭园内布置了 15 块石头。关于这 15 块石头的配置，其说不一，不过对于不同的观众可以得到不同的印象和解释。当从室内观赏这座庭园时，夯土墙是在划分领域上极其重要的边界线，在使视线集中于庭园上起重要作用（图 1-11）。若把视点改为从庭园眺望住宅，则没有多大意义。旨在内眺景观的木结构建筑精髓、意味深长的庭石配置以及收束视线的夯土墙，对于外眺景观来说都起不了什么作用。如果从外面向内眺望，那么这座石庭的哲学意义及其神秘性则会一概消失。

以上提到的几个景观都表明了日本有代表性的建筑与庭院的相互关系。此外还有一些更加小巧的私家庭园，也多为由内向外眺望的景观。其中特别应提到的是京都等地所见到的“坪庭”。这种庭并不让人进入其中，而是供从室内向外眺望的小小自然环境。小的只有 3 米 × 3 米，大的也不过 10 米 ×10 米，今天仍在京都的寺院以及町家中安然存在，

图 1-11　京都龙安寺石庭

从外面完全看不到庭园面貌（图 1-12）。此外，中国和日本均有“盆栽”技术，它可以说是把大自然缩小后布置在内部室间里，从内部观赏自然的智慧。最近，在现代化的大楼中，也可看到作为内眺景观而布置了“坪庭”的实例（图 1-13），这些都是与巨大开口联系起来而使“内眺景观”成立的。那么，日本为什么把“内眺景观”作为重点呢？不言而喻，这是由于日本的气候与自然条件而带来的结果，再一点是日本的住宅为“地板型建筑”。由于内眺景观占上风，于是从外面眺望景观就显得不太重要了。日本人如此细心地在内部创造艺术空间，对于外观则往往不大介意，没有同建立外部秩序的城市规划思想联系起来。换句话说，在室内设置了“床の间”[①]，四季应时悬挂画轴、摆放鲜花的日本人，是不会产生出创造室外“床の间”、布置室外雕塑的西欧式城市规划思想的（图 1-14）。要想证明这一点，只要看一下东京、大阪等日本大城市的繁华

图 1-12　京都妙心寺东海庵的坪庭

① 床の间，即为壁龛，是在日式房间客厅里，为在墙上挂画和陈设装饰物品而略将地板加高的地方。——译注

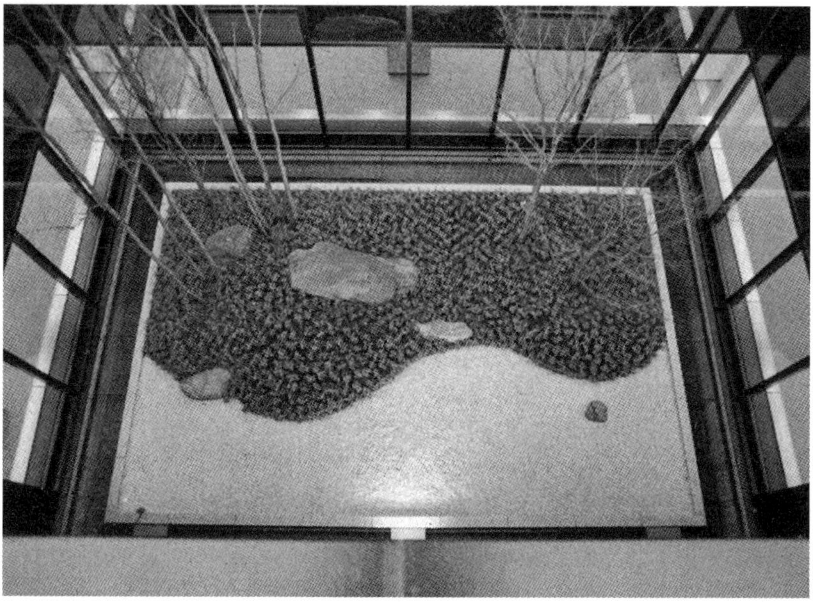

图 1-13　东京第一劝业银行本店的内庭

图 1-14　西欧的室外“床间”（巴黎协和广场）

街道即可清楚。在建筑物的墙面上，见缝插针地挂满了招牌和垂幅，屋顶上还装置了巨大的广告塔（图 1-15）。本来，在街道形成上建筑外墙起着重要作用，或者反过来说，正是建筑外墙决定着街道。如果把决定建筑本来外观的形态称为建筑的“第一次轮廓线”，把建筑物外墙以外的凸出物或临时附加物称为建筑的“第二次轮廓线”，那么西欧城市的街道是由“第一次轮廓线”所决定的；相对的，日本这些繁华街道则是由“第二次轮廓线”所决定的，这一点已在前著《街道的美学》中阐明。以如此美感而创造出内部空间的日本人，为什么反而对建筑物外观以及街道的美这么无所谓呢？日本公寓的外墙上经常总是挂着几条垂幅，倘若巴黎的公寓也是如此会怎么样呢？当然，巴黎人无论如何也不会像日本人这样无所谓的。可以说，日本人对建筑外观亦即“外眺景观”是宽容的、不介意的。重视“内眺景观”，意味着在“地板型建筑”的空间

图 1-15　日本的繁华街道

秩序中，对内部比外部要优越。在西欧的“墙型建筑”中，内部空间与外部空间具有等质性，同时由于重视“外眺景观”，所以对建筑物外观以及街道的美是不容疏忽的。

近来，因电线杆以及广告妨碍街道的美而被当成问题讨论，可是对多层公寓阳台上挂满了“万国旗”这一点，却至今还没怎么被人理睬（图1-16）。利用阳光晒干衣物，从节能的观点来看本无可非议，不过除意大利的一些背街小巷外，西欧各国大体上看不到这种现象。不仅不在阳台上晒衣服，瑞士和意大利南部等地，居民还统一地用红色花卉装饰阳台（图1-17）。只重视“内眺景观”而对“外眺景观”不大介意的日本人，作为文化高度发达的国家，也该把街道的美学提到日程上来了。

图1-16 日本的公寓

图 1-16 瑞士的公寓

美国和欧洲的商业街在休假日或夜间闭店后，橱窗中陈列的商品依然灯火通明，可以只看而不买（图 1-18）。而日本的商业街在休假日或夜间则是关门闭户，可说是对建筑外观毫不关心，我想也不为过（图 1-19）。此外，银行等机构下午关闭店门以致影响了街道繁华的情况也很普遍。但在国外，特别是美国的银行，即使关门后仍具有通透性，对夜间照明也有所考虑，从而为街道的繁荣做出了贡献。这些仍与日本只重视“内眺景观”、不重视“外眺景观”这一历史事实有密切关系。随

图 1-18　挪威奥斯陆　夜间灯火通明的橱窗

着日本工业产品出口量的增加，国外大城市中日本的广告塔和霓虹灯标志也大量增多。这种情况下，不能只了解日本通用的美学，还必须很好地了解西欧的“外眺景观”原理，从而指导广告物的设计。否则，由于美学观念的差异而造成的摩擦，可能会导致贸易上的不利。

最近，日本也可看到在公寓式住宅窗子上悬挂窗帘，在百叶窗外摆设美丽的圣诞树或其他饰品等实例。这一新的尝试，不是和日本景观观念的变化有密切联系吗？不是也和美丽街道的形成联系在一起吗？

图 1-19　日本　休假日关门闭户的商业街

3. 中心的丧失

日本首都东京如此大量的居民，至今仍生活在缺乏城市规划指导方针和长远规划设想的状况中。在超员的通勤电车上，要花去一小时甚或一小时以上的时间，然后回到那不令人喜欢的小住宅或住宅公团建造的混凝土方盒子中。日本人非常清楚，无论是居住环境、街道还是街道构成，都远远达不到西欧先进国家的水准。尽管如此，日本的工业水平却很高，生产出具有高度智慧的产品向世界各国出口。一面居住在这样的环境里，一面生产出高精度的优良产品，这一点对世界各国人民来说，都是不可思议的，而且是令人惊讶的。

日本的城市尽管经受了地震和战火的洗礼，然而却并未借此来谋求城市环境的彻底改善，而是将就原来的地皮盖房子，这样就不断促成了自发式城市的形成，今后也谈不到什么令人吃惊的彻底改变，必定还是沿着这条道路发展。

那么，这到底是什么缘故呢？莫非只因我们是日本人，所以才有着与其他国家人民不同的住宅和城市观念？

我认为首先是由于自我在城市空间中的消失，个人融合在大空间的整体性之中而被平均化了，这大概是日本的独特性格吧。这一点在论述“墙型建筑”和“地板型建筑”时已经谈到，日本人不是以“点”和“线”来把握空间，而是以“面”这一领域来把握它。就像表示住所的方式所表明的，日本人是先从大的领域开始，最后以个人的姓名结束，表示个人的存在是排在最末尾。西欧表示住所的方法首先尊重个人的存在。即使从分类方法来说，依照名、姓、门牌号、街道名称、城市名称以及国名这一顺序并不方便，但仍把个人姓名排在前头，个人绝没有在城市空间中消失。

让我们再来看看道路名称和机场名称吧。如前所述，日本的住所是以领域的名称即町名来代表的，为道路命名的观念很淡薄。如京都是以木屋町通[①]、麸屋町通、蛸药师通等雅致的名称命名；东京则是以番号命名，如六环、七环、八环和 246 国道等；还有由东京奥运会时形成的东京都道路名称，设定审议会所定的内堀通、外堀通、明治通和山水通等。总之为道路命名的方式都不大慎重斟酌。特别是以人名为道路命名的做法，可以说完全没有。

下面再来看一下日本和国外机场的名称，如图 1-20 所示，日本机场均冠以地名；相对的，国外有不少机场则冠以该国著名人物的名字。这些国家有：法国、意大利、美国、哥斯达黎加、古巴、墨西哥、巴西、乍得、以色列、阿尔及利亚、利比里亚、纳米比亚、尼日利亚和南非等。其中著名的有巴黎戴高乐机场，是以前总统戴高乐的名字命名的。意大利也有很多，如在热那亚有以发现美洲新大陆的哥伦布命名的哥伦布机

① 通：大街。——译注

图 1-20　日本机场分布图

场；在比萨有以与斜塔和重力试验有关的伽利略命名的伽利略机场；在罗马有以文艺复兴杰出艺术家达·芬奇命名的达·芬奇机场；威尼斯大概是作为旅游城市吧，所以是以马可·波罗的名字为机场命名的。美国著名机场有纽约的肯尼迪（John F. Kennedy，美国前总统）机场，芝加哥的奥哈拉（Edward Butch O' Hare，美国前海军元帅）机场，华盛顿的杜勒斯（John Foster Dulles，美国前国务卿）国际机场。此外，北美还有巴西默瑙斯的高迈斯(Eduardo Gomes,巴西前空军元帅)机场、古巴哈瓦那的何塞·马蒂（Jose Marti，西班牙独立运动领袖）机场等。从这些人名来看，包括了两种类型，一是该国有代表性的领袖、军人和爱国者，另一种是该国有代表性的艺术家、科学家和探险家。

昔日港口曾经是一个国家的门户，而且是文化象征的标志。而今天国际机场已经取代港口，成为一个国家门户的象征。不难体会，之所以用人名为国际机场命名，除了要让人们对该国著名人物留下深刻印象外，其意图在于保证个人尊严和表彰个人的功绩。相对的，日本则没有以与肯尼迪或戴高乐齐名的人物命名的机场，也没有以达·芬奇式的人物命名的“小堀远州机场”或是“千利休机场”。关孝和与平贺源内也许算是日本的伽利略，山田长政和伊能忠敬大概可看作日本的哥伦布，不过日本却没有一个以他们的名字命名的机场。从西欧的实例来看，即使有以这些人名命名的机场，在国际上也是无可非议的，不过在日本却不一定有人赞成。这是因为在日本“个体”被巨大的城市空间“背景”所吸收，它的存在犹如已经消失在味噌[1]中的大豆，形状虽已不存在，但留下风味混在汤中。

---

① 原文为“味噌汁”，用大豆制的酱做成的汤，故作者有此处比喻。——译注

日本的城市就像这样，缺乏中心性，经常改变面貌地不规则扩大，像没有骨骼的软体动物，即使被毁、被焚，仍有着再生的变形虫般的整体性。相对的，西欧城市通常是以面向广场布置的教堂或市政厅构成市中心，形如水果的核。正如罗兰·巴特（Roland Barthes）所说："一切中心都适应西欧的形而上学步伐，被假定为真理的场所，我们的城市中心经常是'充实的'。"[①]他还谈到，在城市当中发现了代表西欧基督教思想的有中心的社会："文明的价值有多种，这就是：精神性（教堂为代表）、权力性（政府机关为代表）、金融性（银行为代表）、商业性（百货商店为代表）和言语性（带林荫道和咖啡馆的广场为代表），它们在这个特殊场所集合、凝缩。到中心去就是会见社会的'真理'，到中心去只是参加'现实'的充实。"[②]而罗兰·巴特谈到东京时则说无论如何这座城市还是有中心的，可是它的中心是空虚的。"[③]的确，东京有皇宫这样的中心，但是，"它是禁区，而且到处被绿荫遮蔽，用壕沟阻隔，任凭谁也看不到"，罗兰·巴特认为它就是空虚，他的看法确实使我们吃惊不小。关于东京他还说所谓中心，并不是为了在那里放射出任何的力，而是为城市的一切活动赋予空虚的中心点，并强制活动长久地循环。" 进而又谈到日本"素烧"[④]的缺乏中心性。素烧的确和牛排之类有明显中心的食品不同，它是把牛肉、蔬菜、豆腐和蒟蒻等一锅烩，各种原料的味道浑然一体，牛肉味融于蔬菜，蔬菜味融于豆腐，总之变成了复合的菜，不知不觉地就失去了中心性。罗兰·巴特从始终

---

① 罗兰·巴特，《符号帝国》，宗左近译，新潮社，1979 年，第 43 页。
② 同上，第 43 页。
③ 同上，第 45 页。
④ 素烧（寿喜烧）：日本菜的一种做法，类似我国的"火锅"，如"鸡素烧""牛肉素烧"等。——译注

保持本身存在的牛排与日本独特的素烧的对比，想到西欧城市的存在中心性和日本城市的丧失中心性，他的敏锐观察和分析，洞察到日本城市的稀有特性。在谈到日本城市中住址的模糊性时，巴特说："最现实的东西常常是最合理的（黑格尔），那么，我想对于按常规办事的人（例如我们西欧人）来说，这种住址特性的丧失是不方便的。"[①]在询问住户时，与其说地址，不如说地图更为有用，"如果是在密林中或灌木丛中时，这是理所当然的。但是在现代化大城市中，则是极为异常的……这座大城市（东京）只能通过文化人类学式的行动来了解。不是依据记录或住址，而是必须根据步行、视觉、习惯和经验找到要去的地方。在那里所发现的一切东西都是新鲜、强烈的，但同时又是脆弱的。它只能根据我们所残留的记忆去再发现。因此，第一次访问某个场所，也就是首次描绘出该场所。因为住所并非事先描绘出来的，所以住所本身必须具有其独特的表现性。"[②]

从代表西欧基督教思想的带有中心性的社会来看，我们则是在变形虫般没有骨骼的软体结构中，作为浑然一体而消失了自我地生活着。在这种情况下，日本城市因缺乏整顿而导致的混乱状况，或许就是容许与西欧有中心性的城市面貌和结构不同的理由。如果没有这种日本式的互通有无、融会贯通的空间观念，没有自身在城市中的消失以及中心的丧失，那么一千万以上的居民就不可能集中地居住在这样狭窄的区域里。不过，最近西欧的理性主义以及其他个别主张等，也开始进入日本的城

① 罗兰·巴特，《符号帝国》，第46页。
② 同上，第49页。

市环境观念之中，例如，已经提出了日照权问题、城市公害问题等。如果不能像过去那样客客气气地互通有无，那么当然只得求助于西欧那种靠法律、理论来解决的办法了。如果说东京的全体居民都主张维护日照权，那么会怎样呢？不可能一提出问题，东京的街道就健全起来。不管今天工作居住混杂、又不向阳的住宅尚有多少，京都那种漂亮的传统町家式的构成也不能成立。考虑到日本土地私有和土地划分零碎的情况，无论如何也不得不依赖于自身在城市中消失的原理，以及变形虫般无骨骼的、丧失中心的构成。

此时，笔者不由得想起了维也纳派美术史家汉斯·塞德迈尔（Hans Sedlmayr）的《中心的丧失》这部艺术论著。他为西欧现代艺术正在丧失哥特、文艺复兴和巴洛克等时期所具有的中心性而担忧。不过，因为日本不论是否以人名为道路和机场命名，住址的表示方法也和国外不同，所以可以说从很早就失去了西欧现代艺术正在丧失的中心性。日本传统木结构建筑具有现代建筑的轻快、透明、非对称和非中心等特性，与西欧古典石结构建筑的厚重、非透明、对称、正面性和中心性等特性相对立。在这些特性中，一面平均化一面丧失其中心性。日本的城市是恰如其分地混合在一起，从某种意义上说是民主的、平均的，即使从现代的角度来考虑也是必需的。若非如此，日本的城市立即就会崩溃。它是在乍一看十分混乱的城市现象中，依靠自生自灭的原理而生存的。这里有必要对我们城市的未来充分考虑，对它的发展道路进行选择。是勒·柯布西耶所提倡的，以充足间距排列着高层公寓的，充满“阳光、空间、绿化”的现代城市呢？还是人情味十足的高密度城市呢？据我看，恐怕只有遵从日本的自生自灭的原理，一边仔细阅读现有城市的文脉，保护历史环境，一边对不符合新时代精神的东西加以修正，创造更新景观的方法。为什么这样说呢？因为要建立西欧式秩序井然的街道，就必须改变日本的土地私有制。漂亮的牙齿必得生长在相应的牙床上。日本用地形状不整，划分零碎；宅前道路与用地的关系也不规则。从江户时代（1615—1868 年）起的多次火灾和战祸中，在不断毁坏中生存下来的日本城市，具有适应木结构建筑变化的简易结构般的土地制度。尽管如此，今天即使不从根本上改变土地制度，也照样谋求混凝土结构的不燃化、高层化。西欧理性主义的观点，本来就不应该原封不动地搬到日本的现有城市中。

第二章　景观的构成

1. 格式塔心理学在景观中的应用

本来，研究形态视觉结构的“图形”与“背景”理论，用到实体建筑空间或街道构成甚至景观方面，在学术上也许有些问题。不过，当考虑建筑空间的“内”“外”区别或意大利广场的“阴角空间”时，充分认识限定该城市空间的建筑外墙之类边界线的存在，把由它所构成的空间领域作为“图形”来考虑，我想，这可以为论述建筑与城市空间提供重要线索。无限大的建筑是不存在的，换句话说，这就意味着在建筑中必然存在着限定它的边界线。边界线以外是什么情况呢？它是无限延伸的大自然吗？如果是无限延伸的大自然，那么建筑的外部空间就成了“背景”。当建筑由一幢变为两幢以至数幢，而最终形成街道时，建筑与建筑之间所形成的空间，与其看成建筑外部单纯的“背景”空间，不如作为由建筑与建筑围成的内部“图形”空间来考虑。这个“内部”的建筑外部空间，是与纯自然不同的没有屋顶的“外部”，是很可能从“背景”反转成“图形”的空间。这一观念，意味着导向与建筑外部空间无限延伸的自然不同的、作为有限的人为目的空间的“外部空间构成”。

据我所知，最初把“图形”与“背景”观念应用于建筑和城市空间中的，是丹麦建筑史家拉斯姆森（S.E.Rasmussen），他在《作为经验的建筑》一书中论述“建筑的实体与空洞”时，举出埃德加·鲁宾的“杯图”加以说明。[①]他还提到印度卡尔里（Karli）的石窟寺是挖掘山崖而建成的寺庙，是以去掉石料，亦即以造成凹部而建成的。此崖中的空洞作为寺庙是非常重要的，包围它的山崖残留下来，构成了模糊的“背景”。

笔者曾访问过意大利东南部马特拉（Matera）城市遗址，见到了在山崖中挖掘成的教堂。打开山脚下的门进入内部，其中确确实实地存在着一个石砌的教堂内部空间。这到底是怎样形成的呢？建筑一般都是把一块块砖石垒砌起来，或是用一根根木料架构起来去创造空间，而这里却好像是从巨大的山崖上用减法挖成的教堂。

挪威建筑史家克里斯蒂安·诺伯格－舒茨（Christian Norberg-Schulz）在《存在、空间与建筑》一书中论述意大利的石结构建筑时曾说：

建筑物不是作为量块，而是作为面表现出来，这对空间特性来说是决定性的。如果量块的效果是支配性的，建筑物即可得到“图形”（figure）的性质，街道则一面联系建筑物中间的空间，一面还原为二次的“背景”（ground）。街道成为真正的形体，则必须具有“图形”的性质。[②]

此外，美国评论家鲁道夫斯基在《人的街道》一书中论及意大利街道时说，该道路由周围的建筑围成，具有“图形”的性质。“街道不可能在什么都没有的场所存在，亦即不能与周围的环境分离。换句话说，

① 拉斯姆森，《作为经验的建筑》，佐佐木宏译，美术出版社，1967年，第47页。
② 诺伯格－舒茨，《存在、空间与建筑》，加藤邦男译，鹿岛出版会，1973年，第172页。

街道无非是该处所建的成列建筑物的同伴。街道是母体，是城市的房间，是肥沃的土壤，也是培育的温床。它依靠人类的人性和周围的建筑而生存。”[①]充分涉及建筑空间中“图形”与“背景”问题，是 1960 年在美国康奈尔大学柯林・罗（Colin Row）教授指导下，研究生院所进行的一系列研究课题。今天的建筑界一般都接受了这些理论，特别是这里所说的空间的“图形”与“背景”问题。把空间看成“图形”还是“背景”，这对建筑空间或城市空间的充实是非常重要的观念，所以它是个重要课题。例如，意大利空间是“图形”式的，日本的道路空间是“背景”式的，因而这就可以促使我们更好地去考虑“图形”式的构成。最近，“图形”与“背景”问题，从作为梅茨格的“视觉法则”的格式塔心理学，变成了处理意识问题的现象学的对象。这一倾向中所论述的“演技与意识”[②]问题，作为城市空间的意识问题是饶有兴味的。今天在城市空间或景观问题上应用“图形”与“背景”观念，是在对原有空间现状进行分析的基础上，为该空间赋予“图形”要素；或把一向作为“背景”考虑的空间，有意识地改作“图形”来考虑。例如，当艺术家面对画布进行创作，或建筑师在图板上进行构思时，这就是在朦胧的“背景”中，有意识地在探求某个目的或意图的“图形”，画布或图板不单纯是朦胧的“背景”，它还蕴藏并等待着某一瞬时作为意识的凝聚而一下子展现出“图形”的可能性。德国建筑师、哲学家文特（F.G.Winter）曾说，这一观念与其说是“形态”，不如说更近于“形态构成”。[③]

---

① 鲁道夫斯基，前引书，第 15 页。
② 山崎正和：《演技与意识》，《中央公论》，1982 年 2 月号，第 156 页。
③ 文特：《走向格式塔社会》，今村孝译，人文书院，1982，第 143 页。

笔者三十年前第一次来到意大利广场时，当即感受到，由坚固的石墙所围合成的广场外部空间，就像是没有屋顶的室内空间。也就是说，意大利广场的空间不单纯是与自然不同的、有收敛性的人为室外空间，而且是与过去所体验过的室外空间不大相同的、极为充实的空间。当时我把这种向边界线内侧收敛的空间称为“积极空间”（P 空间），把大自然这样没有边界线而向外扩散的空间称为“消极空间”（N 空间），各个空间的质的差异引起了我的注意。通常，建筑本身被考虑成 P 空间，其外部则被考虑成 N 空间，但意大利广场则与建筑内部有许多共同点。根据笔者的亲身体验认为，在意大利广场，P 空间和 N 空间是可以相互反转的。这恐怕是生长在以“地板型建筑”为主流的日本环境中的我，遇到真正的意大利“墙型建筑”环境时所受的冲击。这里若把 P 空间换成埃德加·鲁宾的“杯图”中的“图形”，把 N 空间换成“背景”，则会发现，我亲身的体验不知不觉地证实了格式塔理论。其后在说明建筑空间的“内”与“外”这一组对概念时，应用格式塔理论是极为有效的。特别是人为结构的边界线内侧存在着“图形”因素——格式塔特质——这一思想，可以看成是建筑空间或街道构成理论中的有力手法。

当考虑像意大利广场那样的可“内”“外”反转，为外部空间赋予格式塔特质时，又进一步发展到城市中的“阴角空间”及“下沉式庭园”等封闭式空间。并阐明了封闭式外部空间为什么对城市来说是十分重要的。

笔者还观察了纽约曼哈顿以及东京新宿副都心超高层大楼的夜景，发现白天窗子比外墙暗而起到“背景”作用，夜间灯火通明的窗子作为集中的形态则起到“图形”作用。昼景与夜景中，外墙与窗子出现了“图形”与“背景”的反转现象，而且还了解到水平距离必须在800米以上等。

在下一节“水边的美学”中还要论述，海岸线的内弯景观比之外弯景观，容易为海面带来格式塔特质，因而陆地与海面之间也出现了“图形”与“背景”的反转。芬兰白夜中明亮湖面与针叶树林构成景观的美学原理，也可用格式塔的“图形”“背景”关系加以说明。

京都龙安寺石庭中放置的15块石头，由于坪庭周围夯土墙的限界，白沙部分可同时成为“逆空间”，亦即构成这一情况下的“图形”。换句话说，所放置的15块石头可以看成是“图形”，同时没有被15块石头所占据的白沙部分由于有夯土墙限界，也可被看成“图形”。亦即这座枯山水坪庭中，石与沙存在着“图形”与“背景”关系。如果在无限延伸的海岸线白沙上也放置这15块石头，那么没有边界的白沙就不能构成一个形态，即不能构成格式塔心理学中的“图形”。这可以说该枯山水名园不仅仅是放置了这15块石头，而且赋予了哲学与神秘的意味（图2-1）。

所谓建筑，是作为与包围它的“外部”相对应的“内部”被体验的，也就是如何建立限定空间的边界线的技术。换句话说，就是在浩瀚的“背景”中设定边界线，在其中创造满足人们意图的“图形”空间的技术。

探究“图形”与“背景”的关系，其渊源来自中国古代流传下来的“阴阳”之说。中国人认为，把握物之本体是十分漠然的，乃称之为“气”。气是生命之源，又是宇宙的生命力，其发展结果分成了“阴”与“阳”。因此宇宙万物均由阴阳来表现，并分阴阳来考虑。老子的“有”与“无”

在无限广阔的海滨白沙上也放置 15 块石头，白沙难以成为“图形”

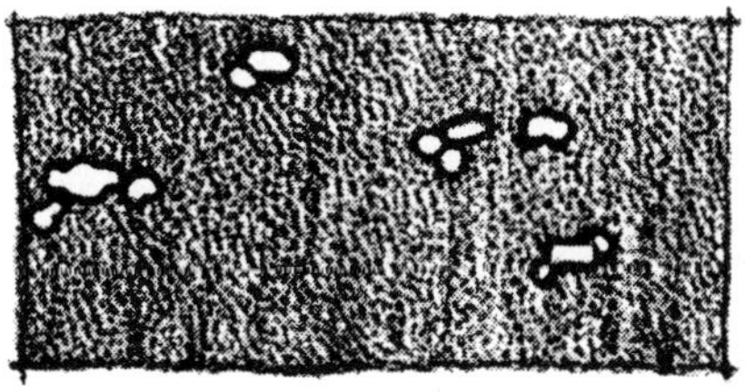

15 块石头以外的白沙部分之所以有“图形”因素，是由于边界线存在

图 2-1 龙安寺石庭的“圈形”与“背景”

的相对认识，同阴阳思想是有密切关系的。老子说：“埏埴以为器，当其无，有器之用。凿户牖以为室，当其无，有室之用。故有之以为利，无之以为用。”如果在这浩然之“气”中画一个圆圈，这个圈中的空间就是从“气”中被切取出来而充实的东西，这里便出现了收敛性空间。按照“阴阳”之说，它就成了从“阴”中切取出来的“阳”，也就是老子说的，从周围的“无”中切取出来的“有”。根据格式塔心理学，即是从周围的“背景”中切取出来的“图形”。为了构成“阳”“有”“图形”，就需要形成老子所云之器的土，它具有“阳”与“阴”“有”与“无”“图形”与“背景”的边界线作用。

不过，老子只谈到了一个器皿的“有”与“无”。当仅为一个器皿时，的确在器皿之中形成了“有”的 P 空间，器皿之外存在着“无”的 N 空间。可是当器皿从一个变成两个时，各器皿当中自然都存在着 P 空间；同时两个器皿之间则构成了与其说是单纯的“无”，不如说更接近“有”的中间领域 PN 空间。当器皿大量增加并围成一个圆形时，那么该群体本身也构成了和一个器皿的内部与外部，即“有”与“无”同样关系的状态，器皿群所围合的内侧空间形成新的 P 空间，器皿群外侧成了 N 空间（图 2-2）。如果把一个个器皿替换成一幢幢建筑来考虑，那么其中心的 P 空间，就是由建筑群围合的意大利广场这样富有格式塔特质的外部空间。如上所述，把格式塔心理学中“图形”与“背景”的观念，应用于建筑或城市空间中是非常有生命力的，而且是颇为有趣的问题。

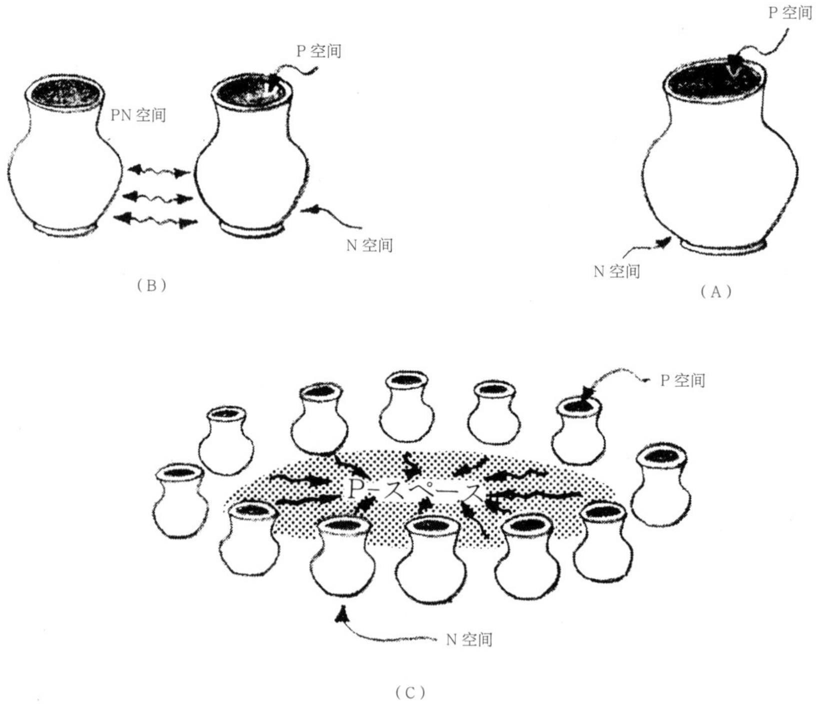

图 2-2　一个器皿与多个器皿

2. 水边的美学

作为城市景观来说，水应如何处理呢？尽管日本的水文条件很优越，但作为城市景观的水边处理，比之国外则可谓相形见绌。前述的“内眺景观”原理，在这里比“外眺景观”原理的位置更为突出，在日本看不到西欧城市常见的那种美丽的水边林荫道之类的“外眺景观”。从京都四条大桥眺望鸭川江畔，餐厅、饭馆云集水边，从外面只能看到这些建筑脏污的背立面，的确与西欧的河岸景色大为不同，而且十分逊色（图 2-3）。若从这些餐馆里面作为“内眺景观”眺望鸭川江，无疑都是一些美好的景观。当然，日本也并非没有美丽的水边林荫道。战前的重要实例就是横滨的山下公园，它像西欧各国的水边公园一样，与市区连成一体，是可眺望大海和岸边停船的水边美丽空间。不过战后这一带已被商业化，上面架起了高架货物输送线和铁栅栏，市区与海面被断开，这一难得的景观遭到了严重破坏（图 2-4）。只是为了一日数次的货物运输而牺牲了这一景观，这不是对“水边的美学”缺乏认识吗？

关于“水边的美学”，将前述的“图形”与“背景”相互反转的观念加以引申，仍然可以适用。一般来说，我们往往无意识地把陆地看成是“图形”，把水面看作陆地的“背景”。如果改变一下，把水面作为主角，把陆地看成它的陪衬，也就是说把水面作为“图形”考虑，把陆地作为“背景”考虑，那么城市中水面的景观就会得到相当改善，至少不会出现鸭川江岸或山下公园这样的情况。在东京，东京湾正不断地在进行填海造地、建设工厂，并且还在那里丢弃工业废物。像梦之岛这样

图 2-3　从四条大桥眺望鸭川江岸

图 2-4　横滨山下公园的高架货物输送线

有着童话中天堂般名字的岛屿，实际上却成了东京市民的大垃圾堆。

水面是不属任何居民私人所有的空间，而它的使用方式却有着重要意义。以往，随着日本的工业化和城市化，我们总是受到权宜之计的支配，要把讨厌的、肮脏的东西丢弃到鬼门方向（东北角）。纵使怎样不得已要为一千万居民的厨房考虑，我看也应改变这种做法。希望能把这些地方作为具有水面的格式塔特质，即作为具有“图形”性的重要和美好因素来考虑。

如果看一下里约热内卢，那么东京银座原先的人造土地就相当于克帕卡巴纳（Copacabana）或伊帕奈玛（Ipanema）的海岸。那里众多的居民散步在有着美丽铺地的海滨林荫道上。倘若是东京，那就成了穿着游泳衣在银座大街上散步了。那里的水面绝没有工业化的可能性，是作为欢乐、美丽的因素考虑，而不是讨厌、脏污的“鬼门”方向。

为了进一步分析水边景观的美，这里想提出适于格式塔理论的“弯曲景”概念。

城市中水边的美，以自然和人工组合成的景观最为重要，而不只是单纯的自然美。在国外看到，沿海岸的林荫道作为景观的确是非常美的。此时海岸线的弯曲情况有很大关系。向外侧弯曲时，面对进行方向，视线的切线往往只及水面，自然与人工的混合较少（图 2-5）。相对的，向内侧弯曲时，视线的切线同时包含了水面和水际线，多形成自然与人工交织的美丽景观。特别是夜景，内侧弯曲时，路灯等以等间距倒映水面，增加了空间深度，可以从整体上把握逐次展开的景观（图 2-6）。

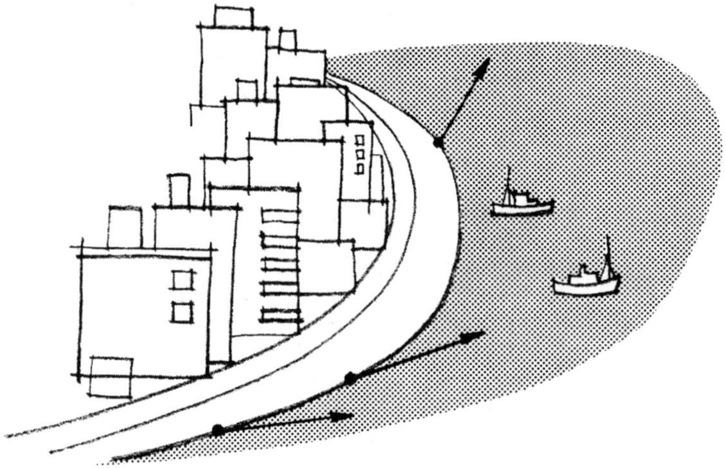

图 2-5　外弯景观

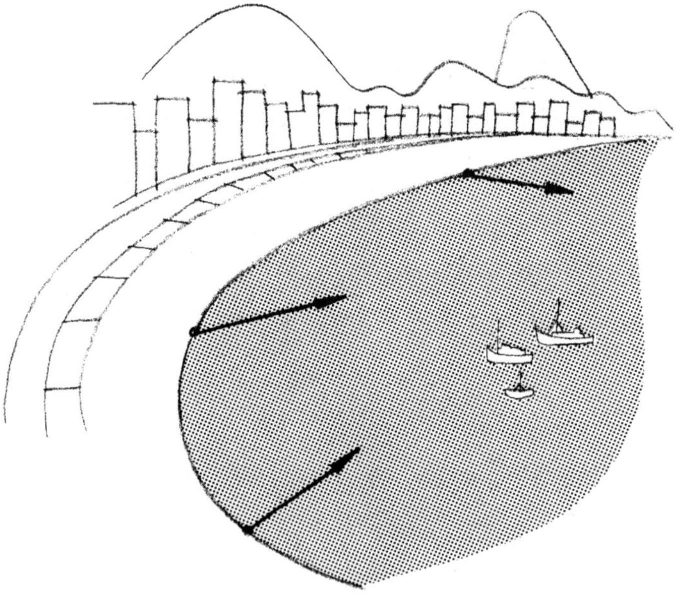

图 2-6　内弯景观

如前所述，同意大利广场等处所看到的“阴角空间”一样，可用梅茨格的《视觉法则》中的“内侧法则”与“围合法则”等来说明。[①]这里不仅只是把陆地作为“图形”考虑，而且把海面一侧作为“图形”考虑。依据上述法则，水际线向内侧弯曲是十分重要的。此外像意大利广场那样，希望在围合它的建筑外墙面上具有作为某种景观的统一性。若是内弯景观，那么围合它的沿岸建筑、室外灯具、地面铺装和室外陈设等都不应是随随便便的。内弯景观中，因为这些人工因素容易进入视野，所以它们与自然的协调也是很重要的。法国尼斯海岸大道（图 2-7）以及里约热内卢的克帕卡巴纳海岸大道(图 2-8)等内弯景观就是很好的例子。所谓内弯景观，也可说是水面的“阴角空间”。

图 2-7　法国尼斯海岸一内弯景观

① 梅茨格，前引书：第 19~24 页。

图 2-8（a） 里约热内卢的克帕卡巴纳海岸——内弯景观

图 2-8（b） 里约热内卢的克帕卡巴纳海岸——夜景

像在东京湾的填海人工土地等处所看到的，若把陆地作为“图形”来考虑，则必然是向外侧弯曲而逐步填出去；当从景观角度把海面作为“图形”考虑时，那么就可以创造海面的“阴角空间”，或是创造内弯景观，把“水边的美学”考虑进去，再来进行填海造地工程。即使是大自然中的景观，也和前面所述的城市景观一样，不只是展开开阔的水面，如在海面或湖面上有目标物存在，使水面观赏者与目标物之间产生视觉上的联系，那么就会造成内弯景观般的效果。在辽阔的水面上很难设定边界线时，水面成了“背景”，难以考虑成“图形”，不过只要水面上有岩石、岛屿或其他目标存在，即可提高景观的质量。

在日本，当海岸附近有两座岛时，常被命名为“夫妻岩”。在二见浦“夫妻岩”上牵拉了粗大的稻草绳，创造出海岸线景观（图 2-9）。此外，严岛神社也有着充分利用海岸的空间构成，从那里的高舞台上眺望涨潮时海中的大岛居①，的确是极美的景观。日本三大风景之一的松岛景观以及濑户内海的海上之游，都是依次展现各个岛屿、悬崖峭壁和包围它们的海面的美丽景观。若没有海上的目标物，这种景观就很难设想。

芬兰以森林与湖泊之美而著称，不过若是只有森林或只有湖泊，那么都不够完美。在号称与人口一般多的许许多多湖泊中，星罗棋布的小

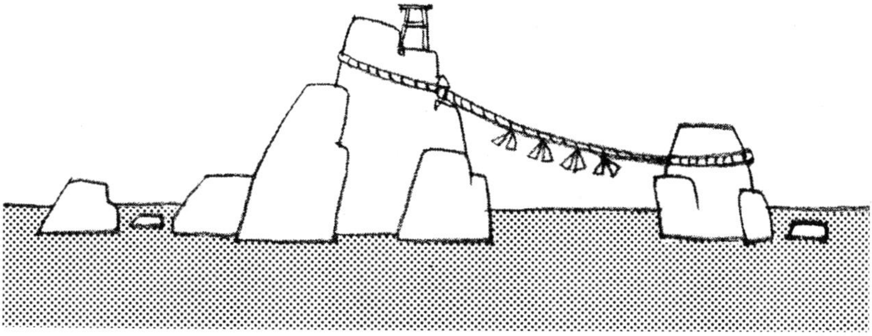

图 2-9　二见浦夫妻岩

① 日本神社的牌坊。——译注

岛，以及东山魁夷的绘画般的针叶树林，都起着重要作用。从这些岛上眺望湖岸，沿岸延伸的树林倒映在静静的湖面上，形成了极美的景观。如果那些湖面像波涛汹涌的大海一样，就不可能产生这种难得的倒影景观。若是湖面很大，以至看不到对岸的森林，那么水面就不可能起到限界的作用。遥遥可见的森林倒映在明亮寂静的白夜水面上时，那美妙的景观真是令人拍案叫绝。天空和湖面都成了同样的白色，中间只是隔了一道黑色的针叶树林及其倒影（图2-10）。这就恰像把埃德加·鲁宾的“杯图”横过来构图，天空与湖面同时成了“图形”，树林及其倒影则成了黑色的“背景”。但同时天空与湖面又成为白色“背景”，树林与其倒影则成为“图形”。因此，芬兰湖畔的景观就是“图形”和“背景”容易反转的构成，这是值得特别一提的（图2-11）。

日本也并非没有这种可用“杯图”来说明的良好景观。北海道有许多美丽的湖泊，也有透明度或俯视景观均甚佳的实例，这里想举出有着美丽倒影的然别湖。从带广穿过辽阔的十胜平原，道路进入美丽的白桦林，当看到称作“夫妻山”的雄阿寒岳和雌阿寒岳时，即来到然别湖畔。这里的寂静湖水实在是美，两座山的形状就像上嘴唇，其湖面倒影则像是下嘴唇，上下呼应就成了一张嘴的形状。披上春天的绿装时成了绿唇，秋天的红叶又把两座山染成了一道朱唇，但到冬天湖面结冰时，湖上便失去了山的倒影（图2-12）。海面上若经常有波浪，岛屿便很难在水面产生倒影。要想出现美丽的山峰倒影，就必须有能映出它的镜子般的平静水面。寂静的然别湖具有这样的条件，它把唇形的山与美丽的倒影合在一起，构成了一幅画面。在水平线的上下，上唇与下唇完全对称，容易形成格式塔心理学中作为“图形”的性质。天空也倒映在水面上，天空与水面作为一个统一的“背景”才衬托出嘴唇的形状。这里也可看成是埃德加·鲁宾的“杯图”中“图形”与“背景”的反转（图2-13）。

图 2-10　白夜的湖边倒影

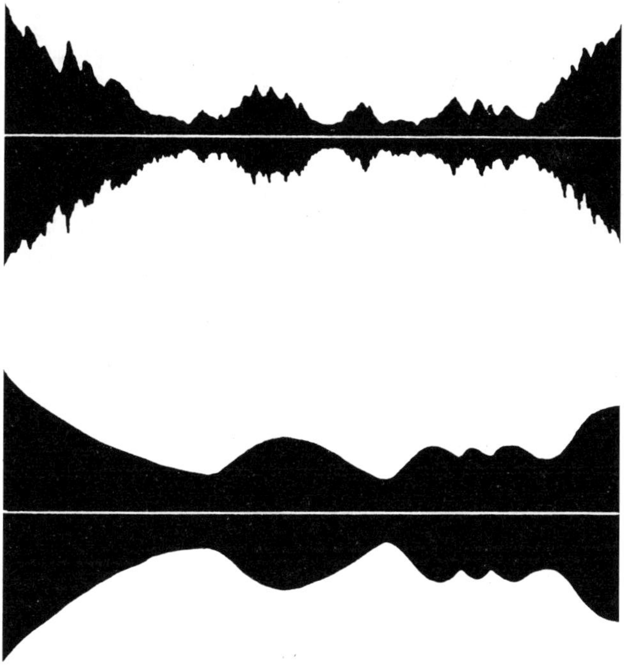

图 2-11　白夜的湖畔与鲁宾的“杯图”

图 2-12　结冰的然别湖

图 2-13　然别湖的倒影

日本景观中自古闻名者有三大风景。它们都是由海面与其中对象物的关系所形成的景观，这里作为“水边的美学”的对象，是非常有意思的例子。我想举出其中之一的天桥立，对其景观加以分析。

天桥立是指划分宫津湾与阿苏海而向西南凸出的海岬，长3535米，宽19至49米，上面长满松树。在“丹后史料丛书”的《天桥立》中有如下记载风土记曰，“丹波国余社郡东北方速石里有长岬，长二千二百二十九丈，广九丈二尺余，名天桥立，谓阴阳二神立天之浮桥上，故此得名。”[①]这一带为笔者故乡丹后的中心地区，宫津作为渔港曾一度十分繁荣，有“令人囊空”之说。一般在此地眺望海岬景观，有成相山伞松公园、樗岭大内峰、栗田峰三处（图2-14）。据笔者调查，

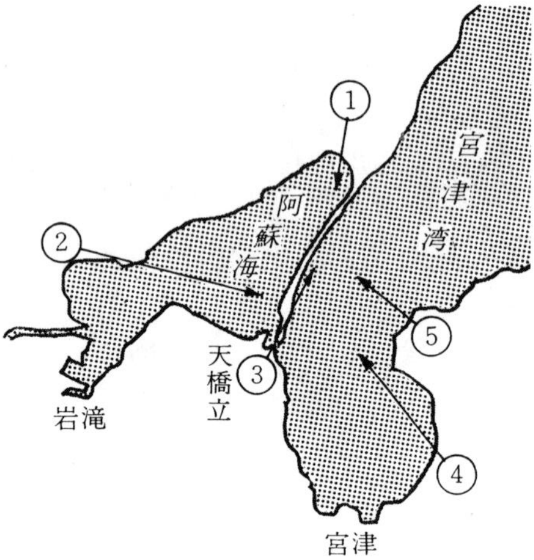

①成相山：眺望天桥立内侧
②大内峰：从内侧俯瞰一字形天桥立
③玄妙庵：从外侧望半岛尖端，岸边有浪
④栗田峰：从外侧俯瞰一字形天桥立
⑤狮子岬也可看到一字形天桥立，由于平视海空分离

图2-14　天桥立附近地图

① “丹后史料丛书”，第一辑卷六，第92页。

以大内峰俯瞰一字形的天桥立景观为最佳〔图 2-15（a）〕。其次是从成相山伞松公园处的俯瞰景观，现在这里设置了架空索道，游客益多。此处的景观是从海岬的端头眺望海岬的内海一侧，仔细观察，因这边一侧为内海，海面较平静，视天气情况可以看到松树的倒影〔图 2-15（b）〕。栗田峰处由于道路改变和树林茂密，景观欠佳。总之外海的景观不如内海景观那么神秘，因此不如大内峰或成相山那样重要。此外，海岬尖端文珠上面的玄妙庵以及更上面瞭望台的景观，因是从成相山对面眺望海岬，岬的尖端出乎意料地呈弯曲状，而且朝向外海一侧的岸边白浪滔滔，可以说与天桥立其他各处的景观大为不同〔图 2-15（c）〕。从对岸狮子岬眺望外海的景观，除远景与近景的海岬重叠而形成对比外，没有什么特殊之处〔图 2-15（d）〕。

那么这里为什么自古以来就有“胯下倒看天桥立”之说，而且今天来游览天桥立的人们仍要“胯下倒看”呢？（图 2-16）。对此，笔者想从景观上来进行分析。在《丹后史传》中记载着如下传说：

胯下倒看，作为名胜最受重视是享保（1716—1735）年间　　从前，据说来自京城的一伙七八人中的一位美女，因解小便而急忙离开人群　　于是发出赞叹：“一下子看到桥像挂在天上，的确是美丽的桥立。”于是，人们便纷纷各找地方，叉开两腿，埋下头去观看天桥立。天地之别简直都分不出来了。因为是埋下头看，好似挂在天空的浮桥，可以看到天桥立异样的美。这位美人就是小野小町。[①]

实际上当登上大内峰，埋头从胯下倒看天桥立时，海岬在海面上一字形延伸，的确可以发现出乎意料的神秘景观。这里虽为内海，但海面

① 小川静风，《丹后史传》，丹后传说研究会，1980 年，第 147 页。

图 2-15（a） 从大内峰俯瞰一字形的天桥立

续图 2-15（b） 从成相山眺望天桥立

续图 2-15（c）　从玄妙庵眺望天桥立

续图 2-15（d）　从对岸狮子岬远眺

仍容易掀起微澜，很难像芬兰的平静湖面那样，在水面产生松树的倒影。松林岬连接海面的水际线下侧为一直线，而上侧的松林顶端则参差不齐。可是当“胯下倒看”时，这一景观则上下倒转，成一直线的水际线到了上面，参差不齐的松林轮廓线则在下面。从大内峰俯瞰这一远景，海岬正好位于明亮海面的中间，可以看到在海面这一巨大“背景”中，好像成了上边为直线的桥。海面由于其色彩和光辉很像天空，所以看着就仿佛是天空。芬兰因丘陵少而平原多，以一定角度俯瞰湖面的景观很少，一般均为平视景观，因此，天空与湖面均呈白色的白夜景观，尤其值得一睹。但天桥立因系海岬凸出地，是横贯海面的俯视景，因此，“胯下倒看”就可以看到上下海面共为“背景”的幻想天桥。乡土史家永浜宇平曾说：“胯下倒看天桥立之始，本为樗岭（大内峰）”[①]，并引用明

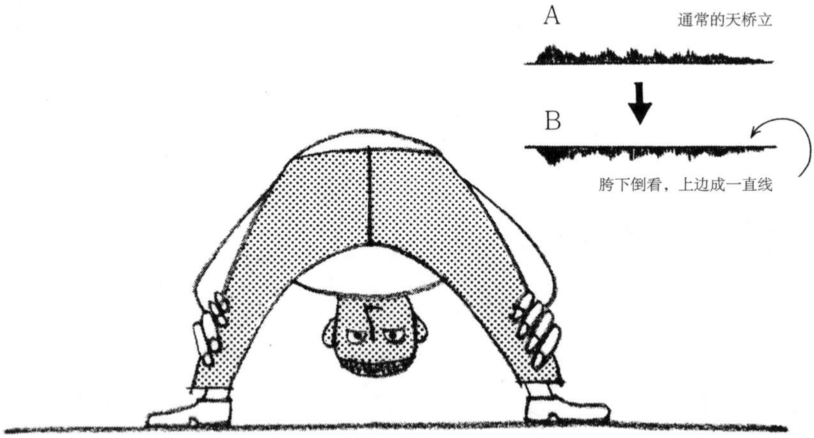

图 2-16　胯下倒看天桥立

① 永浜宇平，《改定天桥立》，1931 年，第 136 页。

治（1868—1911 年）时代内藤湖南的文章阐述如下："盖由成相山望桥立，乃世俗所惯闻，然彼之竖看桥立，不如见樗岭之横，梅辻春桥已言之，由宫津平视最失其方，云云。"[1]根据笔者观察，樗岭大内峰的俯瞰景与该处的"胯下倒看"景色最佳，这一点与乡土史家的见解完全一致，这不是很有意思吗？的确，从成相山处"胯下倒看"，很难出现笔者所说的反转现象，难以形成横空的桥。尽管如此，大量游人仍然毫不迟疑地都在那里进行"胯下倒看"。另一方面，大内峰的一字形景观虽适于"胯下倒看"，但因交通不便，没有成相山那么多的游人，从景观来说是十分遗憾的。

丹下史料中载有："所谓阴阳二神立于天之浮桥上，故此得名。"此处所引用的阴阳二神一词，颇值得注意。因为 20 世纪初始于德国的格式塔心理学理论，当时尚不为日本人所知，说明二者之间当然是没有关系的。但来到该处，眺望以平静海面为背景的美丽海岬时，便希图从中国的"阴阳"之说或格式塔心理学的"图形"与"背景"关系方面得到解释。水面给予景观的影响是很大的，因此有研究"水边的美学"之必要。

① 永浜宇平，《改定天桥立》，1931 年，第 128 页。

3. 街道的指标——D/H与W/D

卡米洛·西特为19世纪后半叶的奥地利建筑师和城市规划师。他所著的《城市建设艺术》（日译本作《广场的造型》）一书，曾获得很高评价，产生过很大影响。他的基本思想是：城市是综合性艺术作品，而且必须基于艺术原理进行规划。西特分析了欧洲许多现存的城市广场，探索出其中蕴含的许多原理，谋求纠正19世纪后半叶沿着技术与实用方向进行城市规划的手法，再度创造出美好的城市空间。其原理之一是关于广场宽度与周围建筑高度的比例。他曾说根据经验，广场大小与建筑物大小的关系，可大致如此确定：广场最小应与支配广场的建筑物高度相同，若从建筑整体的形状、目的和细部构成来看均无此可能，那么广场最大不超过建筑高度的两倍。”[①]设建筑高度为H，广场宽度为D，那么$1 \leqslant D/H \leqslant 2$。这里让我们再来看一下意大利城市空间的$D/H$，围有城墙的意大利中世纪城市，因空间被限定，街道狭窄，$D/H \approx 0.5$。文艺复兴时期的街道较宽，达·芬奇认为高与宽相等，即$D/H=1$较为理想。巴洛克时期与中世纪的比例颠倒，道路宽度为建筑物高度的两倍，亦即$D/H=2$。以上已在《街道的美学》中阐述。

这就是说，在欧洲传统中，建筑高度与前面道路或广场宽度的比例关系，是作为重要因素来考虑。到19世纪后半叶，正如西特所关心的，在作为城市景观的D/H的考虑上，取决于线路或交通的功能因素占了主

① 西特，前引书，第61页。

导地位，而从城市美学观点出发的这一比例关系则逐渐被忽视。在这种状况下更加遭受到的决定性打击，恐怕是20世纪初现代建筑的兴起。不管怎么说，勒·柯布西耶是不大喜欢西特的，他在《城市》一书中曾说："一天，在读维也纳人西特的一本著作时，我不知不觉被城市美所吸引。我认为西特的证明是巧妙的，他的理论是正确的。它们是基于过去。说实话，它们是过去——那些都是小型的过去、感伤的过去，是路旁的不足摘取的小花。那种过去不是处在顶峰的过去，而是妥协的过去。"[①]由于这样的过程，20世纪现代建筑理论中，城市景观的指标D/H这一观念逐渐消失了。也就是说，分析建筑空间的结果，不论D/H到底是多少，总之不是作为城市景观来考虑D/H是1还是2了。

基于勒·柯布西耶"阳光、空间、绿化"口号的规划方法，建筑被高层化，其建筑间距当然也就加大了。换句话说，建筑高耸，威风凛凛，变成了纪念碑，建筑孤零零地布置，建筑成为"图形"，建筑与建筑之间的空间则成了"背景"。这样，一幢幢的建筑位置都很好，而由建筑群围合成广场的封闭空间观念则淡漠了。也就是说，把建筑作为"图形"，当成纪念碑来对待，而没有在这上面再产生西特那种把建筑与建筑之间的空间作为"图形"来考虑的D/H观念。勒·柯布西耶之所以对西特做出不太高的评价，这是由于，一个是把建筑作为"图形"来考虑的，一个是把建筑之间的空间作为"图形"来考虑的，出发点不同，自然也就

① 勒·柯布西耶，《城市》，樋口清译，鹿岛出版会，1967年，第13页。

得出不同的结论。如果西特也和勒·柯布西耶生在同一时代，我想他当然也会批判勒·柯布西耶的立场了。

那么笔者作为建筑师又是如何考虑 D/H 这一指标呢？这当然不应避而不谈。当设公寓式住宅时，为了获得冬至时的一定日照时间，自然都采用 $D/H \approx 1.5$ 这一数值。不过我认为 D/H 并非建筑设计的全部手法，但是当建筑群、街道以及环境中各幢建筑组合构成外部空间时，为其赋予格式塔特质，作为一种手法，今天看来仍是一项应予以高度评价的指标。

下面想分析一下日本的独特街道，例如东京新宿或涩谷的背街、横滨的元町或中华街等。在较狭窄的道路两侧排列着小店铺，不管怎么说也是富于变化和有节奏感的街道。而室外名目繁多的种种凸出物，的确造成了亚洲独特的热闹气氛。经过调查，这些街道的道路宽度多为 10 米左右，且 $D/H \leqslant 1$。如果再加宽则很难形成那种亚洲独特的热闹气氛。日本有代表性的银座大街宽度为 27.3 米，该尺寸稍稍超出了拙著《外部空间设计》中“外部空间模数假说”指出的 21 至 24 米这一城市步度单位。21 至 24 米是可以看清对方面孔的距离，超过这一距离则看不清对面人行道上行人的面孔。因此在 10 米左右的道路上，可识别行人这一社区要素就会大大加强。又据调查结果得知，除 $D/H \leqslant 1$ 之外，$W/D \leqslant 1$ 也是十分重要的。此处的 W 是指临街商店的面宽，也就是面对进行方向的街道节奏。由于比 D 尺寸小的 W 反复出现，街道就会显得有生气。如果狭窄的街道上有面宽很大的建筑出现，就会使这种生动气氛突然遭到破坏。当的确需要很大的立面时，可以把立面划分成 $W/D < 1$ 的若干段，以便为该建筑带来变化和节奏。我认为以立面分段方法来保持街道整体节奏感是十分必要的。

下面简略介绍一下在横滨市调查的六条街中的中华街、元町和横滨桥三条街的情况（表1）。

表1　横滨 D/H 与 W/D 实测值

街路名	指标	
	D/H	W/D
中华街	0.8	0.9
元町	0.7	0.9
横滨桥	1.0	0.5

中华街宽8.5米，长350米，是具有独特气氛的街道，满满地排列着约80家店铺，其中约60%为中国饭馆，此外多为中国土特产商店。这条街与相邻的其他街区成45°以上夹角，街道两端入口处建有牌坊，使这条街形成有特征、有领域性的街道。店铺面宽 W 多为5米左右，其中也夹杂有10米以上的稍大店铺。瓦、栏杆、柱等色彩极为鲜艳，并多用金色招牌。在人行道2米宽处立有涂成黄色的电线杆，上面琳琅满目地挂满了广告招牌。这里 $D/H \approx 0.8$，$W/D \approx 0.9$，如前所述，由于这两个指标均小于1，故造成了亚洲式的热闹气氛（图2-17）。

其次来看一下元町的情况。元町从战前就是横滨与西欧相结合的清新街道，如不考虑它是港口城市，那么也可以说是日本的巴黎圣诺莱大街。道路宽8米，长约600米，其间排列着130家进口商品店铺。这条街的特征是，按照建筑协定两侧商店的底层外墙均后退1.8米，道路宽度再加上后退的人行道部分，总宽约为11.6米。这样处理为街道带来了像嵌进去似的统一感，同时也起到使商店橱窗和商品吸引视线的作用。商店面宽约5至6米，多为独立门面，即使是共同性商店，立面也加以划分，保持了各家商店的个性，同时也保持了整条街道的节奏感（图2-18）。这里 $D/H \approx 0.7$，$W/D \approx 0.9$，这一指标与中华街基本相同。

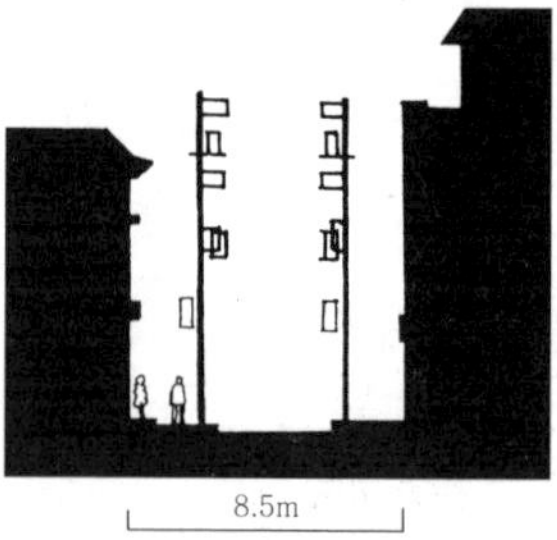

剖面图

街景

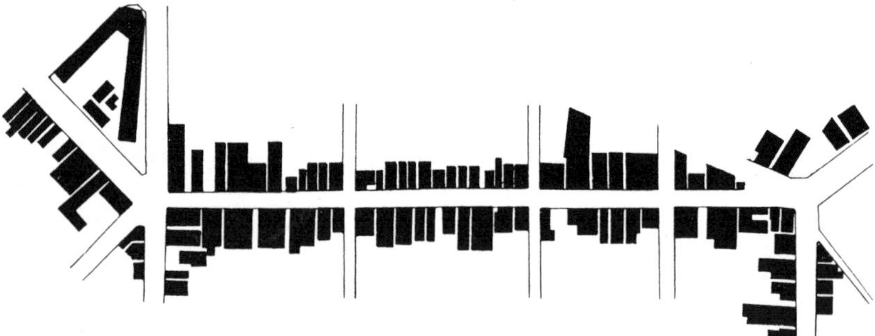

平面图

图 2-17 横滨中华街

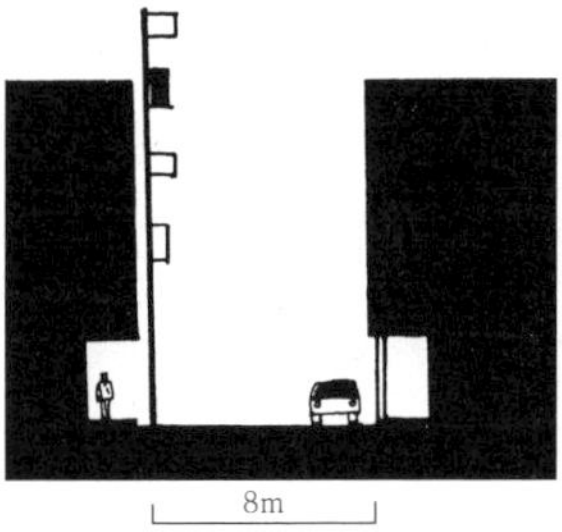

剖面图

街景

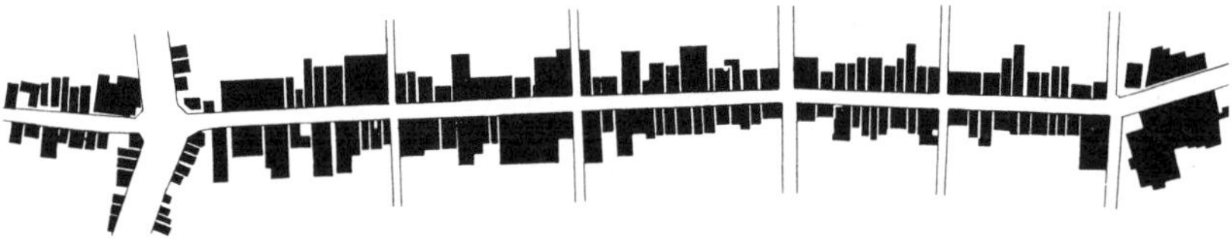

平面图

图 2-18 横滨元町

再看一下横滨的平民之街，横滨桥的商业街。这里是连接大通公园与336国道（第336号国家公路）的街道，宽7米，长350米，又是前端连接中村桥的街区。顶上设有可启闭的二层通高拱顶。沿街排列约140家饮食店和廉价商品店。商店面宽约2.7至3.6米，木结构，二层，这些商店均未共同化，鳞次栉比地紧紧排列在一起。这里是市民不受汽车干扰，可安心饮食或购物的具有室内气氛的商业街，可说是米兰商场的平民化和亚洲化（图2-19）。这里的 H 若算至拱底为止，则 $D/H \approx 1$，$W/D \approx 0.5$。以上三条街道的 D/H 与 W/D 虽稍有不同，但均小于1或等于1，由此再加上墙面的连续性，不正是形成日本商业街热闹气氛的因素吗？

最后，我们分析一下乔治奥·瓦萨里（Giorgio Vasari）设计的佛罗伦萨乌菲斯大厦（Palazzo degli Uffizi，1560—1574年）外部空间中D/H与W/D的关系。这条乌菲斯“大街”作为城市中的凹空间，也是意大利文艺复兴建筑中的重要实例。站在该空间入口处眺望它那有节奏感的柱列，的确可以看到文艺复兴式的透视画效果。$D/H \approx 0.6$，同面宽相比建筑物较高，有一点封闭感，而柱列则造成统一感和节奏感，是十分值得一观的城市外部空间（图2-20）。

从 D/H 小于1得到启发，可进行有趣的空间设计。如在空间中导入 $W/D \approx 1$ 的节奏感，则可构成现代式的“乌菲斯大街”〔图2-21（a）〕；还可把 $W/D \approx 0.6$ 的节奏感导入空间而使之亚洲化〔图2-21（b）〕。这样，$D/H \leqslant 1$ 时，由于 W/D 的种种变化，就可形成不同的景观。建筑师根据这一方法，即可通过获得更好的比例和面的分段化，而使街道设计更加灵活。也就是说，当人们把一幢幢的建筑外侧作为街道内侧来考虑时，即可创造更好的城市空间。

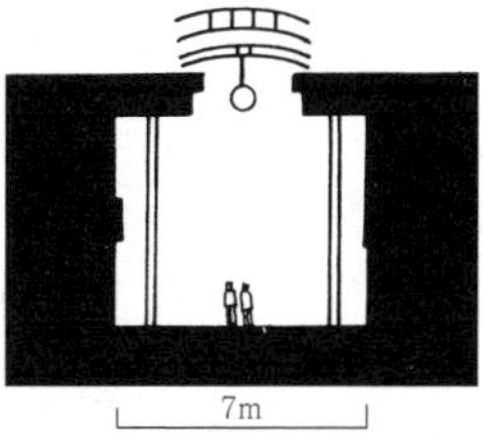

剖面图

街景

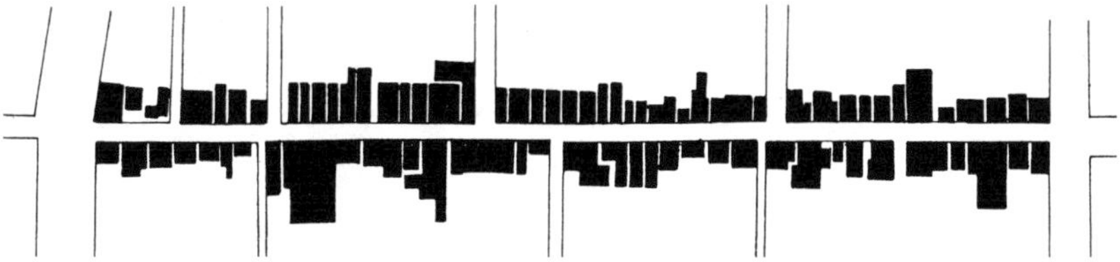

平面图

图 2-19　横滨桥商业街

图 2-20 意大利佛罗伦萨的乌菲斯大厦外部空间

图 2-21（a） 现代式“乌菲斯大街”

图 2-21（b） 亚洲式“乌菲斯大街”

4. 绿化的美学

从中东沙漠地带旅行后回到日本，首先进入眼帘的就是丰富的绿色，而且特别值得庆幸的是到处都有的是水。沙漠地区“干燥的生活就是‘渴’，也就是求水的生活……一眼井落在别的部落之手，就会危及本部落的生存……”[①]要说沙漠的生活就是始终寻求水和绿化，恐怕亦不为过。沙漠地区如此一意寻求的水和绿化，在日本则随处都是，日本人只要想到眼前有空气和阳光，就不会考虑死活问题。然而在近来的城市化进程中，由于大气污染和废气公害，就连理所当然的空气和阳光也成了问题，这已作为日照权问题被提了出来。而且，城市绿化和合理用水的问题，已成为今后城市环境的重要课题，这也是毋庸置疑的。

在城市当中进行绿化，从生态学观点来说也是理所应当的。从视觉上来说，绿地又可带来休息和安静的气氛。人类本来就和绿地有着共生的命运。从色彩学上来说，天空的蓝色和树木的绿色都是镇静色，可使人心情平静。

在现代城市的高层住宅中，过去那种有趣的、与小块自然及绿地的联系，已经没有什么指望。对自然的观赏和由此而带来的愉快，哪怕再少，在城市环境中也难以得到。正因如此，最近在高层公寓式住宅中，经常可以看到在室内积极地进行绿化，最典型的大概就是摆放盆栽观叶植物。日本有着悠久传统的盆栽植物，作为内部化了的自然缩影，暗示着对真实自然的某种补偿。有幸能有哪怕很小的室外庭园的人们，总还

① 和辻哲郎，《风土》，第50页。

能在那里得到一小块真正的自然景观。京都町家的寂静坪庭，可以说半是人工庭园，半是接触空气和雨水的自然庭园（图 2-22）。最近有些小住宅或公寓式住宅中，不仅摆放了盆栽观叶植物，还在最明亮处布置了不分昼夜均可观赏的小小庭园（图 2-23）。看了这些例子就会知道，若不努力搞好城市绿化，那么，对那些在周末或节假日很难接触到大自然绿地的城市居民，出于“自卫”，也会自发地在私用空间绿化方面去想种种方法的。

当自己的居住区不是十全十美时，人们常会到附近的居住区去散步。如果这些居住区都是以日本街道中常见的混凝土围墙，把私用庭园空间与公用的道路空间完全隔开，且道路狭窄，又没有行道树，那么这样的散步则很难消除精神疲劳。不过最近已逐渐出现住宅不建围墙，在住宅与道路之间私用地段上进行绿化的例子。这种状况若能继续发展下去，定能使日本住宅区的环境和格调得以改善（图 2-24）。

那么，纯属公共空间的城市绿化问题，究竟应如何解决呢？在日本，首先必须探寻城市中的绿化用地。

现在的日本城市中，公共用地极少，除公园用地和（市内电车）站前广场之外，其余均为公共的道路空间和私用的建筑用地。同其他先进国家相比，不仅公园用地极少，就连道路用地也是极少，同巴黎、华盛顿等城市简直就无法相比。而且建筑用地分割十分零碎，每块面积都很小，这些建筑用地内建筑占地率又很高，有不少则是干脆把整块用地占满。绝大多数道路也达不到可布置舒适的人行道或林荫道的足够宽度，甚至连栽植行道树的余地都没有。国外常见的小游园或带状花园根本就

图 2-22 京都的坪庭

图 2-23 现代住宅的室内小庭园

图 2-24 住宅与道路间私用地段的绿化

不用想，道路可以说仅仅能满足汽车的安全行驶而已。旧日光[①]街道及旧东海道等美丽的林荫景观、驿站的人情味以及沿街可见的名胜古迹等，说明日本的道路也曾是为生活或文化所用的空间。随着 20 世纪汽车交通的发达，日本的道路观念中，似乎看不到本应为人所用的道路的作用了。为了行人横穿马路，便架起了不成样子的人行跨街桥；为避免居民受噪声干扰，于是就设置了形式不一且十分难看的隔声墙。总之是只顾一时之需而对景观漠不关心。今天，进行道路观念的革命，乃是当务之急。随着居民切望重新恢复有人情味的道路这一要求，对道路进行明确的人车分流的方向，正在受到重视。

① 日光市今属栃木县，风景城市，名胜古迹甚多。——译注

关于以往城市绿化的不同处理方案，想谈一点个人看法。

首先是道路上植树的方法。如前所述，日本的道路与外国相比甚为不足，无论如何也不能要求像巴黎的七叶树或悬铃木林荫道那样的道路。那么可否令车道蜿蜒曲折，并分别在两侧种植行道树（图 2-25）呢？行道树可以等间距栽植，但是否也可在能栽植处尽量栽植呢？例如，视具体情况栽植若干行，并减小间距，使成密林状。此外，地方城市的车站前，常是百货大楼、饭店、办公楼林立，很难考虑其统一性。那么，东京站前是否可密植数行树木，形成防风林似的绿带呢？绿化环绕的车站与城市相陪衬，一下车就可使人对该城市留下深刻印象。爱琴海诸岛上的街道，道路交叉口处必植有树木，日本是否也可参照这一做法，在交叉口中心植一株大树（图 2-26）呢？例如，在东京的银座四段或数寄屋桥交叉口可植以大树，并名之曰“绿色交叉口”。当然，应从交通功能出发，不要因之而形成障碍。不过若认为不便行驶车辆或影响视线，便对这一方案妄加否定，则未必合理，因为现实中这种做法并不鲜见（图 2-27）。

荷兰的住宅区开始出现取消车行道与步行道的区别，到处设置阻止汽车进入的路障，令车速减低，谋求汽车与行人共存的所谓“旺奈弗”（Woonerf）的做法。当然，这是住宅区而不是城市的交叉口，不过这对城市中的汽车交通状况仍有所启示。

日本的行道树均不修剪，任其自然生长。如果影响了交通信号，那么是否可以考虑不要砍树，而是改动交通信号的位置。这样，或许日本也会出现在巴黎或北京经常见到的、由路旁行道树所形成的绿色林荫大道吧（图 2-28）。例如，通向明治神宫外苑绘画馆的银杏树林荫道，恐怕算是日本的代表性实例吧。

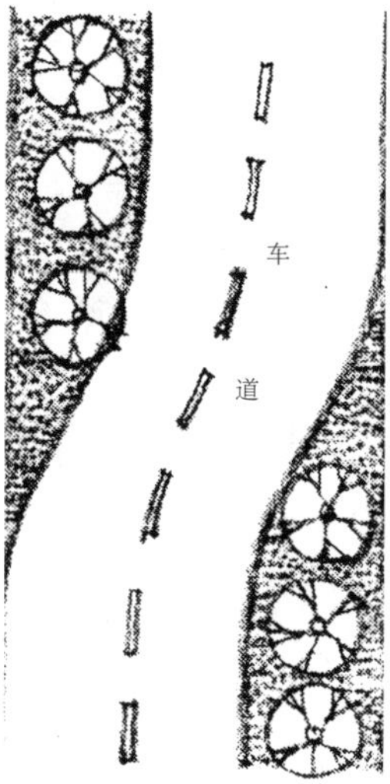

图 2-25　蜿蜒车道

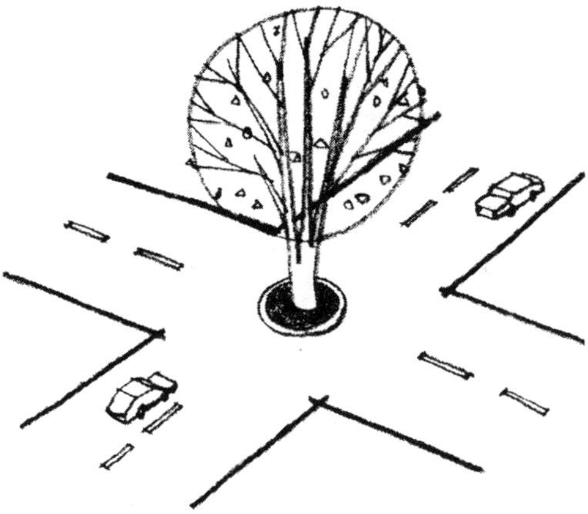

图 2-26　交叉口的大树

图 2-27　道路上的大树(比利时布鲁塞尔)

图 2-28　行道树（法国巴黎）

最后谈一下空地的利用问题。日本的地价高昂，积极有效地利用土地是值得认真考虑的。通过调查发现，就连市中心，也还有些国有用地未被利用起来。可是这些地方都围了铁丝网或混凝土墙，作为城市空间来说完全是个死角。在一些河溪、水面周围也立起栅栏，使人无法接近。这是因为近来加强了对空地及水面事故的责任管理，故而害怕人们靠近。这些难得的空地、水面或河渠周围，哪怕暂时进行绿化，作为景观来说也是一种积极的利用。暂时利用后的所有权问题以及事故管理责任问题，需另订新法。该处的城市美观及绿化问题，根据多数居民的价值观进行选择，未必就和法律有矛盾。这些空地进行绿化后，希望作为多数人的休息场所及儿童游戏场，还可作为加斯东·巴什拉尔所说的“空地的幻想”加以积极利用。现在藤泽市把民有土地作为公园绿地加以利用，就是一个很好的例子。

5. 城市的色彩

日本过去的城市受到大自然的恩惠，曾形成了有着丰富绿色的街道。今天的日本，既有掩映在春天的新绿、秋天的红叶等美丽自然色彩丛中的京都等地街道，也有东京、大阪等高度城市化而缺乏自然色彩的街道。中东沙漠地区、意大利南部、希腊和西班牙等地，到夏季去看，非常缺乏绿色，全由沙、土或石头的灰褐色所构成；伊朗的街道均为泥土建造的建筑物，呈茶褐色；欧洲的德国一带，短短的秋季一过便是连阴天；斯堪的纳维亚半岛各国，则有着仅几小时短暂白昼的漫长冬天，这些地方总是阴沉沉的缺乏色彩。相对的，日本四季分明，春天的新绿、夏季的酷暑和林木的繁茂、秋天的红叶、冬天的瑞雪等，都带来美丽的自然色彩，相形之下对城市的色彩反倒不大关心。

从世界各地城市来看，似乎各有其难以描述的固有色彩。至于到底是什么颜色，则很难一下子做出回答，不过我认为各个城市是有其相应的色彩特征的。例如，从巴黎到罗马去，同样是排列着石结构建筑，看起来却好像是明显的黄色、泥土色；相反，从罗马到巴黎去看，则见建筑排列整齐，是从白到黑的无色彩系列。

说起来，建筑的色彩是从当地的自然环境中产生出来的，它和地方风土并非无关。希腊的爱琴海诸岛上，以蓝天为背景的白色住宅非常明亮、醒目。居民用当地出产的石灰涂刷，出自与自然对立这一意念，决定了这些街道的色彩。即使很容易搞到涂料的今天，也绝不使用红、黄等色彩，这种传统的共同体意识一直继承留传下来。西班牙是由当地陶土所烧成的红褐色“西班牙瓦”决定着街道的色彩。日本以银灰色或灰褐色瓦顶的木结构建筑融于自然之中，决定了街道的稳重色彩。例如，到金泽去登上卯辰山向下俯瞰，就能体会到这里真是一片朴素的瓦屋顶之街。

然而，20 世纪现代工业的发达，促进了建筑材料工业的发展，由于不再使用过去的地方天然材料，以及工业制品的世界共同化，随之开始了无国别的国际式建筑时代。不过 20 世纪 20 年代以来的现代建筑，由于设计手法和理论尚未系统建立起来，世界上五花八门的工业制品和令人眼花缭乱的各种色彩的建筑材料，使得建筑呈现出五彩缤纷的灿烂色彩。特别是战后的日本，随着高速工业化，开始为城市街道点缀上强烈的色彩。其中尤为突出的是新、旧汽车商店以及加油站等与汽车有关的设施，这些店家大都悬挂了红地白字或白地红字的广告。红是血的颜色，是表示红十字或停止、禁止入内等交通标志的色彩，是西班牙斗牛士的斗篷或与生命搏斗至终的色彩。以路旁绿树为衬而成补色关系的红色，愈发显得刺目，很容易搅扰行人及汽车驾驶者的平静情绪。顺便提一下，天空和大海的蓝色、绿树的绿色，是所谓镇静色、后退色，可使人心情平静；相对的，粉红色或红色是所谓兴奋色、前进色，可使人激动，这是色彩学的基本知识，当然是大家都知道的。日本的城市中，这种兴奋色显得太多了。繁华街道上挂满红灯笼、红布帘[①]和红色霓虹灯，被称为“红灯绿酒巷”，当然，对此也许不应一概否定。但是街道上侧招牌、垂幅、屋顶广告塔以及霓虹灯标志已经泛滥成灾，要是建筑物再饰以亮晶晶的金属材料或花里胡哨的彩色工业制品，那么人们不管穿上多漂亮

① 原文为“暖帘”，是日本商店悬挂的红、蓝等深色为地，写有白色字号的布帘。——译注

的衣服，走在街上也不会显眼了。在巴黎的街道上，人行道铺着灰色的石板，建筑物外墙也是用这种灰色石头建造，路灯、公寓栏杆都是用黑色铸铁制造，遮阳百叶、照明灯光和霓虹灯大体上都是白色，整个街道基本上是从白到黑的无色彩系列，其间再点缀以七叶树、悬铃木等行道树的自然色彩。街上经常可以碰到令人赞叹不已的美人，她们的朱唇、美发和颜色鲜艳的服装，使人觉得格外显眼。这些美丽的巴黎女郎若是走在日本的繁华街道上，马上就会被街道上的五颜六色所压倒，很难充分体现出人本来的美。如果在京都数寄屋[①]建筑的朴素墙面和纸隔扇前面，什么色彩都会觉得显眼，日本传统建筑的协调色彩是由天然材料所形成的。

建筑色彩处理的基本原则是谨慎地使用中间色，尽可能利用材料本身的色彩，若使用彩色，可在小面积部位，如门、桌椅、地毯和照明灯具等活动部分，大的不动的部分不宜使用。笔者曾受教于原包豪斯教师马歇·布劳耶（Marcel Breuer），他教导我，建筑的公共空间不要使用绿色，能同绿色协调的服装颜色很少，因此人在中间就会显得不和谐。如果非用绿色不可，那就采用自然树木的颜色。这一教导说明，在建筑中存在的人是主角，建筑要成为使人突出的背景。如果像日本现代城市的建筑和街道那样，人在空间中就成不了主角，而像蠕动的动物显得非常难看。使人看起来很美的街道、能衬托服装颜色的街道，关于这方面的城市色彩有必要进行一番考察。

尽管如此，近来也有一种倾向，就是强烈要求各幢建筑的统一性，这倒也是同样道理，不过绝不应忽视人在建筑或街道中的存在。

---

① 日本的传统式田舍风住宅，模仿用于茶道的茶室建筑风格。——译注

第三章
对住宅和城市环境的建议与探索

1. 社区性与私密性

所谓城市，是应按从社区到私密阶段的空间秩序连续组合而成的。住在大城市的人，可以在充满匿名性和速度感的城市喧嚣中愉快地与人会面；同时也可在静谧夜晚的书斋中，沉浸于孤独和诗情。不论是什么情况，如果没有能与人相会的愉快环境，或是没有能保持独自安静的适当环境，城市生活都会变得毫无趣味。

日本的这种社区性和私密性，在平时可以说都是用内部空间予以补充的。日本现在的城市公共空间中，只有道路与建筑用地、站前广场及停车场等空间，西欧常见的开敞空间、广场、路边咖啡座、花园林荫道以及组景要素的喷泉、室外雕塑、长椅和室外灯具等则很少，城市公共外部空间中日常的社区性要素十分淡薄。另一方面，西欧石结构建筑那种完全的房间观念也很淡薄，可以说很少人具有既能遮蔽视线又能隔声的真正私密性房间。

日本二战前的城市街道空间中，的确也曾有过相应的社区要素。如简·雅各布斯所指出的，街道上有店主或小企业主这样监视道路的人们——街道监视者[1]。在战前的日本，他们就是换榻榻米席面的榻榻米工匠、卖烤白薯的小贩或清洗烟袋的烟袋店店主，在胡同里还有不少围观下棋的棋迷，或是边往窗根底下花钵里浇水边欣赏的居民。一处的邻居们正忙着烧水为这家生小孩做准备，另一处的居民们则为那家老人归西而忙着后事。生与死同时进行，通过亲身体验把人们联系在一起，这就是社区的存在。

城市化越来越发展，战前以至江户时代那种有着深厚的乡里关系的社区性消失了，生死皆由专职人员料理，人本来的使命感和集体性看不到了。城市的本质就是所谓人口集中、非农业化、信息化和第三产业化，而比什么都重要的就是社会分工这一点。大城市不可能自给自足，粮食生产自不必说，能源以及衣食住等一切方面，都是靠分工供应。因而连城市居民自己也不清楚，到底为社会做出了何等程度的贡献，就这样在城市人口集中的压力下生存下去。在沙漠般城市中的精神安慰，可以说就是既保持人与人的一点微小联系，又能各自独立存在。我认为城市中社区性与私密性在时间与空间上的协调，正在成为今天最重要的课题。

这里我想就新型城市空间中，恢复日本战前社区要素的方法方面，提几点想法。

首先要提出的是外部空间的内部化，如果用身边的例子来说明，那就是笔者私宅前面的美化和内部化。关于内部与外部空间秩序的关系，

---

① 雅各布斯，前引书，第 47 页。

如在《街道的美学》中所述，日本传统重视内部空间的空间秩序，例如对“床间”（壁龛）的考虑，而对外部公共空间的美化则很少考虑。笔者试把自己家门前的街道当作私宅内部空间的延伸来考虑。如前所述，日本人具有在观念上把握空间的特性，因此，那就不要把家门前的空间当作“外部”，而是看作“内部”的延伸。作为这一观念改变的说明，就是在自己家门前的人行道上嵌砌带纹样和铭记的陶板，以此来实现外部空间的内部化，实现对我们所重视的内部空间的扩充。也许这只是微不足道的想法，但与内部空间的同质化，却正是通向城市美化的第一步。还可进一步取掉银座等商业街上的侧招牌（根据东京都条例，商店的侧招牌可向街道上凸出一米左右，这在国际上是极为宽容的条例，而且为防止地震等灾害时脱落，不得不用结构物来支撑），在人行道上最安全处，嵌以作为该商店标志的陶板。这样，随着对该场所注入情感，而得以在观念上对空间领域加以扩充，我认为这是具有划时代意义的。

充实街道的最基本手段，首先是充实人行道。如果换一种说法，就是把人行道作为住宅外廊那样的内部秩序空间来处理。人行道要尽量舒适，铺装要采用石板或瓷砖等有丰富表现力的材料。意大利文艺复兴以来的广场铺装，就有着室内地毯般的图案（图 3-1）。

日本城市当中，最早采用图案美观的陶板铺装地面的，我想是横滨市。该市还规划，在主要大街的人行道上均铺装这种陶板，以形成一个散步路网（图 3-2）。

图 3-1　意大利罗马　卡比多广场的美丽铺装

图 3-2　日本横滨　人行道的陶板铺装

不久前在北欧城市奥斯陆，看到市中心街道的人行道上铺着美丽的陶板，在咖啡馆前的人行道上嵌铺着约60平方厘米、画有咖啡杯的瓷砖，在洋货店前则镶嵌着画有手提包的瓷砖，小孩子正一动不动地凝视着它。这样就会明确对自家店铺门前道路应负的责任，对它产生感情，促成空间的内部化（图3-3）。

图3-3 挪威奥斯陆 人行道的陶板铺装

关于植树也是同样道理。自家门前由市政部门栽植的行道树是属于外部秩序的绿化。自己栽植的树，对它的生长会感到高兴，甚至能想象出它十年、二十年后生长的姿态。市政部门是否可让市民在他们的用地前面，根据各自的爱好种植行道树。或者即使由市政部门种植，是否也可与当地居民共同制订管理条约，光是这样做也会使市民的爱市精神得到显著提高。

最近由于加强对消防法的施行，在市中心严禁焚火。战前即使在市中心，也是将落叶集中后用火焚烧，这样倒的确会使人感到一种深秋已临的诗意。正如加斯东·巴什拉尔所说，尽管对于火的敬畏是人类的本性，但在城市里，火正在变得只不过是空想了。

这里想提一个建议。在住宅公团[①]居住区，以 50 幢左右的地带为一单位，建一座焚火间（图 3-4）。把部分用地标高降低，中央建焚烧炉。这一带的居民可把燃烧时不大冒烟的包装纸、一次性筷子、糖果盒等，拿来焚烧。人们聚集在这里，可以一边愉快地听听曼努埃尔·德·法雅（Manuel de Falla）的“火的舞蹈”等音乐，一边喝点饭前的混合酒。这样可以使居住区已经丧失的社区要素得到恢复，提供一个现代化“井头会”的会场；同时也可减轻市政部门垃圾处理的压力。丹尼尔·布尔斯廷（Daniel Boorstin）说：“水渠一修通，人们便不再到泉边相会。”而我说：“城市一方便，人们便不再知道焚火的诗意和火焰的神秘性。”

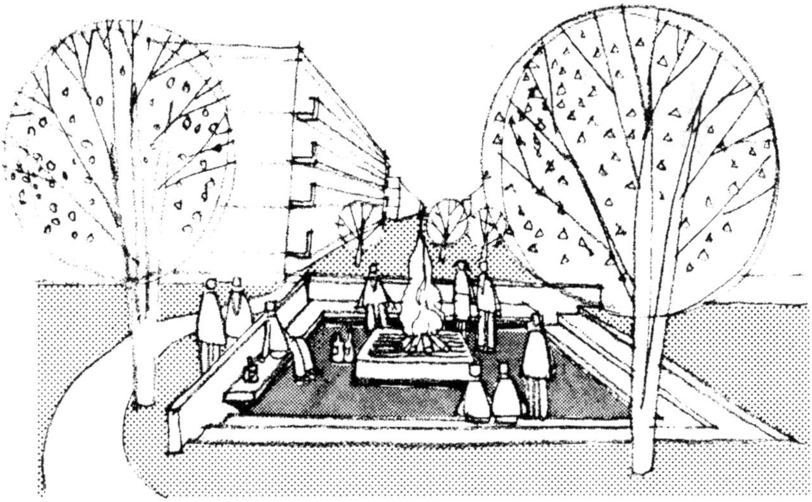

图 3-4　居住区的焚火场

① 1955 年为适应住宅建设发展，成立了“日本住宅公团”，是依据《日本住宅公团法》为提供公寓式住宅而设立的特殊法人，由政府和地方公共团体出资经办。——译注

其次想谈谈建设运河和水渠的意义。当然，城市中有天然的河湖等水面是很好的，不过在最接近的环境中若有流水（哪怕是人工的），这在恢复社区性上是极有价值的。

桃山、江户时代曾以种种理由兴建水渠，例如冈山市内的西川水渠，它是桃山时代庆长（1596—1615 年）年间由小早川秀秋和池田忠雄建设的农业水渠，已有近四百年的历史（图 3-5）。还有金泽市内的辰已水渠，它是江户时代宽永（1624—1643 年）年间由板屋兵四郎建设的消防水渠。这些都是珍贵的历史遗产，今天仍为城市环境带来愉快的情趣。此外，过去筑城时，出于军事上的需要，而在其周围挖掘了堑壕。今天看来，这些城壕的水面和石头城墙，在城市景观上却成了一种象征。

可是，二战后的日本却毁坏了这些遗产，尤其是水面，在其周围多采取了一些极欠考虑的措施。以东京为例，河川被填平，上面架起了高速公路，沿东京湾海岸线相继填海造地，成了工业废品的处理场，市民们离水面越来越远。或者是把过去的水渠改成暗渠，或者是拦起铁丝网使人不能够靠近（图 3-6）。像东京上野不忍池这样宝贵的水面景观，也在其周围滥行开发，出现了非常难看的天际线，无论如何也看不到日内瓦或苏黎世那样的湖畔城市情调。

这里我想对建设昭和大运河或昭和水渠以及人造湖方面提一点建议。用掘出的土堆成山丘，可给景观带来变化，还可在住宅街坊中挖掘流穿街道的水渠。北京颐和园仿照杭州西湖开挖的昆明湖极目辽阔，掘出的土堆成万寿山，山顶上还高高耸立着佛香阁，形成了湖光山色共一体的景观（图 3-7）。古罗马时代营建水道桥向城市输水，根据它的数量来决定城市人口，以至水有着如此重要的意义，水道桥的建设也是国家的

图 3-5　冈山的西川水渠

图 3-6　水渠边的铁丝网

图 3-7 中国北京 颐和园的湖光水色

大型土木工程。建造水上城市威尼斯的构想，也同罗马水道桥和北京颐和园一样，充满了梦幻和浪漫情调，这些项目作为今天的世界性景观，为许多游客所熟悉。日本的祖先也曾在京都等地挖渠、筑城，那么在今天工业化的时代难道就不可以创造水面了吗？哪怕规模再小也行，希望能抓住这一课题进行细小水渠网的建设，以求社区性得到恢复，并提高景观的水平。这些水渠网平时成为休息场所，遇到火灾可作为消防网，只要设计时加以考虑是完全可能做到的。

另外想谈谈日本目前正在开始的、关于供行人和自行车安全通行的道路整顿工作，这就是所谓优先行人的“社区道路”（图 3-8）。

自汽车交通出现以来，全世界普遍产生道路状况混乱的现象，本来是为人而存在的道路被汽车侵入了。从日本的现状来看，保证行人安全

图 3-8　日本东京　北区浮间的社区道路

的人行道的整顿工作还很欠缺。道路本来应该按汽车道、人行道等不同功能和速度加以区分。新建城市的情况姑且不论，而对现有城市进行上述区分，毕竟是十分困难的。然而从现状看，只要想办法设置人行横道、人行跨线桥、地下人行横道、安全栏杆等，人车共存还是可能的。为了行人的安全，正在加速人行道的拓宽和整顿。另一方面还出现了限制汽车、行人优先的新做法。如横滨市伊势佐木町的室内商业街等，除紧急车外禁止车辆进入，而这里所说的“社区道路”尽管是行人与自行车并存，却是行人优先，也就是说为了行人和自行车安全通行，尽可能加宽人行道，或是缩小车行道宽度，或是让车道弯曲成犬牙状，以对车辆通过有所限制。对于不能不进入的车辆，为限制其车速，可在地面做些凸起。这样就可保证行人安全，让人舒适地行走。

这种新的做法是从荷兰居住区交通环境管理办法中产生出来的，荷兰称之为“旺奈弗”。也许是由于其陆地海拔低于海面的自然环境，荷兰人很容易把防灾与城市规划结合起来考虑，旺奈弗可说就是其表现之一（图 3-9）。

从荷兰实际情况来看，旺奈弗多在郊区居住区实现。在采用旺奈 弗体系的住宅区，于干道进入该地区的入口处，设有写着“Woonerf”的蓝地白字标志。入口处的路面上做出许多凸起，使汽车到此不得不减速。道路没有人车之分，没有高差。汽车乍一进来往往搞不清这是什么地方，

图 3-9　荷兰的“旺奈弗”

会以为开进了铺装讲究的广场，这样反而会小心翼翼地驾驶。孩子们可以自由地在这些道路上玩耍。由于车速受到限制，当然也就谈不到过境交通，这种地区内的交通只是为居民和来访者服务，故可令人安心。根据有关旺奈弗规模的说明：“因为人们与距私宅 500 米范围内的居民会有一体感，所以从地区周围干道至旺奈弗内的最远点最好不要超过 500 米。”

日本也有些住宅区实施了类似的规划，其中一例为笔者曾实地考察过的仙台市郊区七滨新城汐见台规划。其道路规划的宗旨是："参照从前居住区居民所喜爱而感亲切的道路，遵从'优先于人'的要求，学习荷兰以恢复人权为主题的人车共存的旺奈弗方式，创造自己独特的有丰富情趣的道路……"[①]这与日本以往的住宅区相比，的确是有划时代的意义。首先这里不建围墙，其次设有限制车辆进入的路障，行道树下面的地面高出路面，车行道与人行道没有区别，停车场用地得到保证等（图3-10）。不过与荷兰旺奈弗相比，仍觉稍逊一筹。主要是建筑用地比荷兰划分得更小，因此建筑间距显得狭窄而不整齐，再者电线杆、电线还没有妥善处理。除此之外仍应当给予较好评价的。

图 3-10　汐见台的新型道路

① 西武都市开发，《汐见台道路计划》

另一方面，从1981年起，北起北海道南至九州，正在逐步地开始建设社区道路。在东京的足立区绫濑及北区浮间等处、大阪的中小学附近，已开始逐步实现。这样，道路便从汽车占有的时代开始转到恢复人性的方向上来，从尊重人的观点来看是应当予以高度评价的。

日本城市中最近也很流行散步活动，东京的皇宫周围及清晨的住宅区等就是最好的场所。体育活动一向都是在体育馆、游泳池、运动场、网球场和棒球场等有屋顶的一定空间或室外特定场所进行，而散步则无需有屋顶，也不必有一定的场所，随便在哪儿溜达溜达均可。在中国，天不亮就有许多人在街道、公园或空地上打太极拳。像散步和太极拳这样的锻炼，和一般体育活动不同，它可以说是包含着进入城市环境中的新型社区要素的体育锻炼。此外还不要忘记，各国举行马拉松赛跑时，在运动员与观众和观众与观众之间结成的亲密伙伴关系这一重要因素。像这样在住宅外面的道路或公园广场等处，许多人聚集、交谈以及活动身体，这对住在狭窄住宅中的日本人来说，我想是特别需要的。综合考虑小家庭的增多、狭小住宅的现状和妇女地位的提高等情况，日本的城市环境必须改变相应的对策。不仅要建全市性的美术馆、博物馆、图书馆以及文化中心等设施，在住宅附近也应尽可能多地设置一些社区性设施。纵使规模很小，人们总会以它为基础而逐步发展起来的。这样我们就必须考虑城市中社区性与私密性相协调的共存。光是家里的问题，自己即可解决，然而家外面的社区性问题则不能光靠某个人去考虑。大的社区由行政或地方自治团体负责，而住宅附近的小社区问题则必须靠居民大家认真考虑才能解决，一些预料不到的事情有时也会成为我们日常生活中的迫切问题。

可以着手的是禁止在住宅区内设混凝土墙、围墙和铁丝网，逐步以绿篱取代，以便于人们散步。要把道路当作美丽的公园来考虑，要丰富人行道。车行道与人行道不要用安全栏之类的设施加以划分，可布置成美观的绿带。国家或地方团体的建筑用地周围，沿着道路应留出数米进行绿化，使道路园林化。例如，将东京大学本乡大道一侧的围墙后撤到校园内道路旁，这样一来本乡大道立即就会变成美观的公园绿地，可用于休息、散步，东京大学也会像国外的大学一样，成为向市民开放的大学。留心看一下就会清楚，日本的住宅区一般只有建筑地段和道路，公园、广场用地极少。因此，要丰富社区性，除了美化道路、充分利用建筑用地的沿道路地带之外，别无他策。

2. 住宅与庭园的探索

住在东京或大阪等大城市里，要是不在住宅和庭园上面特别动动脑筋，是很难生活下去的。当然，住在住宅公团居住区或公寓式住宅中的住户，以及住在租房、公司职工住宅和官邸中的人，则另当别论。下面想对住在狭小的独户式住宅的住户提点建议。

首先是地下室的利用问题（图 3-11）。过去由于潮湿等理由，住宅中设地下室的做法多被否定。可是，欧美住宅中可以说大部分都有地下室。而且，地下室在丰富家庭生活方面有很大贡献。美国住宅的地下室常设有“业余爱好车间”（hobby shop）之类的星期天木匠活等工作室，墙上挂着各种木工工具。家庭主人在这里或做隔板或是修理家具门窗，还有人在这里制作有趣的模型或木雕。此外还有的利用地下空间作为放置各种运动器材的体育室，或是作为弹钢琴、吹号等发出较大音响的音乐室，以及仓库、酒窖、机械室等房间。像日本这样住宅用地非常狭窄的情况，尤其希望今后能充分利用地下室。地下室在建造住宅之后进行设计，相当困难，远不如另建一幢单层或加盖二层简单，因此地下室必须从一开始就一道设计。日本最近的空调设备发展很快，应当积极地利用地下室，以适应家庭生活的多样化。

第二是阁楼层的利用问题。笔者本人就把自己木结构单层住宅的屋顶坡度加大，做成了阁楼层，这就使得建筑面积差不多增加了一倍， 不

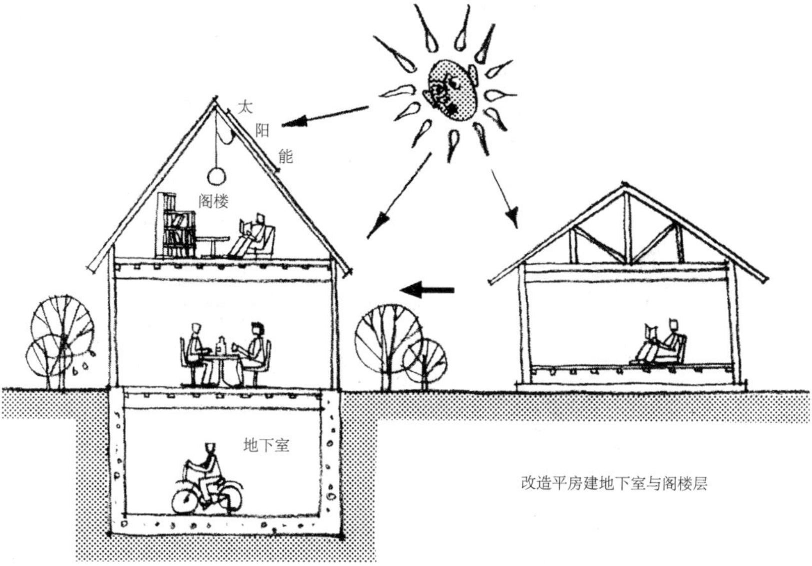

图 3-11　地下室与阁楼层的利用

用说自然可以作为卧室使用。睡觉时仰望倾斜的天花板，觉得空间有一种上升感，这当然不能与哥特式教堂的空间上升感相比，不过在这幢小小的木结构住宅中，倒真是感到一点在平坦天花板中所感受不到的神秘和森严气氛。阁楼层中高度较低的三角形空间一端，也可充分加以利用，并创造出挺不错的“小空间”（图 3-12）。这样一来，还会意外地给底层带来冬暖夏凉的优点。阁楼在英语中称为 attic 或 garret，它和地下室一样在西欧均极为普通，是家家都有的房间。正如加斯东·巴什拉尔所说，地下室和阁楼具有住家的私密价值，这种神秘的空间作为伴随孩子们成长的场所，有着重要意义。

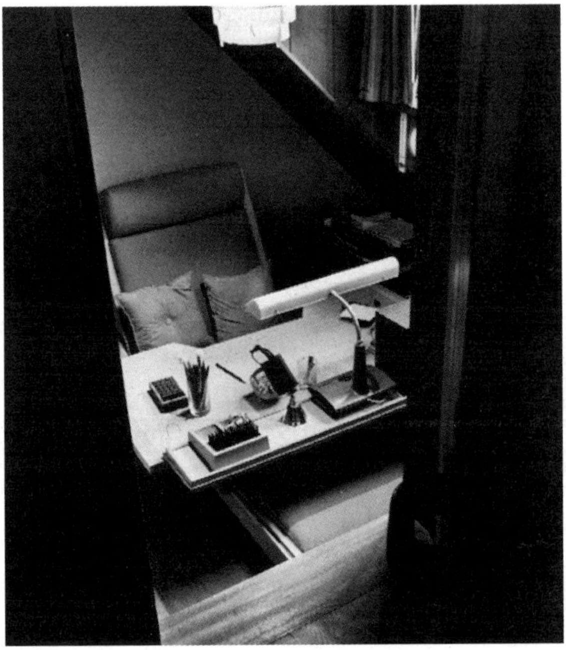

图 3-12　布置在阁楼中的书房

下面再谈谈庭园的布置。首先是推荐杂树庭园。生长在城市的人，必定都对植物感兴趣。一年里，春天嫩绿、秋天落叶的树木，可以使人感到在小狗、小鸟等动物身上看不到的、关于自然的无言启示。正是因为这一理由，一天我突然想到，把自己家里约 10 平方米大小的庭园中的草皮铲掉，栽植了多种树木（图 3-13）。笔者一天到晚十分忙碌，接触自然的机会很少，每天观赏一下这个庭园，无论如何总还有一点小小的幸福之感。这里让我就杂树庭园谈点看法。

要想造庭园时，若向一般花匠咨询，他们首先必定都推荐所谓庭园树，例如：扁柏、山茶、杜鹃和八角金盘等。可是我却在 10 平方米不到的小庭园里，栽种了钓樟、菩提树、山樱、山帽和欧洲花楸等多种植物。就是在杜鹃之中，也间杂着一些具有朴素野趣的三叶杜鹃。一些树木的红色果实，想不到招引来许多野鸟。从窗子向外眺望这些树木，使人感

图 3-13 杂树庭院

到一种说不出的自然情趣。后来到信州的一幢山庄访友时，那里美丽的山毛榉、水枹林带令人深为所动。从山庄带回来的白桦等幼树，眼看着也在我东京私宅的庭园里成长起来。有的树一到春天即很快发芽，长出很大的圆形叶子；有的树木落下果实后，出其不意地从地面生长出幼树，看到这些真是令人愉快。以后又从各处送来一些常绿阔叶树种子，我把它当灌木丛一样培植起来，如今已是琳琅满目了。在东京的空地上种植蕺草、蒲公英、车前草等草本植物，不太使人感兴趣，也很少有人喜欢躺在草坪上仰望天空。我家庭园里的植物逐渐增多，现在已经变得无立足之地了。可是，杂树庭园若依靠花匠进行人工修剪，恐怕就会失去自然野趣；如果太贪心，杂树种得过多，庭园又会变得很幽暗。再加上要想扩大庭园，这在大城市里根本不可能，也不会只为种树就要搬家。为了种植杂树而带来的欢乐与苦恼，使人左右为难，倒真是有点不可思议。

在大城市的狭小庭园中，要把落叶集拢焚烧，基本上是不可能的。对住在高层公寓中的居民来说，就更是不着边际。可是想起年轻时用饭盒烧饭或燃起野营篝火的情景，就觉得人不是很希望偶尔又返回原始时代那样去焚火吗？正是出于这一念头，我在东京私宅的小庭园里，用砖砌了一个室外壁炉（图 3-14）。最初是烧柴或焚烧落叶，有时还架上铁格子烤肉吃，近来则完全变成了废物焚烧炉。后来又利用箱根的山坡斜面，挖开后建了一个铺砖地面的庭院，还把混凝土挡土墙上挖进去一块，造了一个多少算是真正的室外壁炉，用当地的杉、松树枝来焚烧（图 3-15）。以对面山脚下的点点灯火为背景，眺望着发出欢快声音的火焰，的确令人感到是被包围在大自然之中，完全忘却了大城市的喧嚣。像古人似的与大自然的结合和欢乐，至今仍萦系于怀。要说这么一丁点小事就是现代人的乐趣，也真是太可怜了，不过焚火倒的确是人生的乐事。

为了充实今后城市生活的内容，应进行相应的探索，哪怕事情再小，但定要能给生活带来欢乐。

图 3-14　庭园中的壁炉

图 3-15　箱根的室外壁炉

3. 城市美化的进展

最近日本在住宅和城市环境美化方面，由于地方自治团体与居民的努力，正在逐步得到改善。我想举出几个亲眼所见的实例，并阐述一下它的意义。

在日本城市的商业区，电线杆、广告很多，建筑造型与色彩也五花八门十分杂乱，一般说来比之西欧城市的稳重气氛则是相形见绌。不过，最近个体建筑的质量有所提高，陈列商品的水平也有所改进，因此在杂乱的街道中，市民的能量也在发挥作用，显得很有生气，有人对此做出了适当评价。但是若再看一下居住区的环境，那么不论谁都会认为尚需进一步改善。

第一应当指出的是住宅用地的围墙，若是有来历的夯土墙、瓦楞铁皮墙和散发着木香的雅致木板墙，那姑且不谈，然而采用的大都是混凝土或预制块建造的围墙，这些围墙把住宅用地与道路无情地隔断，极大地影响了住宅区内的环境美化。有的还在围墙顶上装置了鹿砦或铁丝网，实在是不可理解。恐怕与其说是为了实际防犯，不如说是作为空间领域上的“内”“外”界限，而在思想观念上才需要这些鹿砦或铁丝网吧。如果是观念上需要围墙，那么是否可以考虑在空间领域的“内”“外”界限位置，数家一起处理成统一的形式。仙台地震时证实，混凝土预制块围墙实际是有危险的，并且也影响居住环境的美化。难怪还有人竟称之为“墙害”呢。虽说如此，但日本的住宅用地没有美国或澳大利亚那么宽裕，完全废除围墙，从保持私密性这一点来说是有困难的。这里想提几个探讨性方案：首先，只要有哪怕再少的富裕用地，就应把围墙从路边后退一米，于该处进行绿化，为街道美化做出贡献；其次，拆除混凝土围墙，换成金属栅栏或栽植绿篱。这在住宅区尚未见实现，但在市内校园方面倒可看到实例。某校园原来紧挨着路边建有混凝土围墙，遮挡着后面的喜马拉雅杉树〔图 3-16（a）〕。后来拆除了围墙，换成金属栅栏，并从路边退后两米，进行绿化，安装了路灯。这样校园一端原来人们不大关心的喜马拉雅杉树，变成了属于道路外部秩序的因素，进入了附近居民的视野。特别是夜间被照亮的树下绿化空间，不但为附近的居住环境做出了贡献，还使得视线通畅，保证了交通安全〔图 3-16（b）〕。这一方法在《街道的美学》中所说的东京大学小石川植物园以及东京六义园的围墙上亦可应用，新宿御苑在这方面可以说是最有效果的。地方自治团体中拆除混凝土围墙，鼓励栽植绿篱的例子也在不断增多。杉并区和川崎市在栽植绿篱时给予部分资助，相生市和烧津市在栽植绿篱时还支援苗木。东京田园调布和成城学园过去曾根据居民协定，进行了保护住宅区环境的努力，战后，又以绿地协定和建筑协定这种形式更为积极地推行。不过它的实施尚不充分，今后希望更加理解并实施协定的精神。

第二是取消电线杆的问题。尽管我家里明明使用了空调、电视机、电冰箱、电饭锅等家用电器，却还呼吁从城市美化出发而取消电线杆，不免也有点于心不安，不过我希望能有其他先进国家那样的无电线杆环境，这也是理所当然的。京都等地神社佛寺很多，而在这样幽雅的传统城市中，电线杆和电线却是乱七八糟极不整齐。电力公司恐怕是按最合理、最有效的供电方式架设电线杆和电线吧，但市民想在那里观赏五重塔或拍照留念时，那里却煞风景地竖着电线杆（图 3-17）。应权衡一下，京都的游览价值和电力供应需要，到底哪个是重点。如在“内眺景观与外眺景观”一节中所述，此处无疑也是重视“内眺景观”而忽视“外眺景观”的传统观念在起作用。认真地提出电线杆问题，也是日本进入

图 3-16（a） 混凝土围墙遮挡了喜马拉雅杉

图 3-16（b） 改善后的街道

经济发达国家行列的结果，衣食足而知礼，所以才能稳步地进入“外眺”时代。

皇宫周围的丸之内地区是日本有代表性的办公楼地区，沿着皇宫的堑壕和美丽的石墙以及 36 米宽的道路，整整齐齐地排列着清一色的办公楼建筑（图 3-18）。这里与其他地区的不同之处是人行道很宽，既没有电线杆，又没有招牌广告，是东京唯一的指定美观地区。没有电线杆到底有多么清爽，到那里一看便知。在东京没有电线杆的地方，还有银座大街、表参道和新宿副都心等几处。地方城市对这方面最关心的，是森林城市仙台的无电线杆街道的建设，应给予高度评价。

图 3-17　八坂的塔和电线杆

第三，对室外广告物应采取什么对策呢？同电线杆问题一样，这也是个非常棘手的问题。光是电线杆就已经影响了城市美化，而电线杆上还要挂满广告，车站站台、球场看台自不必说，就连墙上也是广告，还有塔楼上的屋顶广告、公路干道和铁路沿线的野外广告等，日本简直成了广告之林。电视或报纸杂志上的广告，不想看可以不看，但室外广告则不可能拒绝它进入视野。如前所述，由于日本较之“外部”更为重视“内部”空间秩序，所以关于外部的这些做法一直沿袭至今。而且与室外广告有关的是，许许多多人要靠它来维持生活。对于室外广告，多数人都很反感，不过除了人们联合起来加强舆论对之否定外，还找不出什么改善对策。前已阐明，建筑与街道最终反映了该国文化，所以必须用使大多数人愉快的、更稳定的体系来表达。西欧各国对打出丑恶广告的公司

图 3-18 丸之内的美观地区

的商品，采取过抵制购买的对策，因之还能听到因广告反而卖不出商品的事。为了日本企业在国外的激烈广告竞争中不致有此遭遇，必须把美的观念从“内”向“外”改变。

如上所述，对室外广告的限制涉及范围很广，不一定像推行绿化那样谁都能赞成。不过，近年来地方自治团体正逐步朝着这个方向努力，这倒也是事实。例如，宫崎县除于 1974 年新制定了《宫崎县室外广告物条例》进行必要限制外，还于 1977 年召开了宫崎县推行“建设美丽乡土运动”协议会，在举行第三十四届国民体育大会之际，对室外广告物进行了美化和整顿。京都市也制定了《京都市室外广告物条例》，设置室外广告物须经市长同意，居住区、美观地区和风景区等处禁止设广告。不过从日本现状来看，对室外广告物的规定还很不严格。希望至少要做到像巴黎所实行的色彩规定那样。

以上所述是在推进城市美化时，以谨慎做法或一些规定为手段来创造更美的环境。下面想谈谈如何更积极地由地方自治团体与居民共同创造城市环境的问题。

首先要谈的是北海道钏路的币舞桥设计。对建筑师来说，钏路是个令人怀念的地方。因为它是二战后艰苦时代，由原田康子的小说《挽歌》展开故事的舞台。来到横跨钏路川的币舞桥，便看到桥栏杆上立有四座名为“道东四季”的女人雕像，模模糊糊地浮现在夜雾之中，唤起一种说不出的情感（图 3-19）。这座昭和（1926—1989 年）初年建成的老桥，已经历了半个世纪，由于交通量增大且已老朽，需对原有结构进行更新。当时市政当局为了征求市民意见，召集了讨论会和座谈会。结果决定尽量保持桥的原貌，并在桥栏杆上安放由一流雕塑家所创作的青铜塑像。于是市民们成立了“币舞桥雕像设置市民会”，广泛募集资金予以实现。后由佐藤忠良、舟越保武、本乡新和柳原义达完成了四座裸体女像，立

图 3-19（a） 道东四季·冬（本乡新作）

图 3-19（b） 道东四季·夏（佐腾忠良作）

于币舞桥的栏杆上。与巴黎塞纳河上的亚历山大三世桥或新桥的桥栏杆相比，可谓十分简陋。对于这座有单向三车道和人行道的交通动脉桥梁来说，确实显得太小气了，不过我却从这座桥的改建中看到一些重要意义。首先是市政当局在改建这座桥时听取了市民意见，并根据市民的协议结果决定设置铜像；其次是依靠募集资金来完成，可以看出市民对桥、对家乡的热爱，这是应给予高度评价的。这一改进对如何推进城市美化做出了很大贡献，市政当局与市民密切配合才产生这一成果，这一点使我深受感动。

如上所述，日本尽管步子不大，但也正朝着美化住宅、美化城市的方向迈进。当此之际，最重要的对什么是丑、什么是美，市民应取得大体一致的意见，并把它作为文化继承下来同时传给下一个时代。

4. 商业街的变迁——从旧货市到步行商业街

飞驒高地的早市、四国高知的星期市、京都清水的陶器市（图 3-20）、浅草的花市和鬼子母神的牵牛花市等，都是日本相当有名的市场，它们各具特色。这种市场或货摊国外也不少，我想举出几个曾实地走访过并留下深刻印象的实例。

我走访巴黎旧货市场（marché aux puces）（图 3-21）距今已有三十年。赴美留学结束后首次来到巴黎时，看到那些古典主义和巴洛克式庄重的石结构建筑，与美国现代建筑的轻快格调相比，愈发觉得威严厚重。那时头一次去逛巴黎旧货市，看到巴黎也有平民式货摊街，感到很吃惊。这一带虽仍地处巴黎市内，却有点杂乱，是工厂仓库多、人口密度高的地区。据说约有三千家货摊，旧衣服、玩偶和餐具等破烂杂然并陈。在这里虽然言语不通，不过它的平民大众化倒是挺使人愉快。此外，回想起在穆夫塔尔街上看到的肉店，也着实惊讶。爪上还带着毛的兔子，头朝下悬吊在半空中，围着购买的家庭主妇们一本正经地嗅着，品评着它的味道，这样的店铺一连排列着许多家。

意大利维罗纳市中心，埃尔贝广场和希纽里广场紧挨在一起，在狭长的希纽里广场上也有集市（图 3-22），一排排清一色的白布凉棚给人留下深刻印象，布棚下面是卖食品及其他杂货的货摊。这里与维罗纳的生活有着密切关系，今天仍然十分繁荣。

图 3-20 日本京都 清水陶器市

图 3-21 法国巴黎 旧货市场

图 3-22　意大利维罗纳 希纽里广场上的集市

有着不可思议气氛的，要算伊朗的波斯市场（图 3-23）。在其隧道一般幽暗的土坯建筑中，照射进一束束的强烈阳光，弥漫着嗡嗡的噪音和灰尘，奇异的香料味中央杂着汗臭，至今人们仍聚集在这里经商。这里是波斯生活的一部分，没有市场他们的日子很难想象。

但是，这种渗透到道路外部空间中的集市和货摊形式，由于工业 产品的共同化和汽车交通的出现，根据各国发展情况的不同而不同， 在先进的工业国中已逐渐不再成为商业的主流，而是变成庙会或节日之类的活动。另一方面，在美国由于采用了低温运输系统（cold chain），鱼、肉、蔬菜、乳品等都不再在肉店、鱼店、蔬菜店、乳品店等小商店中销售，而是成功地以无人售货方式在一个地方同时出售。家庭中也由于冰箱和冷藏库的普及，使这些新鲜食品得以完好地贮藏，每周驾驶汽车出外采购一次，已成为典型的生活方式。因此，在郊区普及了设有可停数

图 3-23 伊朗 波斯市场

千辆小汽车的停车场以及方便而齐全的购物中心，这是美国引以为豪的高度工业化生活。不过在欧洲所看到的旧有街道型商业街中，也存在着这种无个性无魅力的购物中心。然而，不需驾驶汽车就可在附近选购物品，一方面又可逛逛商店，是一件乐事。因此，美国又在重新恢复街道型商业街。例如，明尼阿波利斯的主要街道尼古莱大街上大商店林立，但顾客却被上述的郊区购物中心所吸引，因而市中心开始萧条。由于意识到这一危机，于是就产生了把尼古莱大街改造成步行商业街的构想（图 3-24），担任设计的是造园家和城市活动组织家劳伦斯·哈普林。结果，这条 24 米宽的大街，改变成由 7.2 米宽单向曲折通行的车道和宽度为 3.6 至 13.2 米的人行道所构成。过去汽车可以在这条大街中央通行无阻，现在由于改成步行商业街，汽车只能小心翼翼地单向蜿蜒行驶。相对的，

图 3-24　美国 尼古莱步行商业街

行人却可以在设有喷泉、雕塑、时钟和汽车候车棚等设施的广场式人行道上轻松愉快地游逛。

在尼古莱步行商业街建成五年后的 1972 年，日本北海道旭川市车站前，出现了一条宽 20 米、长 1 千米的步行购物公园。它是根据前旭川市市长岚广三的提议而实现的，可以说是日本真正的、固定的步行商业街的开端。当然，在东京银座、新桥和涩谷等繁华大街上，实行了星期天不准汽车通行的“星期天步行者天国”的做法，不过这并不是固定的、真正的步行专用道路。后来建成的日本最完善的步行商业街，是 1978 年竣工的横滨市伊势佐木步行商业街（图 3-25）。

图 3-25（a） 日本横滨 伊势佐木步行商业街

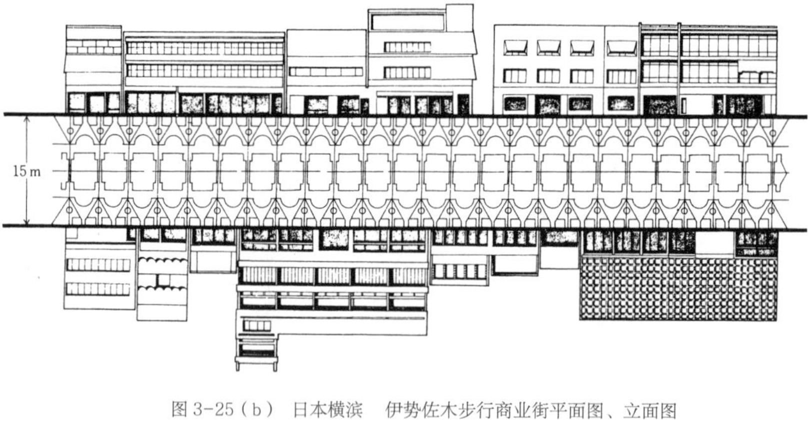

图 3-25（b） 日本横滨 伊势佐木步行商业街平面图、立面图

这条商业街地处横滨市中心，道路平均宽度 14.5 米，长度约 400 米，面积约 7000 平方米，规模相当大。规划时作为前提条件，提出下列五项要求：

（1）一般车辆全天禁止通行，向步行者开放。

（2）为了建成可看到阳光、绿化和蓝天，以显示横滨港魅力的新型商业街，取消玻璃拱顶。

（3）将架空电线改为地下电缆，取消电线杆。

（4）道路中央 5 米宽地带有通行车辆的可能，以保证紧急车辆的通过。

（5）道路为单一断面，没有人行车行之分，全部路面均用马赛克陶砖等铺装。

为了给这条直线形商业街带来节奏和序列，安排了四个节点：交流的场、举行欢乐活动的场、安静的场和高雅气氛交流的场。路面上镶嵌了绘有横滨名胜的陶板，试图将外部空间内部化。此外还设置了佐藤忠良作的雕塑“少女”，可活动并带有音乐的“提线木偶时钟塔”，以及精心设计的街灯、长椅、烟灰缸、导游图和电话亭等小品。特别是以 4 米为模数的路面设计尤为重要，它为这条步行商业街带来了室内地毯般的效果。对建成旭川购物公园，无论市政当局还是有关商店都费尽苦心，但作为横滨市代表性传统商业街而繁荣起来的伊势佐木町，则可说是因横滨西口车站周围迅速发展产生的危机感而导致了它的成功。这和导致建成明尼阿波利斯尼古莱步行商业街的危机感，是完全相同的。

日本还未具备建设美国式大型郊区购物中心相适应的道路网。一方面，是以无人售货方式销售商品，另一方面，像这种步行商业街的形式，今后无疑仍会继续发展。为了建设更好的步行商业街，行政部门和市民应加强联合积累经验。

5. 城市空间中的表演

《街道的美学》中已述，罗马广场的热闹，巴黎路边咖啡座的亲切感以及纽约下沉式广场的多种利用等，为活跃城市外部空间做出了很大贡献。而绿色的草坪、林荫道和行道树等静的因素，则在另一种意义上也为活跃城市空间做出贡献。如前所述，日本在充实“内部秩序”上花费了很大精力，但对充实“外部秩序”则比较薄弱。尽管起步较晚，不过最近日本城市也开始注重城市绿化、拓宽人行道和设置城市用具的具有人情味的街道的建设。其中东京的表参道由于明朗开阔、行道树很美，并且没有电线杆，因此常被与巴黎的香榭丽舍大道相比。其两侧商业街上，出现了面向年轻人的有特色的商店，还创造了虽小却很舒适的阴角空间，城市正向着巴黎式的活跃化发展（图 3-26）。

不过这里我要说的是另一种完全不同的活跃化—— 城市空间中的表演。

笔者由于一点偶然的小事，曾会见了纽约的现代舞蹈家玛利琳·伍德（Marilyn Wood）女士，并为她对城市空间表演的满腔热情所打动。她想以她所专长的现代舞蹈，使沉闷的城市空间活跃化，在世界各地城市取得很大成绩。其中，最使我感兴趣的是在纽约曼哈顿中心面向公园大道的西格拉姆大厦的表演。关于该建筑夜景的美，已在《街道的美学》中提到，这幢大厦被她选中作为表演的场所，从景观问题来说是很有意义的。

那是 1972 年夏季的夜晚，纽约公园大道中断了交通，许多舞蹈家出现在西格拉姆大厦的窗子里，像皮影戏似的表演着舞蹈，引起了过路人的好奇和兴趣〔图 3-27（a）〕。舞蹈家的种种舞姿像剪影一般映在窗

图 3-26 原宿表参道有个性的商店

口明亮的“格式塔”中，而且它们是动的〔图 3-27（b）〕。伍德女士称之为“城市赞礼”（Celebrations in City Places）。在时间和空间的坐标上，我们的建筑师是从空间坐标中求得城市的活跃和美化，相对的，伍德则是从时间坐标上求得，尽管有此区别，但各自的目标不都是一致的吗？伍德女士为了这转瞬即逝的赞礼而奉献出她的热情和技艺，这是很了不起的事，对她为了克服法律以及经济方面的困难而进行的努力和说服工作，不能不深表敬意（图 3-28）。

进行这种夜间表演活动时，要像西格拉姆大厦那样，从下到上的玻璃面能一目了然，这是很重要的。在日本的传统木结构建筑上可以看到，雨篷或阳台凸出墙面较多时，白天墙面上产生大片阴影，使建筑具有雕塑感和深度感。可这些建筑一到夜间，由于雨篷和阳台的遮挡，从下面

图 3-27（a）
在西格拉姆大厦表演的“城市赞礼”

图 3-27（b） 窗口中的影戏舞蹈

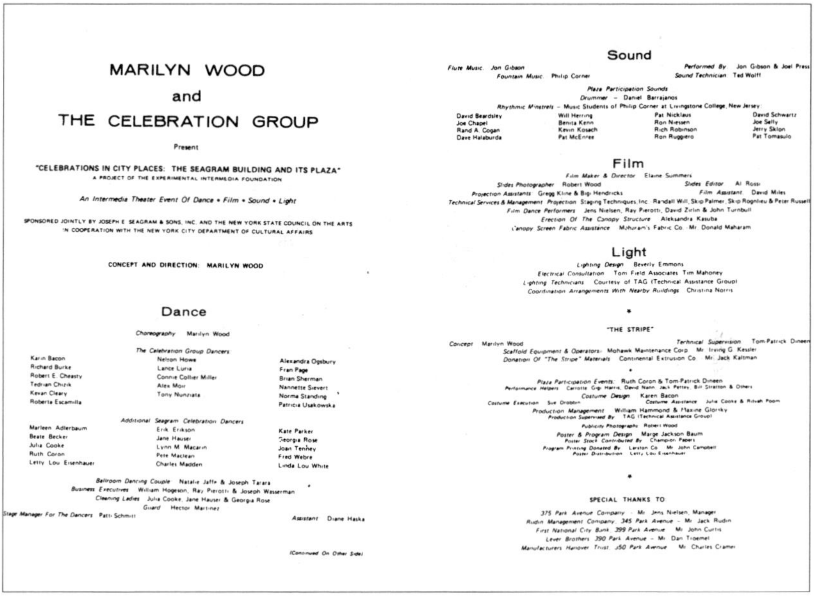
MARILYN WOOD
and
THE CELEBRATION GROUP
Present
"CELEBRATIONS IN CITY PLACES: THE SEAGRAM BUILDING AND ITS PLAZA"
A PROJECT OF THE EXPERIMENTAL INTERMEDIA FOUNDATION
An Intermedia Theater Event Of Dance • Film • Sound • Light
SPONSORED JOINTLY BY JOSEPH E. SEAGRAM & SONS, INC. AND THE NEW YORK STATE COUNCIL ON THE ARTS
IN COOPERATION WITH THE NEW YORK CITY DEPARTMENT OF CULTURAL AFFAIRS
CONCEPT AND DIRECTION: MARILYN WOOD

Dance
Choreography Marilyn Wood
The Celebration Group Dancers:
Karin Bacon, Richard Burke, Robert E. Cheasty, Tedrian Chizik, Kevan Cleary, Roberta Escamilla
Nelson Howe, Lance Luria, Connie Collier Miller, Alex Moir, Tony Nunziata
Alexandra Ogsbury, Fran Page, Brian Sherman, Nannette Sievert, Norma Standing, Patricia Usakowska
Additional Seagram Celebration Dancers
Marleen Adlerbaum, Beate Becker, Julia Cooke, Ruth Coron, Letty Lou Eisenhauer
Erik Erikson, Jane Hauser, Lynn M. Macarin, Pete Maclean, Charles Madden
Kate Parker, Georgia Rose, Joan Tenney, Fred Webre, Linda Lou White
Ballroom Dancing Couple Natalie Jaffe & Joseph Tarara
Business Executives William Hogeson, Ray Pierotti & Joseph Wasserman
Cleaning Ladies Julia Cooke, Jane Hauser & Georgia Rose
Guard Hector Martinez
Stage Manager For The Dancers Patti Schmitt
Assistant Diane Haska
(Continued On Other Side)

Sound
Flute Music Jon Gibson　*Performed By* Jon Gibson & Joel Press
Fountain Music Philip Corner　*Sound Technician* Ted Wolff
Plaza Participation Sounds
Drummer – Daniel Barrajanos
Rhythmic Minstrels – Music Students of Philip Corner at Livingstone College, New Jersey:
David Beardsley, Joe Chapel, Rand A. Cogan, Dave Halaburda
Will Herring, Benita Kenn, Kevin Kosach, Pat McEnree
Pat Nicklaus, Ron Niessen, Rich Robinson, Ron Ruggiero
David Schwartz, Joe Selly, Jerry Sklon, Pat Tomasulo

Film
Film Maker & Director Elaine Summers
Slides Photographer Robert Wood　*Slides Editor* Al Rossi
Projection Assistants Gregg Kline & Bigi Hendricks　*Film Assistant* David Miles
Technical Services & Management Projection Staging Techniques, Inc. Randall Will, Skip Palmer, Skip Rognlieu & Peter Russell
Film Dance Performers Jens Nielsen, Ray Pierotti, David Zirlin & John Turnbull
Erection Of The Canopy Structure Aleksandra Kasuba
Canopy Screen Fabric Assistance Maharam's Fabric Co. Mr. Donald Maharam

Light
Lighting Design Beverly Emmons
Electrical Consultation Tom Field Associates Tim Mahoney
Lighting Technicians Courtesy of TAG (Technical Assistance Group)
Coordination Arrangements With Nearby Buildings Christina Norris

"THE STRIPE"
Concept Marilyn Wood　*Technical Supervision* Tom-Patrick Dineen
Scaffold Equipment & Operators Mohawk Maintenance Corp. Mr. Irving G. Kessler
Donation Of "The Stripe" Materials Continental Extrusion Co. Mr. Jack Kaltman

Plaza Participation Events: Ruth Coron & Tom-Patrick Dineen
Costume Design Karen Bacon
Costume Execution Sue Drobbin　*Costume Assistance* Julia Cooke & Rivkah Poom
Production Management William Hammond & Maxine Glorsky
Production Supervised By TAG (Technical Assistance Group)
Publicity Photographs Robert Wood
Poster & Program Design Marge Jackson Baum
Poster Stock Contributed By Champion Papers
Program Printing Donated By Larston Co. Mr. John Campbell
Poster Distribution Letty Lou Eisenhauer

SPECIAL THANKS TO
375 Park Avenue Company – Mr. Jens Nielsen, Manager
Rudin Management Company, 345 Park Avenue – Mr. Jack Rudin
First National City Bank, 399 Park Avenue – Mr. John Curtis
Lever Brothers, 390 Park Avenue – Mr. Dan Troemel
Manufacturers Hanover Trust, 350 Park Avenue – Mr. Charles Cramer

图 3-28　“城市赞礼”节目单

很难看到玻璃窗，也就是说窗子的形状很难构成格式塔的“图形”。可以说浅雕式的建筑外形才是适于夜景的。从这一意义上就可以理解，伍德女士之所以选中西格拉姆大厦进行表演的理由。换句话说，像东京都厅舍一类挑檐和外廊较深的建筑，是适于白天观赏的建筑，在阳光照射下可产生强烈的光影效果，具有桂离宫古书院等处所见到的日本传统建筑的美感。作为夜景的建筑，最好像新宿副都心的三井大厦那样，玻璃面尽可能靠向外面，表面光滑，没有外廊或雨篷之类的凸出体。伍德若在东京表演城市赞礼，肯定会选中新宿副都心的三井大厦(图 3-29)。该大厦有较充裕的观赏建筑距离，也就是说具有 D/H 相当大、无凸出物、玻璃面易看到等特点。这从夜间景观与城市空间表演的角度来说是有利的。

最近美国出现了一位艺术家，其实应该说是诞生于保加利亚的城市表演家，名叫克里斯托（Christo）。他自 1960 年以来就在探索着巨大

图 3-29 日本新宿 三井大厦外观

尺度的美学原理，1963 年举办了展出他全部“包容作品”的展览会，然后又试行全部包容建筑的表演。的确，乍一看是会觉得很无聊，可是在它的背后，却包含着以往城市景观美学未曾说明的、关于艺术表演的启示。1976 年克里斯托从加利福尼亚的太平洋岸到 101 号公路，架起了一条白色闪光布的连续体，称为“连续围栏设计”（The Running Fence Project）。布用绳索悬挂，并固定在 6 米高的铁管上，总长度蜿蜒达 40 千米（图 3-30）。其后是 1978 年名为“覆盖的散步路”（Wrapped Walk Ways）的设计，这是在堪萨斯城鲁斯公园中用 13 000 平方米黄色尼龙布铺成的黄色道路，仅仅保持了两个星期。1983 年在纽约的森特拉尔公园表演了“大门”（The Gates），那是每隔 3 米立一座 5 米高的铁门，悬挂了 11 000 块黄色尼龙板。克里斯托的这种表演经常引起许多法律性和社会性问题，有人热烈赞成，也有人批评为毫无意义的浪费。不过克里斯托经常卖掉自己的作品来筹集经费，雇用许多学生和失业者从事其巨大的艺术工程。这种看来十分离奇的艺术，到底有什么社会意义呢？它是由于什么原因产生的呢？这也许是现代社会中偶然一现的昙花，或者在这些表演中蕴含着城市未来变革的萌芽吧。在没有得出结论之前，今天的纽约市民又不可回避地面临着另一种不可思议的城市景观。

这就是纽约地铁车厢上的涂鸦。如果是好好地画，画得适当，也许倒可以说是巨大的“伪装”。笔者是三十年前第一次到达纽约，当时的地铁仍和今天一样，主要是在曼哈顿下面纵贯南北并延伸至布鲁克林和布仑克斯的城市大动脉。快车驶过途中站的那种情形，当时给我留下了深刻的印象，清洁明亮的车厢内乘坐着彬彬有礼的女士先生们。如此先进的纽约地铁，如今的车厢却已被涂抹得五颜六色一塌糊涂，有时还会碰到玻璃破碎或车厢内无灯的情况（图 3-31）。这些涂鸦也有一部分被看成是艺术，甚至出版了精美的彩印画册。然而，不论怎样，像地铁这样的公共交通设

图 3-30 克里斯托的连续围栏

图 3-31　地铁车厢上的涂鸦

施，竟然给居民和旅游者留下无法无天的印象，这总不是好事。纽约的警察从 1973 年起就在谋求这样那样的对策，但至今仍未见解决。如果说这是城市化进程中的病症，那么它是纽约地铁的问题，还是教育和社会现象的引发病症在城市中所表现出来的癌的先兆呢？这是值得认真研究的。

看到搞这些乱七八糟涂鸦的人，一定弄不清楚美国到底是怎么回事。涂抹这些画的都是 11 ~ 16 岁的少年，平均只有 14 岁，据说有 500 人左右。关于这些涂鸦，在他们之间似乎还有着不成文的规定，例如，在别人的涂鸦上面不再涂抹，也不涂抹黄色、政治口号或个人及社会的缺陷，而是使用大量色彩进行艺术性的涂鸦。那些常搞涂鸦的年轻人，其姓名住址警察都了如指掌，据说也曾多次告发。这些调皮捣蛋的“艺术家”，基本上每一罐颜料都是偷来的。一过 16 岁这种涂鸦就不可思议地“毕业”了，但其中似乎也有人成了更大的罪犯。然而，尽管在地铁车厢上任意涂鸦，却绝不在卡车上随便乱画，这一点警察也很了解。因为如果被卡车司机抓住，就会毫不客气地拳打脚踢。可是在地铁中，依据法律警察不会对他们进行体罚，轻犯被告发后，马上就可以让他回去。同里斯曼合著《孤独的人群》的内森·格拉泽（Nathan Glazer）教授从教育学和社会学的角度论述了纽约地铁的涂鸦现象，[①] 他的结论是：纽约市民必然厌恶，可是除了忍受之外没有别的办法，只有等待着在某种情况下，不再进行这种七八糟的涂鸦罢了。

在美国发生的这些与城市景观有密切关系的事件，不能认为与前述的“内眺景观”“外眺景观”无关。日本因为是把“内眺景观”或者说把内部空间秩序放在首位，所以目前还没有出现伍德、克里斯托或地铁的“艺术”。

美国的这三个例子是把“外眺景观”或外部空间秩序放在首位的想法，

① 内森·格拉泽，“纽约地铁涂鸦”，《公共利益》54 期，1979 年冬。

不过同西欧以往保持街道整齐协调的想法不同，表现为更富有挑衅性，要在不整齐的对立中追求一种识别性。日本是在杂乱的城市环境中寻求秩序和协调，西欧则是在整齐的城市环境中相反地寻求某种无秩序和不协调。被日本热闹场所的喧嚣、霓虹灯、灯红酒绿、红灯笼、广告和电线杆等五光十色所打动的巴黎人，便说巴黎的街道是死气沉沉的美术馆的排列；可是日本人也为能在带花园、草坪以及游泳池的夏威夷卡哈拉大道上的独院式住宅中住上一回而兴叹。二者都是希望得到他们所没有的东西，这是不难理解的。我想相互之间应对其原理进行更为深入的考察和研究。

相比之下日本街道的形象很难看，也很凌乱，可是内容逐渐得到充实改善的街道，今天与西欧相比则是相当清洁和安全的。作为城市空间的表演，与前述的美国现代实例大为不同，在日本表现为传统的节日。最近日本全国十分盛行整条街整个城市都在表演的阿波舞，不过这里是想从城市表演观点，谈谈作为城市景观而充分利用夜景的五山“大”字送火和两国[①]的焰火。

每年到了八月十六日晚八时，京都便点燃了“大”字送火，并依次点燃“妙法”“船形”“左大字”和“鸟居形”等五山送火。“大”字是在东山三十六峰的如意峰（海拔 477 米）旁的大文字山（海拔 466 米）斜坡上，第一画长约 80 米，第二画长约 160 米，第三画长约 120 米。“大”字的下端大致位于海拔 290 米处，上端位于海拔 360 米处，距最佳观赏点贺茂川畔的贺茂大桥和三条大桥，水平距离约 3100 ~ 3300 米，当水平距离为 3000 米时，“大”字中心处的仰角约 5° 10'，“大”字上下方向的视角约 1° 20'，“大”字第一画的左右方向的视角约 1° 30'，这是个相当周密的计划（图 3-32）。从银阁寺旁登至火床位置是很好

① 地名，在东京隅田川，每年夏季在两国桥下举行焰火大会。——译注

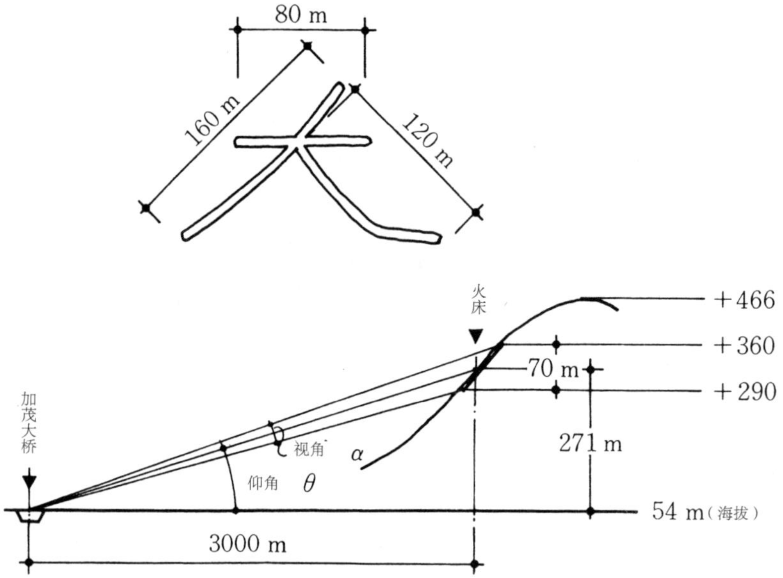

$$\tan\theta=\frac{271}{3000}=0.0903 \quad \theta=5^\circ 10'$$（中心处仰角）

$$\tan\alpha=\frac{70}{3000}=0.0233 \quad \alpha=1^\circ 20'$$（纵向仰角）

$$\tan\beta=\frac{80}{3000}=0.0267 \quad \beta=1^\circ 30'$$（横向仰角）

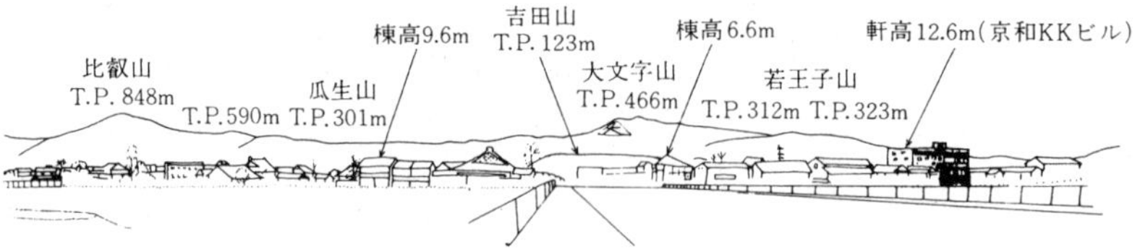

图 3-32 “大”字送火的视觉分析（京都城市开发局“景观对策分析资料”）

的山道，顶上附近现有 150 级石梯步，搬运材料也很方便。

关于“大”字送火的起源诸说不一，据了解有：平安（794—1185 年）初期空海所创之说，室町（1333—1573 年）中期足利义政所创之说，江户（1615—1868 年）初期近卫信尹所创之说，以及其他说法。这一戏剧性的“送火”，是点燃 75 处架在火床上的松木，特别是三画交叉名曰“金尾”之处，比其他火床更大些，这是非常有经验也是非常实际的。这个把 75 堆火焰连成“大”字的构想，笔画长短和仰角、视角、视距的适度，即使从今天的景观知识和经验来看，也不能不承认是非常出色的（图 3-33）。假定平安初期、室町中期或江户初期，是让我登上如意峰或大文字山进行这一设计，真不知如何才能找到现在的这种完美方法。现在的火床是两条并排的宽 70~80 厘米的凝灰石，一想到那样大的字，也许会觉得它太小了（图 3-34）。据笔者推测，恐怕是从山下看到了

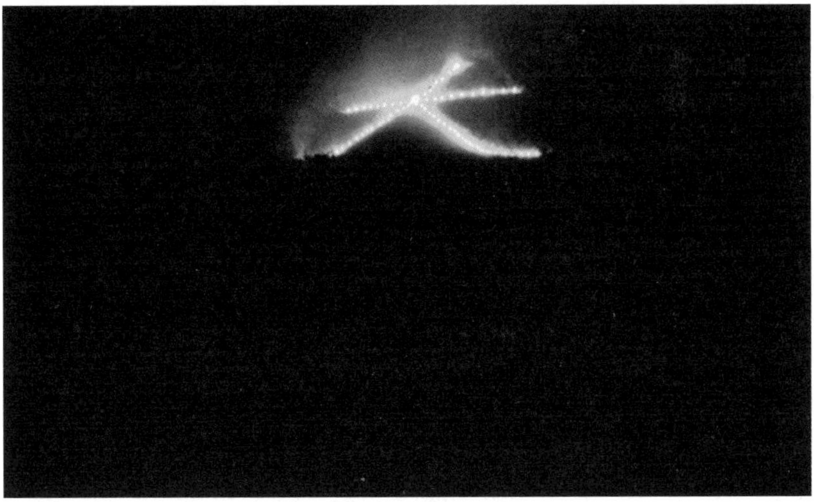

图 3-33 “大”字送火

① 奈良本辰也编，《京都故事物语》，河间书房新社，1980 年，第 102 页。

图 3-34 点火的火床

山火或烧山的火焰，因而使设计者产生出连点成线的想法。“如意峰山麓净土寺失火时，寺的本尊阿弥陀如来飞上山顶大放光明，此后遂在山上燃点盂兰盆会送走亡灵之火。”[①]根据这一传说，从设计者的角度加以推测，可能“大”字送火的表演同某次火灾事件有关吧。

其次，“妙法”中的“妙”字是在松崎西山（海拔 133 米），“法”字是在松崎东山（海拔 186.5 米），水平视距约 600 ~ 1200 米。火床数目：“妙”为 103 个，“法”为 63 个。“船形”在西贺茂船山（海拔 317 米），水平视距约 2000 米，火床 82 个。左“大”字在大北山大文字山（海拔 231 米），水平视距约 800 米，火床 53 个。虽同为“大”字，但比如意峰为小，第一画长 48 米，第二画长 68 米，第三画长 59 米。最后，“鸟居形”是在嵯峨鸟居本曼荼罗山（海拔 236 米），距最佳观赏点松尾桥、广泽地、岩田山游乐园等处的水平距离约 2000~4000 米，火床 108 个，鸟居[①]上边长 72 米，高度 76 米。

这里想谈一下五山送火的意义。每年夏季的盂兰盆会是从冥界迎来亡灵，再点燃送火将亡灵送回冥府的法事。从前曾有在夜空中点燃松明送走亡灵的风习，“大”字送火则是在山上点火并将其固定在半空中。也有人说“大”字是星形的对角线，乃由道教的星祭而来。还有人说是来自佛教的四大、六大[②]，意味着对一切的供奉。“大”字由 75 个火点构成，据说来自佛教的五位七十五法。“妙”和“法”也均与佛教有关。“船形”是慈觉大师园仁平安从大唐归国的亡灵船。“鸟居形”与爱宕神社有关。

这些字、船和鸟居形均为宗教象征，各有其隐喻和象征作用。这些形状不是单纯的圆或三角形，就以“鸟居形”为例，到底有什么意义呢？

---

① 鸟居，即神社牌坊。——译注

② 四大亦称“四界”，指地、水、风、火四种基本元素。六大亦称“六界”，指地界、水、火、风、空、识界六种周遍一切法界，造成有情无情世界的基本元素。——译注

鸟居通常与神灵的存在有关，在背街小巷里常可见到的鸟居，意味着“小东西无大用”，这是任何日本人都了解的。用火这一富有神秘色彩的方式，让象征性图像在夜空中表演二三十分钟，随着火焰熄灭恢复黑暗，则意味着精灵的离去，这是带有宗教和幻想情调的。这一瞬间许许多多人的视线都归集于一点，这一事实作为城市中的表演来说是十分出色的。像京都这样充分利用周围环山的地形，也是很成功的。如果视距、仰角、视角等再加大，那么表演就趋于松散；再缩小，观看的人少了，表演效果也就欠佳。光凭这一点就可看出，这项活动是经历过漫长历史的。

作为城市中的表演，与西部“大”字送火相对应的东部两国焰火，又是如何传至今天的呢？按通常说法，首次两国焰火大会是在享保十八年（1733 年）五月二十八日举行的。五月二十八日系旧历，相当现在的七月末。在此前一年遇到享保大灾荒，许多人饿死病死，于是八代将军吉宗为祭奠亡灵祈求驱退瘟疫而举办水神祭，当时沿大川（现在的隅田川）的小茶馆小饭馆也都协助一道超度死于河川的亡魂，据说就是从这一天开始燃放焰火的。在此之前各地也有个人燃放的小型焰火。其中有个名叫弥兵卫的男人，颇长于此道，弥兵卫便世代传袭下来，成了焰火名店“键屋”的店号。键屋第六代分家后，在两国打出了“玉屋”的招牌，但因失火而成灰烬，玉屋只开办了一代就结束了，但作为焰火名店，自古以来仍称“键屋”“玉屋”。不过到了江户末期，因明治维新动乱而中断，到了明治十年（1877 年）又再次恢复。第二次世界大战后，两国焰火于 1948 年开始。1958 年以前可燃放到 5 号弹，但因交通状况恶化，焰火弹遂逐渐减小，到 1959 年改成 4 号弹，勉强维持到 1961 年便干脆停止了。近年来两国焰火又恢复燃放，但因隅田川只有 160 米宽，所以现在只燃放 4 号以下焰火弹。根据表 1 数据，4 号弹爆开的火花直径为 100 ~ 120 米，因此总算是安全的。

表 1　菊花型焰火有关数据[①]

各项数据	弹号						
	3 号	4 号	5 号	7 号	10 号	20 号	30 号
弹重（kg）	约 0.2	约 0.5	约 0.9~1.2	约 2.5~3.0	约 7.5~9.0	约 45~60	约 200~250
弹径（cm）	约 8.5	约 11.5	约 14.0	约 20.0	约 28.0	约 60.0	约 90.0
燃放高度（m）	130~180	170~200	180~250	250~290	350~380	450~490	550~650
火花直径（m）	80~100	100~120	150~200	200~250	280~300	500~520	600~650

下面对 1982 年 7 月 31 日隅田川焰火大会燃放 4 号弹的情况，作一番景观分析。假设观看焰火的人在浅草寺一带，那么到第一会场的水平距离约为 1100 米，到第二会场的水平距离约为 800 米。4 号弹燃放高度约 170 ~ 200 米，火花展开直径约为 100~120 米。因此第一会场处的仰角约为 8°　45'~10°　20'，视角约为 5°　10'~6°　15'。第二会场处的仰角约为 12°　~14°　，视角约为 7°　5'~8°　30'（图 3-35，表 2）。把它同“大”字送火按同一比例画出图来加以比较（图 3-36）即可看出，两国焰火的仰角很大，差不多是在头顶上，视角也大得多，与“大”字送火相比则成为近景。焰火的火花看来很大，但时间却很短促（图 3-37）。两国焰火夏季纳凉的气氛很浓，而“大”字送火则宗教意义很突出。两者作为日本的传统，都有着悠久的历史，今后希望从城市表演的观点进一步发展。不过从今天的城市规模来看，尽管江户时代就有的送火和焰火十分出色，但随着城市化的进程和工作人员辛劳的增加，已经达到了一定的限度，这也是事实。京都市内由于大楼和公寓住宅的纷纷建造，已经影响到送火的观赏，因此，必须对视野范围内的建筑高度加以限制。同时，为了保证东京观看焰火人们的安全，应每隔数米配备警察。

① 村井一，“花火的构成和看法”，《科学与实验》，1982 年 1 月。

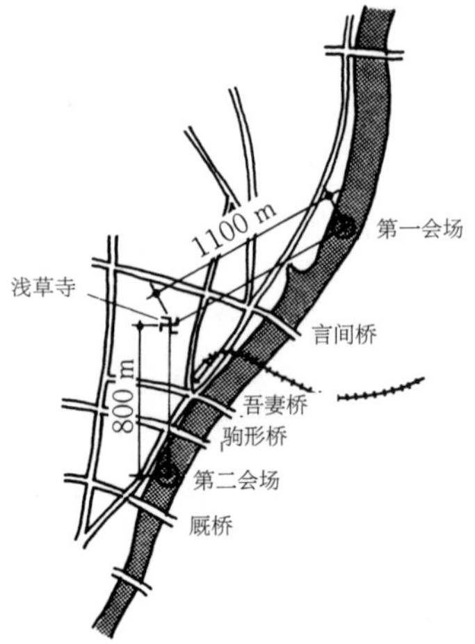

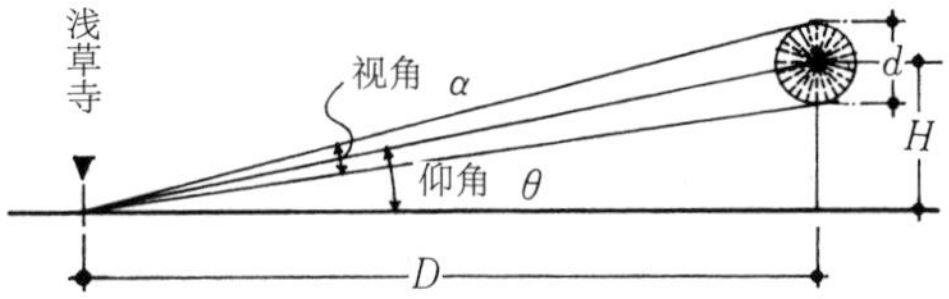

图 3-35 两国焰火的视觉分析

表 2 焰火景观分析有关数据

	3 号弹		4 号弹	
	H=130~180 m	D=80~100 m	H=170~200 m	D=100~120 m
第一会场 D=1100 m	tg θ =0.1182~0.1636 θ =6° 45′ ~9° 20′	tg α =0.0727~0.0909 α =4° 10′ ~5° 10′	tg θ =0.1545~0.1818 θ =8° 45′ ~10° 20′	tg α =0.0909~0.1091 α =5° 10′ ~6° 15′
第二会场 D=800 m	tg θ =0.1625~0.2250 θ =9° 15′ ~12° 40′	tg α =0.1000~0.1250 α =5° 40′ ~7° 5′	tg θ =0.2125~0.2500 θ =12° 0′ ~14° 0′	tg α =0.1250~0.1500 α =7° 5′ ~8° 30′

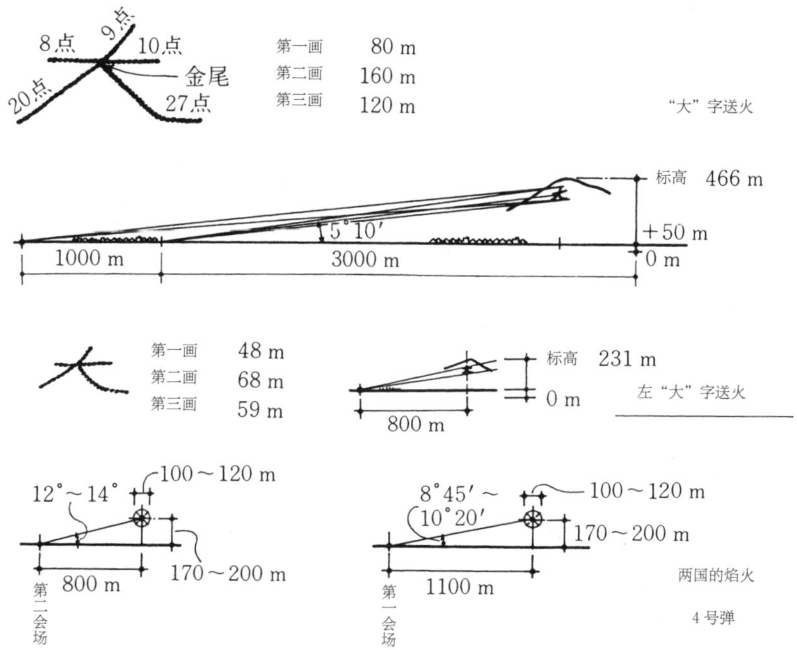

图 3-36　"大"字送火与两国焰火的比较

图 3-37　"大"字送火与两国焰火的比较

第四章　世界景观的分析

1. 埃菲尔铁塔与东京塔

埃菲尔铁塔和东京塔进行比较，由于它们建成的原因、建造的时代背景和功能目的均不相同，因此把二者加以比较也许不大合适。不过考虑到它们至今仍分别屹立在巴黎和东京这一事实，那么从城市景观角度加以比较，也未必就毫无意义。

埃菲尔铁塔是为纪念 1889 年法国大革命一百周年举办的博览会而建，在不到两年半时间内，由亚历山大 · 古斯塔夫 · 埃菲尔（Alexandre Gustave Eiffel）设计并建成的。当时对铁塔的建造有赞成和反对两种意见：反对者认为它是没有作用的无益纪念碑；相对的，埃菲尔本人则从科学技术的实用性，从结构力学、建筑材料学、心理学、气象学和电气通信技术等角度，极力主张建造。按照埃菲尔绘制的详图，由工厂制作了 120 00 个构件，在现场进行装配，这在当时是划时代的工业化方法，除电梯外，铁塔在短短的二十六个半月期间即顺利完工。这在工程技术上，当时是令人十分吃惊的成果。除此之外，它在城市规划手法和景观考虑方面，即使在今天也是值得赞誉的。

通过卢浮宫前的卡鲁塞尔凯旋门、图勒里花园、协和广场和香榭丽舍大道到明星广场的凯旋门，是一条全长约 3300 米的轴线（图 4-1），它也可以说是巴黎的脊椎，进入与明星广场差不多成直角的克莱贝尔大道（图 4-2），即可到达特洛卡德罗广场。面对广场的夏乐宫，其朝向埃菲尔铁塔一侧呈内弯状，从它的纵向缺口越过塞纳河，经埃菲尔铁塔、香德马尔斯公园到军事学校，为长达 1600 米的轴线。这两条轴线是构成巴黎市的最主要骨架，而埃菲尔铁塔则建在第二条轴线的中心位置。

夏乐宫的纵向缺口处以等间距左右对称地布置了雕像，前面为瞭望台，从这里可以俯瞰塞纳河，眺望只有 600 米远的埃菲尔铁塔（图 4-3）。铁塔用跨在这条轴线上的四根支脚支撑，第一层瞭望台高 57 米，圆拱顶端高约 40 米。四根支脚上升到 115 米处为第二层瞭望台，然后合并成一座塔，直达 320 米高的顶端。这座铁塔正如维也纳派美术史家富莱（Degobert Frey）在其《比较艺术学》中所说，构成了垂直主题和目标主题。[①]此外这座铁塔最美的特征是，在结构体中有着铁制花边似的细小空隙，而且在地面与第一层瞭望台之间、第一层与第二层瞭望台之间，分别都有很大空隙（图 4-4）。这些空隙为铁塔造成了城市中的通透性，产生出罗兰·巴特所说的“空气的想象力”[②]。通到瞭望台的电梯是在支脚中倾斜地上升，这一点也是费了一番思量的。如果是在中心垂直地上升，技术上应该说是最简单的，可是这里却特意采取了倾斜上升的方式，这对保证底部拱形空间的完整，的确是非常重要的。实际上

① 富莱，《比较艺术学》，吉冈健二译，创文社，第一、二章。
② 罗兰·巴特，《埃菲尔铁塔》，宗左近等译，审美社，1979 年，第 46 页。

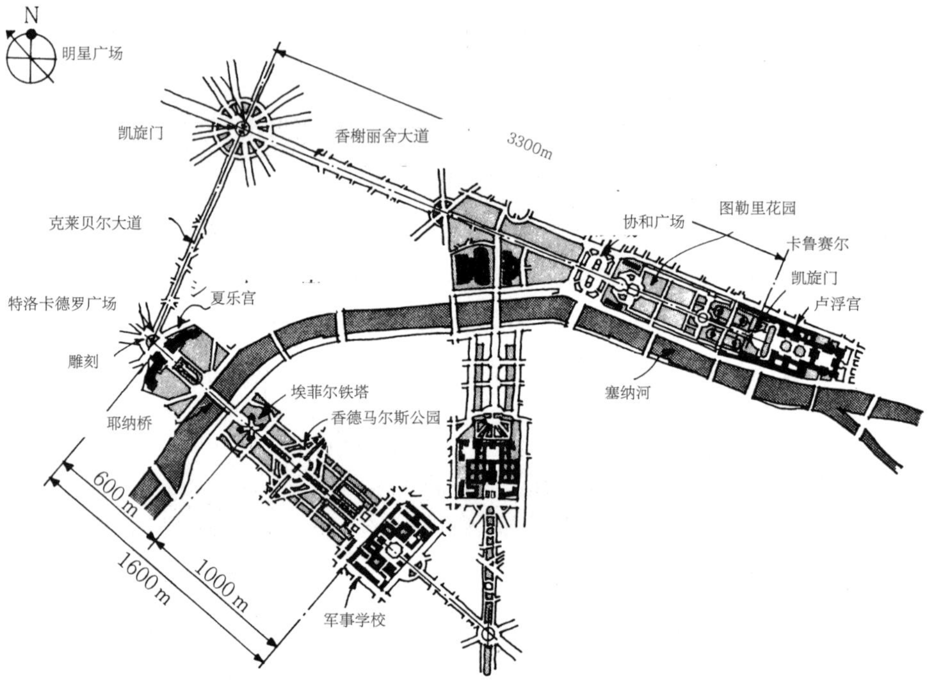
N
明星广场
凯旋门
香榭丽舍大道
3300m
克莱贝尔大道
协和广场
图勒里花园
卡鲁赛尔
凯旋门
卢浮宫
特洛卡德罗广场
夏乐宫
雕刻
塞纳河
埃菲尔铁塔
香德马尔斯公园
耶纳桥
600 m
1600 m
1000 m
军事学校

图 4-1 巴黎的轴线

图 4-2 克莱贝尔大道街角

图 4-3 远眺埃菲尔铁塔

图 4-4　埃菲尔铁塔的通透性

不论从夏乐宫处逆光方向眺望埃菲尔铁塔，还是从香德马尔斯公园顺光方向眺望铁塔，这一拱形空间的通透性，的确都成为最重要的景观因素，这一点是一目了然的。

另一处的东京塔，作为几家电视台共用的电视塔，建于芝公园内，为了能覆盖关东地区，要求达到 300 米以上高度。除作为电视发射塔外，还计划一并建一幢五层的科学馆，同瞭望台一道成为东京名胜。无论以仅一年半的工期还是其性能方面，与埃菲尔铁塔相比，不能不承认它在工程技术方面的显著进步。据当时参加东京塔施工的有关人员谈及，说明它是大家艰苦努力的结晶，也是日本工程技术的出色成果。另外，它和埃菲尔铁塔的作用完全不同，也可以理解为单纯的电视塔。不过，有关人员认为东京塔没有很好地从城市规划和景观方面加以考虑，只不过比埃菲尔铁塔高出13米而已。这是很遗憾的。特别遗憾的是科学馆布置在四根支脚的正中，这是为了毫不费力地以垂直电梯与瞭望台联系。如果是从充分利用土地出发而选定在这里建科学馆，那么为什么不把它全部做成地下室而为景观做点贡献呢？而且，即使没有这座科学馆，它的拱形空间也远不及埃菲尔铁塔美观（图4-5、图4-6）。再一件在城市景观方面的憾事是，根据《航空法》和《航空法施行规则》规定，烟囱、铁塔、柱及其他物体，当其宽度显著小于高度时，必须设置航空障碍灯和白昼障碍标志（涂色、旗帜、标志物）。按其规定，高度为210米以上的物体，其全高要分成不超过30米的奇数等份，并自上而下按红白相间顺序涂色。由于这一规定，日本的铁塔和高烟囱都被涂成了红白两色。当然，从保证飞机安全飞行角度考虑不能说没有道理。不过从城市景观角度，则希望铁塔和高烟囱最好采用朴素而不刺眼的色彩。飞越巴黎上空的飞机既然不会撞上黑褐色的埃菲尔铁塔，为什么飞越日本上空时东京塔不涂成红白两色就有危险呢？这是十分难以理解的。笔者因见到这些安全第一的法律给城市景观带来如此影响，故而希望能加以修改。

名古屋和札幌的电视塔，均布置在街心公园的轴线上，这一点是很好的，但要作为城市的象征，它们的造型均不够理想，支脚也很凌乱，加之商业气氛也过浓（图4-7）。如果把埃菲尔铁塔比喻为两腿修长身材苗条的美人，那么东京和日本其他城市的电视塔，则是两腿下面乌七八糟，这是非常遗憾的。埃菲尔铁塔以其设计者埃菲尔的名字命名，使得全世界都家喻户晓。东京塔则幸好是以地名命名而未冠以设计者的大名，这便不必担心受到谴责了。

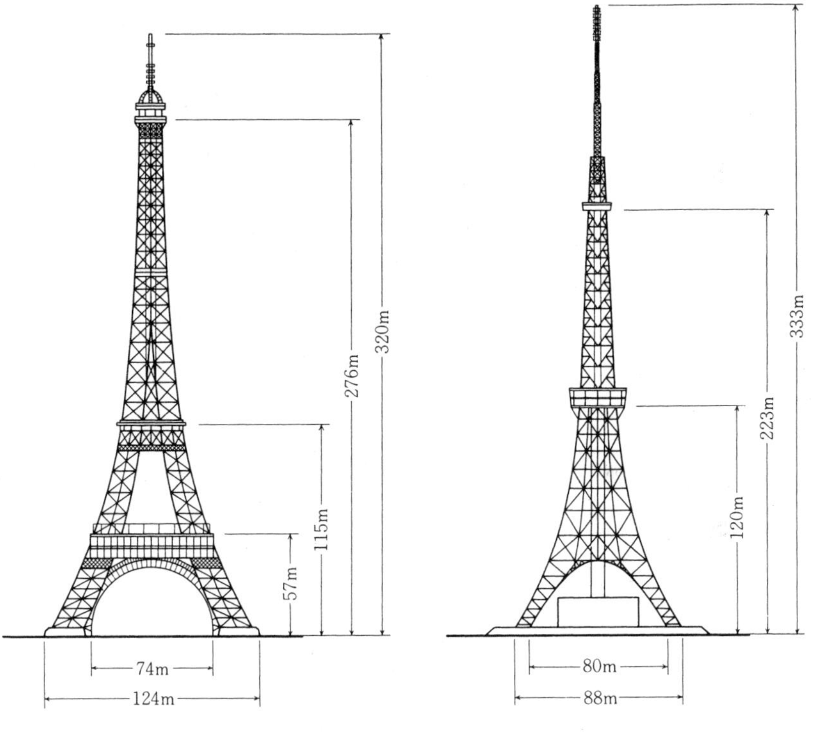

埃菲尔铁塔　　　　东京塔

图 4-5　埃菲尔铁塔与东京塔立面图

图 4-6　远眺东京塔

图 4-7　日本札幌　电视塔支脚

法国结构主义语言学家罗兰·巴特在《埃菲尔铁塔》一文中，从意义论上对埃菲尔铁塔做出如下分析：

> 恐怕这种实用性是没有什么讨论余地的。可是与埃菲尔铁塔达到惊人地步的神话作用相比，也就是说比起铁塔对全世界所产生的意义来，它是不注重实效的。这是因为，铁塔虽没有什么作用而至今仍然存在，是由于它意味着对科学的强烈信仰具有何等尊严，并具有唤起人们想象力的伟大功能。也就是说，它是人类的、为人服务的功能，它的意义是无可比拟的。正如人类完成的某件事物，看来好像没有什么意义，反而会有更重大的意义，这一点无论在任何时代也绝不会轻易就被承认的。[①]

① 罗兰·巴待，《埃菲尔铁塔》，第 13~14 页。

这样看来，东京塔就太过于强调电视发射塔的功能了，造型也同埃菲尔铁塔太相似了。然而埃菲尔铁塔没什么意义反而更有意义，它作为巴黎的象征而深深刻印在人们心中；相反，东京塔就像是非常实用的大电线杆，而不能成为东京的象征。如果把埃菲尔铁塔从巴黎除掉会怎样呢？那就像从巴黎除掉香榭丽舍大道、凯旋门、巴黎歌剧院或卢浮宫一样，会给巴黎的可识别性造成毁灭性打击。然而，要是从东京除掉东京塔会怎样呢？除了看不到电视以外，东京的可识别性恐怕不会受多大影响，东京会照样存在。东京塔毕竟是根巨大的电线杆嘛，如果是这样，那么从街道美学的角度，也许希望取消电线杆吧。

对这个问题再做进一步分析，那就是“技术”与“文化”的问题了。也就是说，东京塔是作为“技术”成果而存在，而埃菲尔铁塔则是作为重视“文化”的象征而存在。日本自关东大地震（1923年9月1日）以来，建筑趋向于单纯的工程技术，而欧洲各国的建筑则不仅仅是单纯的技术表现，也作为该国的文化表现来考虑。如果今天在欧洲其他国家建造高度在 300 米以上的电视塔，我想绝不会像东京那样去模仿埃菲尔铁塔。即使是工程上经济合理，也不能像这样去步别国文化后尘。当我看到东柏林电视塔时深切感到，纵使它的设计赶不上埃菲尔铁塔，但作为德国的自尊心也绝不允许去模仿法国（图 4-8）。相形之下，日本却在札幌、名古屋也都毫不介意地建起了类似的塔。而且，从这些塔都安放了广告这点来看，日本商业主义的威力不仅是可以强加给技术甚至是可以强加给文化的。回顾日本的建设经历，步法国后尘这一点，从日本文明开化的过程来说，我想是很痛苦的。若从赶超先进这一口号来考虑，那的确是对的，但不应在文化上如此模仿。

图 4-8 德国柏林 电视塔

据报道，东京塔自建成以来已接待了八千万游客，也就是说约占日本总人口80%的人参观了这座塔，这说明人们喜欢前述的“内眺景观”。但无疑每天有更多的人是作为“外眺景观”在眺望这座塔。尽管如此，与埃菲尔铁塔的比较景观论至今尚未形成，这恐怕是由于日本的“内眺景观”更优先于“外眺景观”的空间秩序吧。这里突然想起了在波兰听到的一段笑话：华沙最美丽的地方在哪里呢？它是在苏联建的文化科学宫之中。因为在里面，就看不到这幢建筑的外观了。这幢文化科学宫是苏联现实主义的建筑，有很浓厚的复古表现，是追求纪念性和古典性的建筑，高度234.5米，37层，从华沙市内任何地方均可看到。

东京塔建于1955年，与纪念法国革命一百周年博览会完全无关，却又比埃菲尔铁塔更高，然而并没有什么意义。到了日本经济发达的20世纪80年代，东京塔已开始被看成是日本人善于模仿的“样板”了。日本如果今天再建这样的塔，日本建筑师必定会做出完全不同的答案，会想到那是超越技术的文化。

2. 米兰商场与浅草寺前街

地方城市经常看到的拱顶商业街，是有起始却无明显结束的扩散性构成。人流到了接近结束处遂急剧减少，这一带的商店老板常为此而大伤脑筋。这种构成总之是多见于自发型商业街。相对的，最近在市中心室内商业街的形式迅速增多起来，它设置有拱顶和大门，体现出有始有终的明显领域性，路面精心地进行铺装，提高了这一区间的格式塔特质（图4-9）。近来，世界各国许多城市的道路已完全被汽车占据，两侧虽有商店，但也被路中央的车流所分隔，人们为了生命安全，已不敢悠闲自在地买东西了，这种现象以西欧的旧市区为首，已迅速变成了世界性问题。在美国这样高度汽车化且又很容易得到郊区宽阔用地的国家中，相继建起了带停车场的郊区大型购物中心，在这些购物中心内，恢复了步行者的空间，人们可以安心地购买物品。不过，美国的郊区购物中心必须具备发达的汽车交通这一条件，商店需采用百货店的形式，并采取统一销售工业产品的方式。在欧洲的旧市区，由固执老板开设的小酒馆、手艺高超的意大利人开设的理发店、有几分幽暗的古董店以及有威信的药铺等，虽经历了漫长岁月，至今仍生机盎然地存在于街道上，它们和美国的郊区购物中心有着完全不同的气氛。这些在购物中心内即使有可能，也不会都得到解决。首先，没有汽车的人就不会到购物中心去；其次，就连荷兰这样市民都支持城市规划的国家，鹿特丹的大规模城市再开发规划，也不得不利用战后这个时机。此外，二战后的美国各城市，根据清除贫

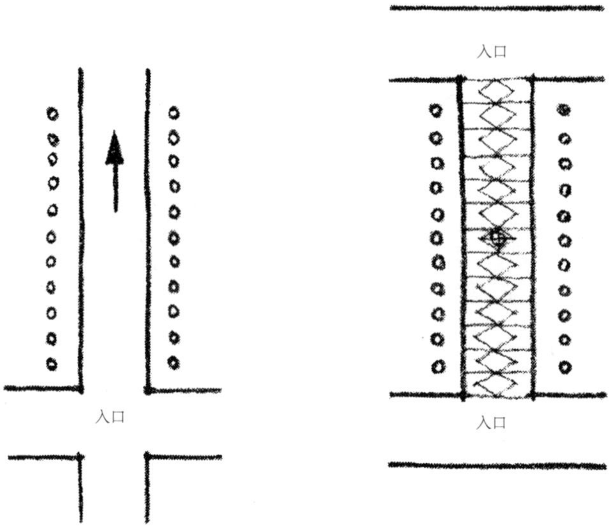

图 4-9 扩散型与拱廊型商业街

民窟这一社会要求，进行了大规模的城市再开发，取得了相当大的成绩。如旧金山的“黄金计划” （Golden Project）等就是有代表性的例子，不过最近也有点泄劲了。

旧有城市中至今仍存在着不通汽车的传统商业街。这里想以江户时代以来的东京浅草寺前街[1]和 19 世纪以来的米兰商场为例，对它们的构成加以分析比较。二者的共同特点之一是在终点处均有街道的象征性因素。浅草寺前街的正前方是金龙浅草寺，可说是“终点型”商业街。米兰商场一端通向哥特式的米兰大教堂，另一端通向以演歌剧而著称的斯卡拉剧院（Teatro alla Scala），它可说是“过道型”的（图 4-10）。

① 原文为“浅草仲见世”，即浅草寺的庙前街。——译注

二者的历史都很悠久。浅草寺前街起源于江户中期，几经变迁而至今；米兰商场建成于 1867 年，迄今已有一百多年的历史。

米兰大教堂是意大利哥特式建筑的代表作品，1386 年奉威尼斯康提公爵之命动工兴建，正面的铜门是 20 世纪后加的。这一带的街道很萧条，来到这座近六百年历史的教堂前，似乎也不觉得有多大魅力。斯卡拉剧院面对斯卡拉广场，是一幢新古典主义建筑，1776 年始建，八年后建成。19 世纪时著名歌唱家罗西尼、多尼塞提、伯尔尼和威尔第等，均曾在这座剧院首演。现在的剧院是 1943 年毁于空袭后又重建的。

在上述状况下，1860 年米兰市长对市民提出，要把这一带建设得更 加壮观。结果，他的友人、学过透视法的画家蒙格尼（Giuseppe Mengoni） 的方案中选，这座商场于 1867 年建成。平面呈十字形，长向 190 米，短向 100 米，上为玻璃拱顶，十字交叉处为一巨大的玻璃穹

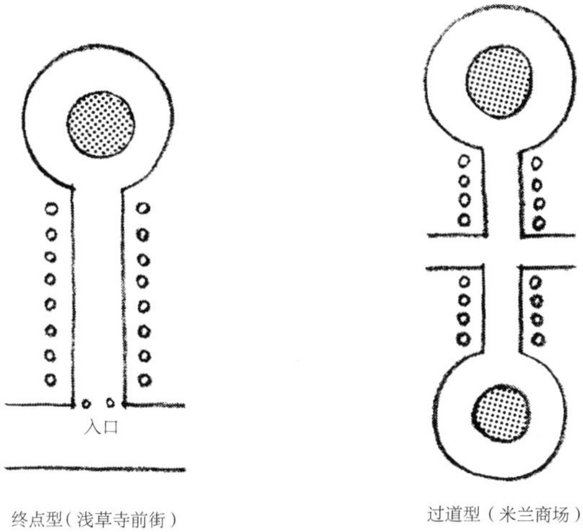

图 4-10　终点型与过道型商业街

顶，下面是八角形广场，地面用大理石马赛克铺装成美丽的图案。穹顶与墙面交接处的曲面部位，处理成美丽的装饰和壁画，给人以深刻印象。坐在这里的椅子上喝杯葡萄酒，恐怕是来到米兰的人少不了的安排，在这里可以仔细地观察过往的行人（图 4-11）。不管这里也好，圣马可广场也好，一到夏天就全被旅游者所占领，当地人是不大来的。这里有意大利最具代表性的商店和饭馆，二战前的萨维尼（Savini）、碧菲（Biffi）等餐馆，是女士先生们在歌剧院看戏后常来光顾的地方，是与巴黎马克西姆餐厅同样豪华的社交场所。今天的萨维尼仍保持着一流餐馆的地位。

那么，浅草寺和寺前街的历史又是如何呢？据《台东区历史》所载："浅草寺创建于推古天皇三十六年（628）。据传当年三月十八日，渔夫桧前浜成与桧前武成兄弟于宫户川（隅田川旧称）撒网，网上一尊观音菩萨金像，遂告知其东家土师真中知，并将佛像供奉于中知宅内。中知、浜成、武成因拾得浅草寺本尊之功而被祭为神，成为浅草神社的祭神……因三人为主神，故浅草神社俗称'三社样'，其祭礼称'三社祭'。"[①]不过浅草寺自创建以来曾多次烧毁、荒废，现在的浅草寺是天正十八年（1590 年）德川家康于江户就封时环抱本寺下院十二坊的大寺院。后又几经变迁方至今日。浅草寺前面的寺前街创建于江户时代中期。当时作为对马道街居民担任清扫工作的报偿，给予他们在浅草寺开店的营业权，这就是寺前街的开始，经历了关东大地震和东京大空袭的灾难，一直延续到今天（图 4-12、图 4-13）。

① 小森隆吉，《台东区历史》，名著出版，第 19~20 页。

图 4-11（a）　米兰商场街内部

图 4-11（b）　米兰商场　俯视

图 4-11（c） 碧菲餐馆

米兰商场是米兰大教堂与斯卡拉大剧院之间十字形空间的石头文化表现，规模很大，而且可以说有浓厚的贵族情调。浅草寺前街则是夹在传统木结构的浅草寺与仁王门之间的木材文化表现，是小尺度的平民之街。前者是连接大教堂与斯卡拉剧院的“过道型”，后者则是前方有目标的“终点型”（图 4-14）。浅草寺前街排列着贩卖家庭日用品、女子和服衬领、女子化妆品、提包、簪子、玩偶和糕点等货物的商店，道路狭窄，檐口低矮，是适于人的尺度的空间。米兰商场则主要是碧菲、萨维尼等高级餐馆和贵重首饰等商店，道路宽阔，屋顶高大，是市中心的巨大社交空间。

根据笔者实测，浅草寺前街的道路宽度只有 5.12 米，檐口高度 2.35 米，到塑料棚的高度 2.85 米，店铺宽度模数约为 5 米，与高度及路宽相比是相当宽的（图 4-15）。寺前街总长度约 300 米，其间排列着 86 家店铺。

图 4-12　浅草寺前街鸟瞰

图 4-13　浅草寺前街　细节

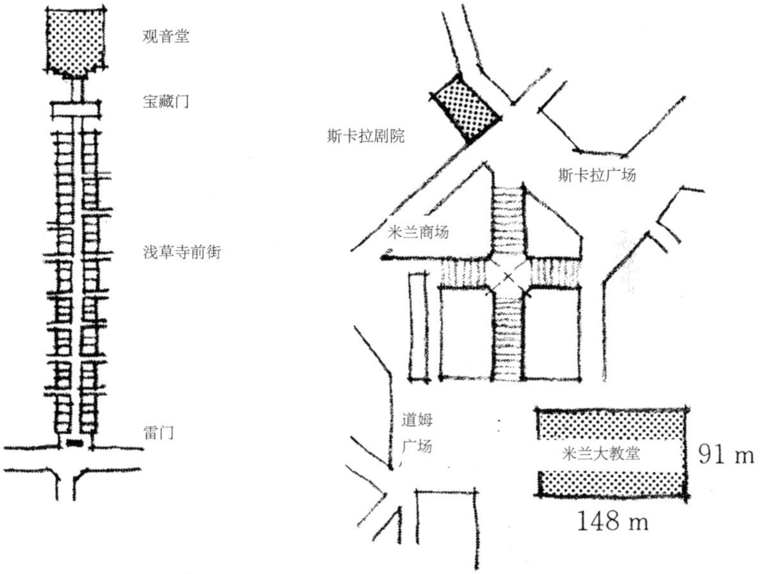

图 4-14　浅草寺前街（左）与米兰商场（右）

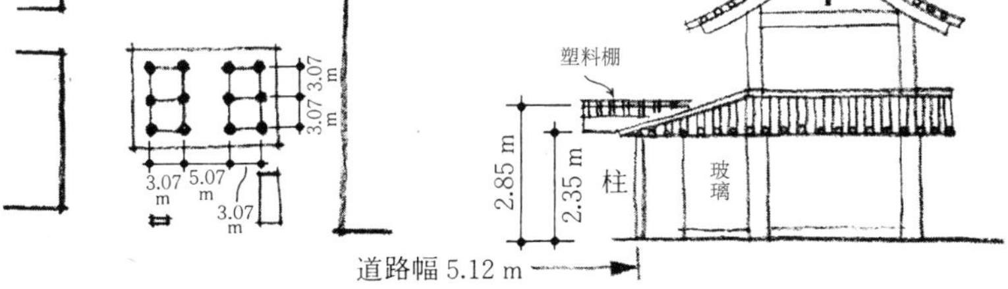

图 4-15　浅草寺前街实测图

笔者对米兰商场也进行了实测，其道路宽度为 13.45 米，屋顶极高（图 4-16），进行实测比较困难。根据图面和照片加以推算，拱脚高度约为 21 米，拱顶高度约为 25 米。插入柱间的每家店铺宽度模数为 4.77 米，与高度及路宽相比显得很窄。因此，米兰商场的构成可以说是强调垂直线的上升空间性格，浅草寺前街则是强调横线的水平空间性格。

米兰大教堂和浅草寺都有着悠久历史，都是形成商业街的核心，这从街道历史的观点来看是很有意思的。

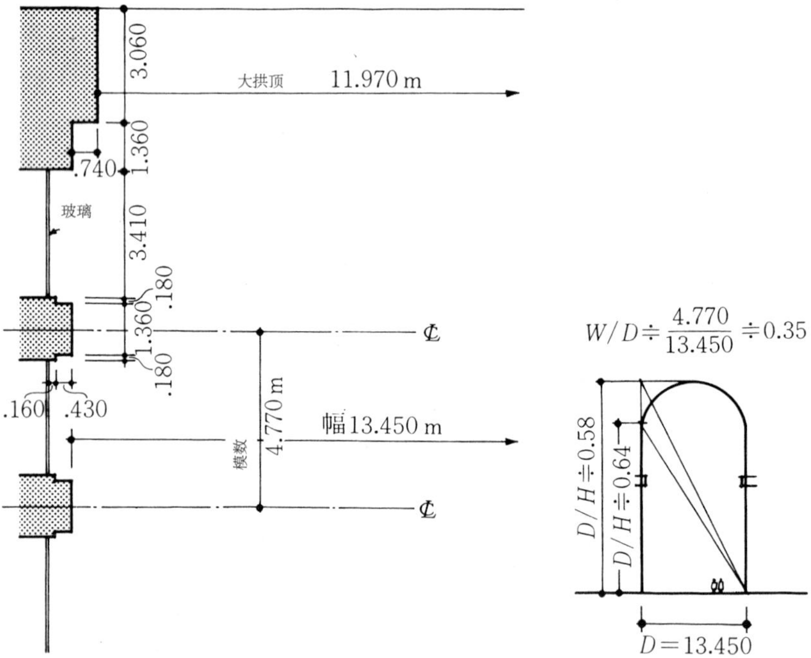

图 4-16 米兰商场实测图（图中数字单位为米）

3. 世界的桥

塔是垂直耸立的构筑物，桥是水平延伸的构筑物，二者都重视技术功能，关于它们在文化方面作为城市的象征性，前面已论述了埃菲尔铁塔和东京塔，这里再来考察一下桥的情况。

桥在城市景观中的地位很重要，可是日本二战后的桥却都是用钢铁或钢筋混凝土等工业材料，以单纯追求功能强调技术观点建成的。“日本的桥梁工程技术人员未必就没有美的观念。从大正末期至昭和初期架设在东京隅田川或大阪堂岛川的一系列桥梁可以看出，尽管以结构技术为中心，然而也存在着要建造出美观桥梁的愿望。”[①]的确，二战前的桥梁还是有一点文化性和美学观念的。东京大学建筑学教授岸田日出刀的讲义《桥梁美学》，笔者至今记忆犹新，不过从桥梁专家方面对美学的观察则较少，日本这方面的著作只有加藤诚平的《桥梁美学》，鹰部屋福平的《桥的美学》《桥——美的条件》等很少几本。竹内敏雄的《塔与桥——技术的美学》是从哲学角度对桥梁加以分析，这在日本是很罕见的著作。

我想今天应重新认识一下从城市文化角度所进行的桥梁设计，同时也重新评价一下二战后出现的高速公路及其支柱的设计、道路两侧隔声墙（图 4-17）在景观方面的缺乏考虑，以及人行跨线桥的缺乏人情味等。

---

① 关谆，《桥的美意识》，收于《山河计划》1 卷 1 号“桥”，思考社，1979 年，第 160 页。

到世界各地旅行时，桥梁会给人留下深刻印象。因为它们除了通常的交通功能外，还以某种其他的美学因素或文化意义打动着旅游者的心。

在 1954 年夏天，笔者第一次看到法国南部尼姆（Nimes）的加特水道桥（Pont du Gard）（图 4-18）。

古希腊、古罗马时代，城市的规模可以说是根据输水道的供水量所决定的。古希腊时代尚未发现架设桥梁，而古罗马时代则成功地采用了拱券技术，从公元前 4 世纪末到公元 1 世纪，罗马建设了十座水道桥，供水量达到 80 万立方米。尼姆加特水道桥就是其中之一，这座由三层重叠的连续拱券所构成的巨大水道桥，深深地打动了我。架设这座高 48 米、长约 300 米的水道桥，显然当时是需要很高的技术的。这一技术保证了居民的生活用水，从而才使城市有存在的可能。而且，这座桥的象征性 也同时关系到城市的象征性。埃菲尔铁塔虽没有功能却具有象征性，而这座水道桥则在供水的功能中，体现出城市象征性这一重要的意义及作用。水道桥最下层有六个连续券，中层十一个，顶层三十五个，高度相当于十四五层的建筑物，这里存在着表示城市存在的尊严。要是在日本，那就很难以设想会为了水道而进行这样大规模的建设。这座水道桥直到今天仍能给予参观者强烈的艺术感受，这是为什么呢？三层重叠的连续券形式协调比例完美，特别是由于顶层划分得很小的拱券与中层及底层大拱券的强烈对比，产生出一种强烈的节奏感，使人感到它在向着一个方向流动。今天日本建设的新干线的桥墩设计，的确无法和这种古典美相比，新干线的桥墩设计既没有节奏感，也看不到协调完美的比例。当然，这是两千年后的 20 世纪构筑物，毕竟不会去考虑古典的美。

图 4-17　高速公路两侧的隔声墙

图 4-18　法国尼姆　加特水道桥

从日本人眼光看，意大利有几座奇特的桥。如佛罗伦萨的维奇奥桥（Ponte Vecchio）以及威尼斯的里阿托桥（Ponte di Rialto）（图4-19），二者都是拱桥，桥上两侧也都有商业街。据说文艺复兴时期巨匠米开朗基罗、帕拉第奥（Andrea Palladio）、斯卡莫齐（Vianzo Scamozzi）都为里阿托桥设计了方案，不过实际并没有采用哪位大师的方案，而是基于庞提（Antonio da Ponte）的方案，于1580至1592年建成。斯卡莫齐的方案为木筏形，庞提的方案则是打下6000根木桩。由于斯卡莫齐等人的从旁指责，工程进行得很不顺利。庞提认为，必须根据技术的可靠性来证明其桥梁的坚固程度。竣工后虽频遇地震，却没有丝毫损坏，至今仍安然无恙。此桥宽约22米，长约48米，为了桥下能通船，桥面向中央倾斜，上面有踏步。因桥面较窄，两旁又是商店林立，所以桥上有一种街道般的热闹气氛。这一带原为商业区，今天依然人来人往十分热闹，桥上照旧还是商业街。桥的左岸是蔬菜和鱼类市场，气氛更加喧闹。

这座桥不单纯是用于交通的桥，还作为威尼斯城市美的构成要素起着重大作用。在横跨运河的大拱上面，有六个倾斜上升的有节奏的小拱，呈现出与尼姆加特水道桥类似的节奏感，中央是一个纵向的中等大小拱券，用上升感把桥的节奏感加以收束，整个桥的造型十分紧凑。这与其说它是48米跨度桥梁的单纯技术成果，不如说它作为城市景观，部分地担负着提高威尼斯文化素质的使命更为恰当。特别有意思的是，在威尼斯留下了不少优秀作品的文艺复兴艺术巨匠帕拉第奥（1508—1580年），虽是一位建筑师，却对这座桥的设计极为关心和充满信心。他在名著《建筑四书》（*I Quattro Libri dell' Architettura*）的第三书第十三章中，阐述了这座桥的设计方案和想法，标题是“我设计的石桥”（Vn Ponte Di Pietra Di Mia Invantione），摘要如下：

图 4-19　意大利威尼斯　里阿托桥

这座桥要按我的意见是非常美的，而且桥的选址也非常恰当，该地点是在意大利最伟大、最高贵城市的正中。这座城市还作为其他许多城市的中心，与世界各地的贸易十分繁荣。这里河流很多，这座桥理应架设在商人集中经商之处。为了保持并加强该城市崇高、高贵的性格，我利用了这座桥的宽度，在上面考虑了三条大道，中间是美观的宽阔大道，两旁是两条稍窄的道路。这三条道路两侧均布置店铺，因此共有六条商业街。桥的两端和中央大拱两侧设敞廊，商人们可集中于此从事交易，既提供方便又增加美观。登上一段踏步后即来到桥头的敞廊，这里和桥的其余部分同一标高，桥上设敞廊还不能说是创举。前述的罗马埃里乌斯桥也设有几处敞廊，各处敞廊均有青铜圆柱、雕像及其他种种装饰。[①]

① 安德烈亚·帕拉第奥，《建筑四书》，丹弗出版社，1965 年，第 70 页。

图 4-17 意大利威尼斯 里阿托桥上的商业街

帕拉第奥并没有特别说明这座桥就是威尼斯的里阿托桥，不过从它的规模以及帕拉第奥与威尼斯的关系判断，这座桥必定就是里阿托桥的设计方案。帕拉第奥研究家福田晴虔在他所著《帕拉第奥》一书中也曾说过："要说与帕拉第奥有密切关系的大城市，除了威尼斯不会是其他，而要在其中心架桥，则除了里阿托桥之外也不会是其他。"[①]在斯卡莫齐（Ottavio Bertotti Scamozzi）的《安德烈亚·帕拉第奥》一书中还刊有里阿托桥的平面图和立面图（图 4-20）。这就是帕拉第奥设计的三拱桥，中央拱上是神庙型敞廊，两侧的拱上是神庙型的商店。像这样神庙型的桥梁，从今天桥梁工程的角度来说，的确是桥梁范畴之外的建筑物。可是，如果想到它是建在运河上面的商业建筑，就不能不考虑它的意义。弗兰克·劳埃德·赖特（Frank Lloyd Wright）曾经设计了让水从建筑下面流出的"流水别墅"，但并不因此它就被看成是土木工程的桥梁，所以，如果把这座桥看成是文艺复兴时期"流水别墅"式的建筑就好理解了。这样说来，由于把桥考虑成交通工程技术，或是考虑成建筑及城市景观上的文化因素，会使它的造型有很大改变。坦率地说，比起帕拉第奥的设计方案来，笔者更喜欢现在采用的庞提的方案。这是因为，帕拉第奥的方案是庄严对称，具有神庙气氛的静止建筑，而现在的桥虽然也是左右对称，但却具有方向性和上升性，有一种生动的节奏感，是与威尼斯运河配合得很好的桥，并且是有动感的商业建筑。

来到巴黎逛大街并非最大乐趣，最愉快的事情之一，是浏览塞纳河畔的旧书店，或是在七叶树、悬铃木行道树下观赏景色。塞纳河上光是在巴黎市内就架设了 30 座桥，其中有几座桥印象最深：最古老的新桥

① 福田晴虔，《帕拉第奥》，鹿岛出版会，1979 年，第 242 页。

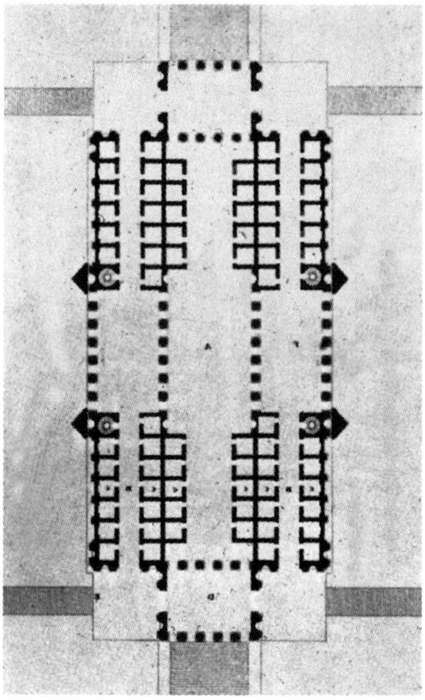

图 4-20（a）
意大利威尼斯　里阿托桥设计方案平面图，帕拉第奥设计

图 4-20（b）　意大利威尼斯　里阿托桥设计方案立面图，帕拉第奥设计

（Pont Neuf）、最适宜眺望埃菲尔铁塔的耶纳桥（Pont d’Iena）、在法国民歌中享有盛名的米拉波桥（Pont Mirabeau）、艺术性很高的亚历山大三世桥（Pont Alexandre Ⅲ）等。亚历山大三世桥是为了配合1900年巴黎博览会而于1896至1900年建造的。从图4-21上可以看出，在跨度107.5米的大拱上饰以金属的蔓草纹样，桥栏杆上每侧有14座灯具，桥头则设置了更大型、更华丽的灯具，此外，在两端桥头的四个角上还配置了约20米高、顶上有金像的高塔。一过桥，从桥的高塔之间可以远眺对岸的恩瓦立德教堂穹顶。这种空间构成和后面将要论述的圣马可广场及严岛神社的空间构成一样，都是把照相机取景器中取景般的效果应用到街道上。这些艺术性很高的桥可以说都是法国古典复兴时期的产物，是说明桥并非纯交通工程结构物的最好例子。日本并非没有这种艺术性很高的桥，其实例就是东京的日本桥。幸田露伴在《日本桥纪念志》中曾这样形容日本桥：“欲云江户，则不能不提日本桥，欲云日本桥，则不能不想到江户。条条道路均汇于此桥之上，五十三次驿路的马铃，亦从此桥响起。”[①]据考证日本桥初建于桃山时代的庆长八年（1603年），后在《日本桥》《江户图屏风》《江户名所记》《东海道名所图会》中均有所描绘。现在的桥是明治三十九年（1906年）动工兴建，以不到六年时间于明治四十四年（1911年）四月三日落成。翻阅当时的记录，可以看到它的建造经过。

《开桥纪念·日本桥志》一书有如下记述:“明治三十七八年(1905年)日俄战争获大捷后，随着国运发展，东京市经济繁荣，市民生活日益好转，于是，多年未决的日本桥改建一事，遂在市议会赞同下，基于市区改造

① 安藤安编，《日本桥纪念志》，1911年3月，第35页。

图 4-21 从亚历山大三世桥远眺恩瓦立德教堂穹顶

决议，决定从明治三十九年起，以三年时间，五十二万三千八百九十日元总造价，着手进行改建。”[①]后由于设计时间拖延和代用工程的困难等原因，使得工期拖延至六年才落成，并举行了盛大的落成典礼。典礼从下午一时开始，在近卫军乐队奏乐及纷纷发表祝词后，由高龄者首先渡桥，会场上还有许多食品摊，斜挂红布带身穿红围裙的日本桥、柳桥、芳町的手艺人，起劲地做着生意。下午四时半同声高唱《君之代》[②]，接着举杯祝贺，并纷纷对大桥工程表示赞誉。

桥栏杆上首次采用了模仿欧洲桥梁的青铜装饰，当时的东京市总工程师日下部办二郎博士曾谈到了事情原委：

① 《开桥纪念 · 日本桥志》，东京印刷株式会社，1912 年，第 140 页。
② 日本国国歌，“君之代”意为“您的一生”。——译注

关于美观一点，尽管我们是土木工程师，多少也还是有点美学观念的，不过毕竟应与美术专家们共同磋商。因此，此桥的基础工程及整体结构工程由我们土木工程师承担，关于装饰部分我想需另外征求建筑师的意见。与亲友妻木[①]博士商议，他也颇有同感，遂请当时任市营缮科长的三桥工学士承担本桥装饰工作，同时请妻木博士与他一起协商。然而，不久三桥工学士离开本市，以后装饰方面的所有工作便由妻木博士承担。[②]

这样，根据妻木博士推荐，便由渡边长男担任了原型制作。因他对西欧技法和日本技法都很精通，从几个方案中选出了折中式方案。栏杆两端采用狮子，中央大柱土考用带羽的麒麟，前者表现威严，后者祝福吉祥（图 4-22）。这些都是由冈崎雪声等人铸造，由建筑师妻木博士予以指导。其间设置的照明灯具，上面一盏大灯，下面四盏小灯，与巴黎的亚历山大三世桥极为相似，但亚历山大三世桥采用了柔和曲线具有古典风格，而日本的灯具则像是有一种文明开化的紧张感似的，显得很锋利（图 4-23）。这座桥经受了大正大地震的考验，经过一些改建后一直保持至今。但到了昭和三十年代（1955—1965 年），因在上面架设高速公路，好不容易搞出来的狮子和麒麟也就全毁了。当时为了东京市内汽车交通通畅，便跨越日本桥川和这座日本桥，架设了一条规模庞大的高速公路，桥中央带装饰的柱墩的上半截，便被遮掩在公路的上下线之间。昭和三十年代是工业优先、功能优先的年代，像这样的做法当时并未出现什么矛盾，可是今天从桥的文化这一城市景观观点来重新认识，则无论如何也是感到遗憾的，想到前人在建设日本桥所付出的巨大努力就更觉遗憾。如果巴黎要在塞纳河上架设高速公路，那么很难设想会把它跨越在亚历山大三世桥上，日本城市毕竟还是能容忍缺乏文化性的场所，说

---

① 妻木赖黄（1859~1916 年），日本著名建筑师。——译注

② 下部办二郎，《新日本桥》，收入安藤安编：《日本桥纪念志》，第 140~141 页。

图 4-22 日本桥的青铜装饰

图 4-23 日本桥的灯具

得好听一点，也可说是有变化、有节奏、有生气的工业城市吧。

最后想谈一谈与装饰性桥梁不同的，应用现代工程技术成果建造的桥梁中给人以深刻印象的实例。这就是由漂亮的悬索曲线构成的大跨度吊桥。吊桥取得今天这样的成果，是交织着许多失败的悲剧和成功的喜悦的。不论日本还是欧美，都有许多现代化的吊桥。不过其中能激动人心唤起诗情的，无论如何恐怕要数旧金山的金门大桥（Golden Gate Bridge）（图 4-24）了。金门大桥是美国在二战前的 1931 年开始动工的，于 1937 年建成。读了建桥总监工程师施特劳斯（Joseph B. Stmuss）1937 年 9 月 30 日的报告书，一定会被他的苦心所感动。这座桥架设在辽阔的旧金山湾 1.6 千米宽的海峡上，面向太平洋高高地悬吊在半空中。包括引桥在内全长共 2737 米，两端的边跨均为 343 米，中央跨为 1280 米。中央跨是世界最大的桥梁跨度，与下列各桥相比是极为壮观的（图 4-25）：

哈德逊河大桥（Hudson River Bridge）：长 1067 米；

旧金山—奥克兰海湾大桥（San Francisco-Oakland Bay Bridge）：长 704 米；

德拉瓦河大桥（Delaware River Bridge）：长 533 米；

布鲁克林桥（Brooklyn Bridge）：长 486 米。

根据鹰部屋福平对吊桥的美学分析，设中央跨为 $2A$，两端的边跨为 B，则凯仑的吊桥及清洲桥等为 $A=B$，曼哈顿桥为 $A \approx B$，这样的桥是比较多的。[①]金门大桥 $A : B=(1280/2) : 343$，即 $A/B=1.866$，与其他吊桥相比，中央跨是很大的。A 与 B 形成稍大于黄金比（1.618 ：1）的比例（图 4-26）。因此，从侧面看这座吊桥，其造型是非常均衡的，而且十分雄伟。但我觉得这座桥最大的特征是支撑桥梁的两根巨大门形

① 鹰部屋福平，《桥——美的条件》，东海大学出版社，1965 年，第 54 页。

支架的设计。大鸟居似的支架，从水面算起高度为 227 米，是比日本的超高层建筑还高得多的巨塔，从立面看它划分成四个巨大的矩形。过桥的人必须从这个大鸟居中穿过。从高速疾驶的汽车中望这座高塔，会觉得的确是高耸入云。每组两根直径为 7.3 厘米的钢缆垂直排列，沿着桥上前进方向被划分成有节奏的空间。直径为 92.1 厘米的主悬索，画出了优美的悬垂曲线，随着前进方向下降复而上升，然后导向另一座高塔。穿过吊桥时会感到其他吊桥无法与之比拟的激动（图 4-28）。过了桥，在对岸别致的餐馆中进餐，或是参观一下苏萨里特（Sausalito）等处的郊区住宅，都是件乐事。旧金山的可识别性在于它的山、海和缆车，这自不待言，可也不能忘掉这座金门大桥。想起旧金山等地名，俯瞰大海和街道的景观是少不了的，而架在海上的金门大桥也不能漏掉。同眼前艺术性栏杆之类小玩意儿相比，对于金门大桥巨大景观的动人之美，是会肃然起敬的。

图 4-24 美国旧金山 金门大桥

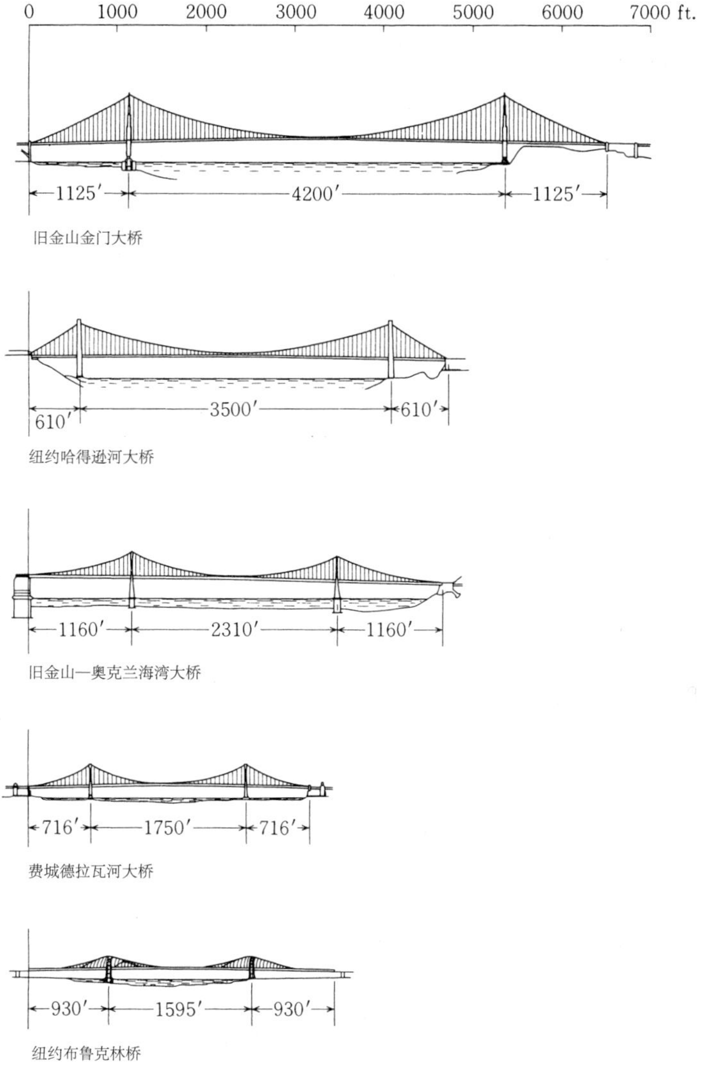

图 4-25　美国吊桥长度比较（图中数字单位为英尺，1 英尺 =0.3048 米）

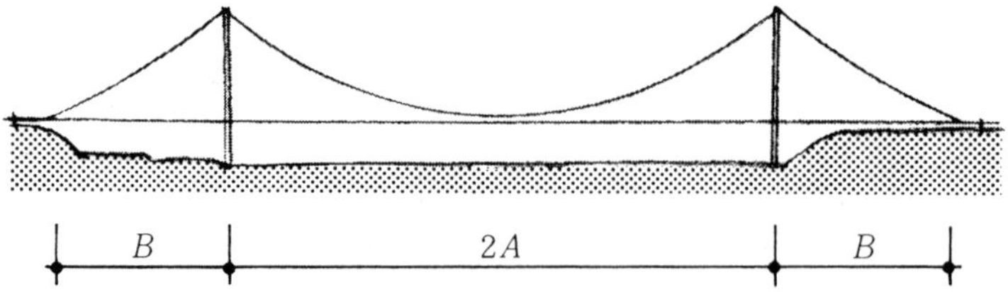

$$\frac{A}{B}=1.866 \doteq \text{黄金比}\ (1.618)$$

图 4-26 金门大桥的分析

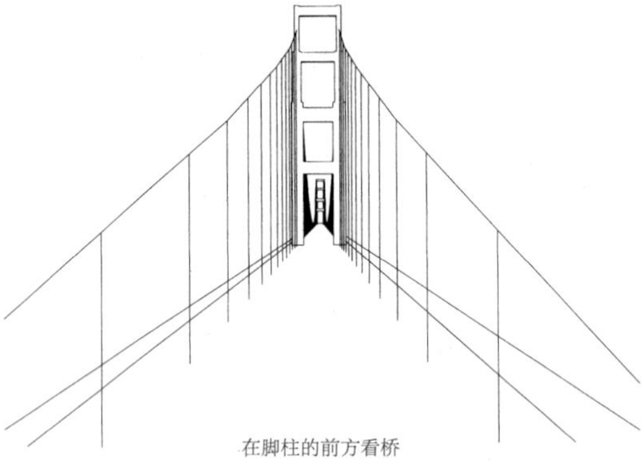

在脚柱的前方看桥

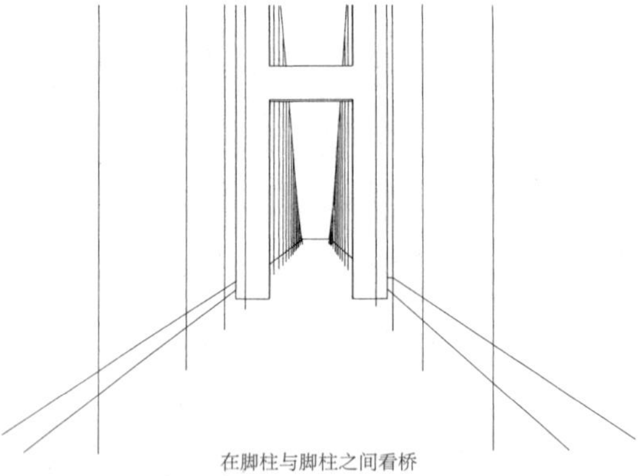

在脚柱与脚柱之间看桥

图 4-27 根据电脑绘制金门大桥的分析

图 4-28　向金门大桥行进

4. 德国南方中世纪街道——罗曼蒂克之路巡礼

意大利中世纪街道笔者曾去过多处，比较熟悉，而德国中世纪街道则既未去过也不熟悉。当笔者对访日的德国建筑师、哲学家文特教授谈起这一点时，他邀请笔者务必访问德国，并说要亲自当向导。接受他的好意，遂同他及夫人一道，实现了所谓罗曼蒂克之路（Romantische Strasse）的旅行（图 4-29）。从慕尼黑乘车出发，经多瑙沃特（Donauwtirth）、讷德林根（Nördlingen）、丁克尔斯比尔（Dinkelsb ü hl）、福伊希特旺根（Feuchtwangen）、（陶伯河上的）罗腾堡（Rothenburg ob der Tauber）、维卡斯海姆（Weikersheim）、巴特梅根特海姆（Bad Mergentheim）、施瓦本哈尔（Schwäbisch Hall）以及施瓦本格明德（Schwäbisch Gm ü nd），最后到达图宾根（Tubingen）。这些城市的特点是均围有城墙，除经城门外无法进入街道（图 4-30）。街道中心有广场，面对广场是有来历的教堂和市政厅。沿街排列着山墙朝街的两坡顶建筑，即所谓“山墙入口”式的构成，窗口饰以花卉。哥特式、文艺复兴式以及巴洛克式建筑夹杂在一起，就像是追述建筑史的街道。今天这些城市非常重视历史建筑的保护，除对电线杆、广告招牌等商业气氛的渗透加以限制外，建筑外墙也只限于使用低彩度的绿色、褐色、黄色等中间色，因此今天仍经得住欣赏。居民对自己街道的历史和传统非常自豪，对街道非常眷恋。在这些街道中，我认为丁克尔斯比尔和罗腾堡都很有特点，建筑也很出色。

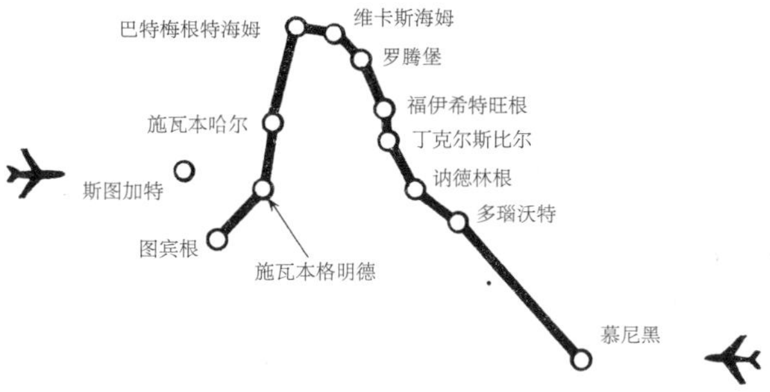

图 4-29　德国南部旅行线路图

图 4-30（a）　德国讷德林根　城门

图 4-30（b）　德国讷德林根　城墙内通道

丁克尔斯比尔是所谓罗曼蒂克的中世纪美丽城镇，远离工业区，四周围以城墙和堑壕，今天仍保持着昔日风貌。现还保留有 928 年关于丁克尔斯比尔的记载，这座城镇 15 世纪时为最盛时期，许多艺术家、学者、商人等云集于此。城墙总长约 2400 米，东南西北共有四座城门，周围有河流和堑壕，除通过城门外无法进出。城镇长向 900 米，短向 400 至 500 米。中心耸立着后期哥特式的圣格奥克教堂（图 4-31）。教堂大部分是 1448 至 1499 年所建。西面为维茵广场（Weinmarkt），朝向广场排列着城镇中最有来历的五幢两坡顶建筑（图 4-32）。中央的考切斯宅邸（Deutsches Haus）为建于 16 世纪的后期文艺复兴式建筑，是所谓“半木构式”（half-timber）的大型木结构建筑。仔细观察这一排漂亮的坡顶建筑，它们的色彩和窗子的划分以及风格各不相同，增强了这条街的可识别性。

漫步在街上就会注意到，建筑高度与道路宽度的比例关系良好，的确是中世纪风格宜人尺度的街道。最使人喜欢的是建筑上悬出的招牌，设计得非常巧妙，它是用铸铁制成，很通透，就像剪影一般，它收束着道路空间（图 4-33）。不像日本的商业主义侧招牌那样色彩花里胡哨，视线也被遮挡。无论从哪方面说它们都是艺术品，加深了人们对这条街的印象。建筑造型及其总平面布置的特色在于山墙朝街，入口在山墙面上。意大利中世纪街道或京都町家的联列式建筑，都是纵墙平行街道，主要入口在纵墙方向。复合屋顶建筑在屋面相交处会出现汇水的“天沟”。天沟是建筑物屋顶的薄弱部位，因此应尽量避免或细心施工。可是，在德国南方城镇，或许是为了建筑正立面的庄严对称吧，却都是把屋顶的山墙方向作为正立面。因此，相邻的屋顶之间就出现了天沟，那里无论如何也是容易积水或积雪的，而且大部分是木结构。为了施工方便，建

图 4-31　圣格奥克教堂内部

图 4-32 山墙朝街的带阁楼建筑

图 4-33 通透的悬出招牌

筑与建筑之间留有几十厘米的空隙（图 4-34）。这个空隙是与意大利石结构建筑构成的街道不同之处。笔者很早就对街道上的这种空隙十分关心，所以对此特别注意。日本在市中心建造钢筋混凝土建筑时，或由于防止地下工程施工中塌方，或因外装修需要而在用地内留有脚手架位置，所以侧面外墙总是要从相邻地界后退 50 至 60 厘米。因此稍稍留心就会发现，市中心的大楼与大楼之间都留有这种人无法进入的莫名其妙的狭长空间。有时为了防止人进入，还装上了木门或铁栅栏（图 4-35）。它是街道中不起作用而被忽视了的空间。可是，由于这一空间的存在，却割断了建筑立面的连续性，建筑与相邻建筑变成各自独立的存在了。意大利或希腊建筑是用石头砌的，因此与相邻地界之间不可能有空隙。这些建筑物都是沿着用地内侧用砖石砌筑，占满整个用地，外墙面不需装修，所以可紧挨着相邻的建筑修建。于是由墙面给街道造成封闭性，赋予外部空间以“图形”特质，亦即赋予格式塔特质。相对的，日本现代建筑或这些德国南方中世纪街道的建筑群中，由于存在着上述缺口，其封闭性无论如何也比意大利的差。意大利街道尽管是由一幢幢的个体建筑组成， 但由于它的连续性，而为街道带来一种统一感和整体感。相反，德国的这些一幢幢建筑则因时代不同而式样各异，窗子的细部、粉

图 4-34　山墙朝街的街道——建筑间的空隙

图 4-35　两幢大楼间莫名其妙的空间

刷的色彩均有变化，各幢建筑均有鲜明的个性。而且由于坡屋顶的强烈起伏和建筑间的空隙，使得它们的个性更为突出。尽管如此，但由于其做法和材料质感等的一致，也不能就说它同意大利和希腊街道的风格完全不同，这里的街道毕竟给人一种富有个性的统一感。

罗腾堡在丁克尔斯比尔以北约 30 千米处，陶伯河从它脚下 60 米深的谷底流过，因此它的正式名称是“陶伯河上的罗腾堡”。13 世纪修建的城堡包围着这座城镇，可以从几个城门进出，城镇中心和丁克尔斯比尔一样，也布置了哥特式的圣雅可布教堂。面对广场的是市政厅，这幢建筑的特征包含有三种不同的建筑风格，后面是高 60 米的哥特式钟楼，前面是文艺复兴式的庄严建筑，再前面是巴洛克式拱廊（图 4-36）。这样就在城镇中心存在着从哥特式到巴洛克式各时期的建筑，就像是建筑史时代划分的实例，呈现在人们面前。这里也和丁克尔斯比尔一样，墙面上悬出美观而透空的标志，街上排列着山墙朝街的漂亮建筑。此外在城镇中还有几座雕刻着美丽图案的水井，给我留下了深刻印象。

参观这些城镇时，最使我注意的就是窗台上的花卉（图 4-37），在德国南方一带和瑞士的住宅上都可看到这样的布置，于是，就此问题请教了文特博士。大概因为这是太司空见惯的事了，所以对于我提出的这一问题，他流露出迷惑不解的表情。不过这位兼为哲学家的文特博士，经过慎重思考之后，还是做出了如下回答：它是这一带居民精神的标记，居民们就是以此来表现自己的存在的。同行的图宾根大学的江泽博士也认为，它是作为德国人身份认同的表现，是自我实现的一种冲动。尽管明明知道从家里看不到花，但仍毫不迟疑地把花摆在窗台外面。德国人这种自发的做法，引起了我的沉思。与此相反，在日本公寓式住宅的阳台上则毫无疑问是晾被褥晒衣服的。日本也许没有精神标记，没有自己

图 4-36 罗腾堡市政厅

存在的表现吧。仔细观察这些山墙朝街的建筑，左右对称而有个性的正立面，表现得很突出，无论怎么说也是外观比内部更显得重要。这次旅行中我模糊地意识到，要不是这些正立面的象征性和庄严性，德国人的市民观念和热爱乡土的感情，是无论如何不会在他们的心目中产生的。日本由于畅通无阻、生死轮回、诸行无常的思想支配，毕竟对街道缺乏考虑。这并不是孰是孰非的问题，街道是该国文化和历史的积淀，经历了漫长的岁月，由住在当地的居民所形成的。

图 4-37　窗台上的花卉

5. 威尼斯街角上的思索

笔者几次去过水上城市威尼斯，每次都会发现不同的魅力而被深深打动。第一次来到威尼斯是三十年前，当站立在由美丽的威尼斯式建筑所围合成的圣马可广场上时，感到一种无法形容的兴奋，然后在自己徒步溜达、过桥、乘游览船和汽艇游览、逛街之中，观察到种种事物。

威尼斯是建在亚德里亚海威尼斯湾西岸浅滩里亚尔特群岛上的海上城市。威尼斯城由中央穿过的 S 形大运河（Canal Grande）一分为二，进而由小运河和狭窄的道路加以划分，到处都有意想不到的小广场。这座城市是交通全靠步行或水路的“水上城市”，在时常被汽车阻塞通行的现代城市居民看来，的确是最理想的城市。

威尼斯的中心是圣马可广场，它也是这座城市的大门。圣马可广场宽 80 米，长 175 米，而欧洲大型广场平均为 57.5 米 ×140.9 米，所以它是很大的广场。这个广场还附有一个与它成直角而朝海的小广场（Piazzeta）。

圣马可广场由建筑所围合，形成所谓“阴角”空间，是封闭性很强的空间，这一点最先吸引了我（图 4-38 ）。面向广场深处的右侧，是称为威奇埃（Procuratie Vecchie）的办公楼，原为二层，后于 1532 年改建为三层，建筑风格为威尼斯文艺复兴式。左侧建筑是称为努奥维（Procuratie Nuove）的办公楼，1640 年建成。广场尽端是 1810 年拿破仑命令建造的新古典主义建筑，这三幢建筑所围合的空间 $D/H \leq 3$，

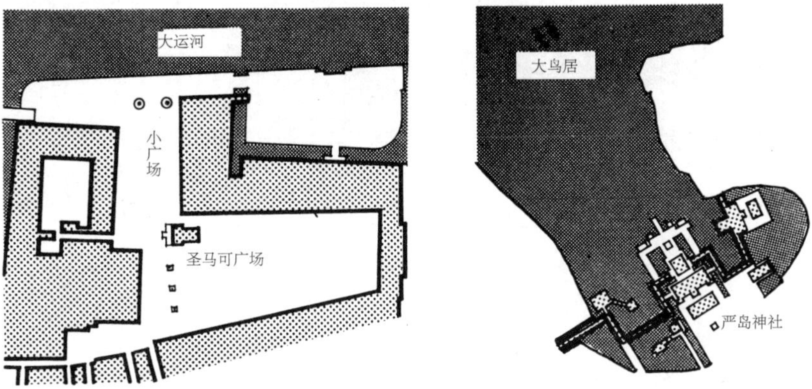

图 4-38 圣马可广场与严岛神社平面图

成为相当开阔豁亮的封闭空间（图 4-39）。小广场朝海方向的右侧为圣马可图书馆，左侧为著名的总督府（Palazzo Ducale），这幢建筑的底层柱廊之上为尖券回廊，宽度为层柱廊的二分之一，券与券之间为带十字孔的圆形装饰，它被公认为威尼斯最美的建筑之一（图 4-40）。广场深处与总督府并列的是圣马可教堂（图 4-41）。不论哪一幢建筑都在建筑史上占有重要地位，再加上地面铺装的美丽图案，宛如铺上了室内地毯。

从小广场向海面眺望，可以看到远处的圣乔治·马乔莱教堂（S. Giorgio Maggiore），广场朝海方向左侧的带翼狮子柱，右侧的圣台奥道尔柱均映入眼帘。（图 4-42）从广场上看这两根圆柱，的确大大地收束了该空间，从海上看则成为正面入口的标志，此时不由想起了在严岛神社隔着祓殿前的高舞台眺望大鸟居[①]时的景观（图 4-43）。威

① 鸟居：牌坊

图 4-39　圣马可广场的阴角空间

图 4-40　总督府美丽的正立面

图 4-41　圣马可教堂

图 4-42 圣马可广场上的两根柱子

图 4-43　严岛神社的大鸟居

尼斯和宫岛一西一东远隔重洋，尽管是分别建在历史上没有任何关系的不同场所，但在空间自构成上却非常相似。它们的尺度、使用的材料各不相同，可是在把朝海的空间加以收束的手法上，设计者不是有着同样的构思吗？

圣马可广场原为始建于 9 世纪的圣马可教堂的前院，11 世纪时成为繁荣的市场，16、17 世纪增建改建了许多建筑，狮子柱建于 1189 年，圣台奥道尔柱建于 1329 年。严岛神社的起源同样可追溯到 9 世纪，11 世纪时两度毁于火灾，海上的大鸟居也多次毁于风雷而重建，铜灯笼为江户时代所设。

走出小广场向左拐，在总督府与被称作莱普里基奥尼（Le Prigioni）的监狱之间的小运河上，架有一座叹息桥（Ponte dei Sospiri）（图 4-44）。此桥是连接总督府与监狱的唯一通道，走过这座桥的人再也不能回到世上来。这座外观漂亮的叹息桥引起了旅游者很大的兴趣，游览船载着游客无忧无虑地从桥下穿过。

从此处高级旅馆达尼埃里·埃克塞西奥（Danieli Excelsior）前的码头上，乘游艇来到圣乔治·马乔莱岛，意大利文艺复兴巨匠安德烈亚·帕拉第奥设计的圣乔治·马乔莱教堂即呈现在眼前（图 4-45）。该教堂属于威尼斯最大的威尼斯派修道院，1567 年动工，帕拉第奥离世后由斯卡莫齐于 1610 年完成。

不过关于这座教堂的立面有些争论，有人认为它和帕拉第奥设计的威尼斯的另一教堂——莱登特莱教堂（Chiesa del Redentore）立面相比，水平较差。此说认为，因教堂于帕拉第奥离世后建成，所以怀疑被其他建筑师改动了原立面，不然是会更好一些的。这一说法见于专门研究文艺复兴建筑的建筑史家鲁道夫·维特考瓦（Rudolf Wittkower）的著作本。[1]

---

① 鲁道夫·维特考瓦，《人性化时代的建筑原则》，亚历克·特兰第出版社，伦敦，1970 年。

图 4-44　叹息桥

图 4-45（a）　圣乔治·马乔莱教堂　远景

续图 4-45（b） 圣乔治·马乔莱教堂 近景

续图 4-45（c）　圣乔治·马乔莱教堂　正立面

高大的中厅与低矮的侧廊因高度不同，立面形成了双层重叠的山花，中央四根半圆倚柱下面有很高的基座，侧廊壁柱的基座很低，几乎接近地面。维特考瓦认为，帕拉第奥的原方案应是两种柱子在同一标高上，因此必定是被其他建筑师改动了。

了解到这些情况后再来看圣乔治·马乔莱教堂的立面，如按维特考瓦所说，中央的四根半圆倚柱一直延伸下来，则柱子的比例显得过长，柱间距显得过窄，从而也就失去了古代神庙那种良好比例。据笔者观察，现在这样子不是挺好吗？即使同莱登特莱教堂的立面相比较，也不见得就怎么逊色，仍不失为威尼斯的名建筑。特别是从圣马可广场的小广场远眺它的正立面时，我觉得它大大提高了威尼斯的可识别性，实际登到岛上欣赏该建筑时，也会给人留下深刻印象。

不过在威尼斯街道漫步时看到几幢文艺复兴式教堂，正立面带有古代神庙风的三角山花，显得十分庄严，不料侧面却为砖砌，又无装修，质量较差，与正立面很不相称（图 4-46）。这些建筑中也包括帕拉第奥的作品。不知何故只注重正立面，却不大关心侧面以及整体性，换句话说，建筑的正立面不是与其他部分分家了吗？我想这恐怕是第六章所述的“内眺建筑、外眺建筑”中后者很突出的例子。日本建筑师所受到的教育并且坚信的是：平面、立面和剖面是空间构成的整体，是不可分割的。这样说，意大利就连米开朗基罗这样的巨匠，往往也只是搞个正立面或是搞个穹顶罢了。这种事在日本是无论如何也行不通的。既然这些建筑是“屏风式”建筑，那么立面的严格对称和庄严的比例等就是当然的要求了。它同日本数寄屋建筑那种融于自然而不经心的非对称立面，是完全相反的情况。

图 4-46（a）　教堂正面与侧面对比 1

图 4-46（b）　教堂正面与侧面对比 2

我又想起了应邀出席在帕拉第奥设计的弗斯卡里府邸（Villa Foscari）举行的晚宴。这座府邸位于威尼斯郊区的马尔康坦（Malcontente）。登上室外踏步，穿过爱奥尼克柱廊进入大厅，十字形平面，上面有高大的十字拱顶，拱顶上绘着美丽的图画。直径有1米的大地球仪，看起来都觉得很小，到处摆放着舒适的扶手椅，同高大的天花板比起来，觉得十分小巧玲珑（图4-47）。进餐是在楼下餐厅兼厨房的大厅内，可同时容纳一百人在大厅里欢快地进餐，同空间相比，人实在显得太渺小了。

我想起出发前在日本一间茶室建筑中受到的招待，那里非常朴素，从低矮的小门进去，房间天花板也很低，无论空间素质也好、空间尺度也好，都是十分谦逊的。然而人进入这样的小空间之中，人的存在却十分突出。说起来建筑到底是为谁而存在的呢？如果人在里面显得很小，那么它不就太傲慢了吗？不过在今天活跃的工业化时代，幽暗的茶室空间也不应太死气沉沉。帕拉第奥的这幢弗斯卡里府邸如果是作为别墅使用的生活空间，那么对日本人来说恐怕是不太舒适的空间构成吧。

当时想起了德国建筑师对德国南方住宅的看法，即不在阳台上饰以花卉，就看不到人存在的标记。以帕拉第奥的作品为代表的威尼斯建筑的“屏风式”立面，以及德国南方住宅阳台上的花卉等，都是西欧表现自我存在的证明。如果要问日本人到底以什么作为表现自我存在的证明，那么我是很难立即做出回答的。不过，西欧与日本不管表现人存在的方式也好，空间秩序观念也好，事实上的确是大不相同的，至于谁好谁坏则另当别论。根据这一意义，我觉得关于街道和城市的形成，更应到世界各地的街道多多进行实地考察和思考。

图 4-47　弗斯卡里府邸内部

第五章　结束语——现代建筑展望

为了“读懂”建筑，而把语义学（Semantics）、隐喻（Metaphor）等概念导入建筑领域的美国评论家查尔斯·詹克斯（Charles Jencks），在青年建筑师中非常受欢迎。他在他的著作中曾说，现代建筑于1972年7月15日下午3时32分，随着美国圣路易“普鲁意特·伊戈规划”（The PruittIgoe Project）几幢现代高层公寓的爆炸，已经死亡了。这项规划充分保持了勒·柯布西耶所提倡的“阳光、空间、绿化”，是带有“空中街道”的14层白色现代公寓，看起来像是干净整齐的医院。当然，良好的造型和良好的内容，理应导致居民的良好行为，可是没有料到，理性主义的“空中街道”等空间，竟被利用不断发生犯罪行为，成了所谓社会贫民窟，因而导致了被炸掉的命运。①

最初当欧洲建筑从厚重的砖石结构中解放出来，发展成钢筋混凝土以及钢框架结构、梁柱结构时，则为现代建筑揭开了序幕。使得建筑结构不仅能受压，也能受弯和受拉，其最明显的表现，可以说是勒·柯布西耶的支柱层和水平带形窗这样否定重力的表现，这些表现手法摆脱了长期以来的重力制约。这样就不必再设计成石结构般的庄严对称建筑，

① 查尔斯·詹克斯，《后现代建筑语言》，竹山实译，《A+U》1978年10月增刊，鹿岛出版会，第12~13页。

可以根据功能，高低错落自由表现。另一方面，墙体也不应是石结构那样的重力墙，而是与结构体脱离的幕墙，可以像不承力的幕一样光滑轻巧。此外，楼梯、电梯和管道井等上下联系的垂直功能作为设备中心而集中在一起，其他部分则是所谓的流动空间，可以取得过去古典建筑未曾考虑过的流动性。于是，以往石结构建筑中截然分开的内部与外部逐渐融合为一体，形成内部与外部空间的相互渗透。这的确是因结构改变而带来的建筑革命。再一方面，金属与玻璃等工业生产的材料不断涌现，这样就出现了同地方性无关的所谓“国际式”这一新的建筑风格。

可是对日本来说，这种从重力中解放出来、流动空间式的现代建筑精神，在传统木结构建筑中就已经存在了。其中，设计非常出色的桂离宫等建筑，在被布鲁诺·托特（Bruno Taut）和格罗皮乌斯发现的四百年前就已经存在了。19 世纪末芝加哥学派虽采用了框架结构技术，但在墙体上仍保留着砖石结构的痕迹。第二次世界大战后美国建筑师菲利浦·约翰逊在纽恰南（New Canaan）建造“玻璃之家”，才真正诞生了具有空间流动性的现代建筑。当时正是美国对日本传统木结构建筑予以高度评价的时代。

如果是框架结构，自然要考虑柱子的等间距而采用模数，建造之前就必须确定尺寸标准、内外空间渗透等，而这些，日本在四百年前就已经普遍采用了。因此，西欧经过相当长的过程才站住脚的现代建筑，在日本却没费多大劲就扎下根来。另外，日本的工业也十分发达，这就为现代建筑的发展提供了物质基础。二战前即享有盛誉的勒·柯布西耶的著作，给予世界上未曾见过他的建筑作品的年轻建筑师们以极大影响，勒·柯布西耶的门徒曾活跃于世界各地。

在日本，一方面曾像京都的町家那样，用地方材料和方法建造了传统木结构建筑的街道。另一方面，随着现代建筑登上历史舞台，尽管也曾出现过一些个别值得一提的作品，但从环境整体协调统一这点来看，可以说现代建筑的做法和规律，直到今天尚未树立起来。由于土地私有而造成的混乱状况和日本人重视内部空间秩序的观点，因而对外部空间和建筑外观不大关注。从另一个角度来看，日本是民主的，表现十分自由，因此今天日本的城市中，各种类型的建筑都混杂在一起。在东京新宿副都心这样现代化超高层大楼林立、立体交叉的高速公路旁边，也存在着凌乱的低层商业建筑，再加上刺眼的霓虹灯标志以及旋转广告之类混杂其中，简直构成了一首嘈杂欢腾的城市交响曲。其中也有近来在美国大受称赞的所谓后现代主义建筑（图 5-1），一般人简直不大理解，而日本的建筑表现就是如此多种多样。在巴黎引起激烈争论的蓬皮杜艺术文

图 5-1　日本东京新宿的后现代建筑

化中心，是一幢结构、管道都暴露在外面的离奇建筑（图5-2），它在巴黎石结构建筑的整齐稳重气氛中，怎么说也是不协调的。如果它是建在东京的繁华街道中，恐怕只会被误认为是仓库或工厂，而不会引人注目，因为日本城市的街道太杂乱了，再怪的建筑也不会引起人们的注意。现在日本的所谓先锋建筑师们，主张在建筑中引用代谢派、手法主义、后现代主义、晚期现代主义、隐喻和语义等概念，这恐怕也和现代建筑未经过什么波折就在日本扎下根来一样，也是未经过什么斗争就出现了。可是这些作品却被新闻界大加渲染，但实际上由于混杂在日本城市惊人的能力和活力之中，所以无论在何处都分辨不出来。日本城市环境本来就具有不管好坏都能吸收融合的能量。

意大利是我最喜欢的国家之一，那里厚重的石结构建筑传统和出色而不含糊的艺术性，给予世界建筑师非常强烈的影响。当前世界上颇有声望的美国建筑师罗伯特·文丘里（Robert Venturi）也好，米切尔·格雷夫斯（Michael Graves）也好，他们思想的出发点就在于意大利建筑，

图5-2　法国巴黎蓬皮杜中心

有时也不免会有过于模仿意大利建筑的感觉。

意大利的建筑传统太强了，恐怕无论如何也不会像美国或日本那样，随随便便就出现后现代主义建筑。20 世纪 70 年代新的理性主义建筑即使说超过了 30 年代由朱塞佩·特拉尼（Giuseppe Terragni）等所提倡的理性主义建筑，但也只是一种形式因素，与其说是追求方便、功能以及结构的统一，不如说是追求以造型的合理性为中心的建筑思想的变革。笔者曾会见了堪称意大利建筑思想界领袖的保罗·波特盖希（Paolo Portoghesi），并听他谈到，即使实际看到了意大利庄重的历史城市空间传统，意大利的理性主义建筑也不得不接受同传统较量的命运，这与其说是建筑思潮，还不如说当然也包含着社会运动的因素。与美国著名的理性主义年轻建筑师彼得·艾森曼（Perter Eisenman）、理查德·迈耶（Richard Meier）等个人主义的理性主义大不相同的是，意大利的传统很强。这些运动与日本毫不费劲地追求现代主义、引进后现代主义的态度不同，也可以说是勇敢地向庄重的意大利传统和艺术性挑战。

在芬兰等融于美丽的森林湖泊大自然中的北欧国家，干净稳重的现代建筑扎下了根，阿尔瓦·阿尔托（Alvar Aalto）作品的温暖人情味和精巧美观的细部，告诉我们在工业化时代也可创造出手工的美。像 MIT（麻省理工学院）贝克宿舍楼这样曲线形的现代建筑，今天看来正因为它是曲线形的，所以更显得珍贵，也可以说由于它是反工业化、反现代主义的现代建筑而富有人情味的（图 5-3）。我常以为，勒·柯布西耶和阿尔托是作为两个极端的现代主义而对立的。[①]现代建筑之今日陷入迷途，是因为勒·柯布西耶在世界上产生的影响太强了。尽管勒·柯布西耶的理论乍一看是带有普遍意义的，但是另一种意见则认为，实际上它是极有个性而缺乏普遍的人性，这种意见可以说是很强烈的。再加上

① 参见芦原义信《外部空间设计》一书。

图 5-3　美国 MIT 贝克宿舍楼

裸露混凝土这种看来似乎是永久性的材料，却造成了不耐风化的破烂房屋，这就像是现代主义建筑理论的风化和它的不可思议的象征。

现代主义建筑的原理是从忠实于功能和结构出发，也有其相应的时代背景。今天的世界由于建筑的单调、简朴和缺乏历史性，除了使人感到物质的充足外，就别无其他了。于是全世界都在对现代主义之后的建筑进行探索，不过可以说尚未形成成熟的理论。依据罗伯特·文丘里的著作《建筑的复杂性和矛盾性》，建筑师们开始安心地超越现代主义建筑的框框而使用起过去的建筑语汇，就连十年前还被不屑一顾的希腊柱式，现在也坦然地采用了。

然而从国际上来看，是绝不希望世界建筑乱七八糟的。在高度工业社会而有可能采用高度技术的今天，我认为摆脱工业化时代的建筑，就是重新扎根于地方的可识别性建筑。以温度为纵轴、以湿度为横轴的气象图分析，砖石结构发达的地方是高温低湿，梁架结构发达的国家则是高温高湿，前者曲线向下，后者曲线向上，二者在气象图上方相交。即使在摆脱工业化的时代，只要不能完全克服世界的气候自然条件，也就不能克服扎根于地方的地区性、传统和历史。世界建筑师们与其说崇拜国际式建筑，不如说寄希望于北欧与自然协调的干净的现代建筑、意大利扎根于历史的理性主义建筑和像日本这样可识别的地方性建筑，我认为应该重新认真考虑。我希望提倡高度工业化时代的新地方主义（Neo-Regionalism）。尽管世界各地不断在交换信息，但仍希望有地方性、有个性。这并不意味着孤立或分离，而是考虑以高度工业化时代新的地区为中心、以人为中心的建筑。

笔者曾有机会访问了勒·柯布西耶在巴黎的工作室和奥斯卡·尼迈耶在里约热内卢的工作室。在纽约的马歇·布劳耶事务所工作的南美朋友带领下，来到勒·柯布西耶的工作室时，看到房间中到处堆放着他所画的大量建筑草图。不凑巧，勒·柯布西耶当时不在，我没有机会向他当面请教。不过我突然间产生了这样一个想法：勒·柯布西耶或许在还未曾设计建筑的造型之前，建筑的形象就已经在他的头脑中存在了。我觉得这和雕塑家动手雕塑前画素描草图的道理一样吧。

尼迈耶的工作室是在可俯视大西洋海岸优美景色的公寓楼顶，他热情愉快地接待了我的来访。这位比我想象中个头要小，而乍一看像板着面孔的老权威，得意地对我谈起了他在两侧悬挑达 80 米的大梁两端，用高强钢索悬吊两个音乐厅的设计情况。我在访问辽阔的巴西归途中不禁想到，如果把音乐厅建在地面上不是更好吗?

一般设计建筑时，是在分析社会、功能和力学要求以及城市规划规定中，产生出充实内部空间的造型。造型若先于其他条件存在，那只能是纪念碑式建筑或无内部空间的纯雕塑式建筑物，只能是向外部凸出的“图形”式建筑物，要想具有建筑般的内部空间的充实性是不可能的，我想这就是现代主义建筑的原理。我在会见保尔·鲁道夫（Paul Rudolph）时，当时我正在设计一所医院，他却说：“要是我就不设计医院，恐怕勒·柯布西耶也不会干。为什么呢？因为医院建筑是功能优先于造型。”这里我不能不再次提到前述的“地板型建筑”与“墙型建筑”，所谓“地板型建筑”就是优先考虑以“地板”为空间秩序的建筑，建筑造型由构成内部空间的平面、剖面所决定。这是日本传统建筑的思考方法。日本人要想适应勒·柯布西耶或尼迈耶的建筑，那大概就像要有穿着鞋在榻榻米上生活的觉悟。他们的建筑如果说是象征性的纪念碑，那么建筑本身就成为格式塔心理学所说的“图形”，建筑与建筑之间的空间，没有成为“图形”的可能，也就是说在勒·柯布西耶或尼迈耶的外部空间中，不具有格式塔的特质。因此，勒·柯布西耶或尼迈耶的建筑必须有宽阔的用地，必须有能从远处欣赏那唯我独尊的漂亮建筑的可能。然而，时代正在不断地改变。当不只是一幢孤零零的建筑，而是两幢或数幢建筑作为建筑群存在时，充实这些建筑的外部空间，使其具有格式塔特质，这就是外部空间构成的手段。然后进一步发展到街道，于是一系列建筑群便背负着该国的文化和传统，一直流传到下一个时代。

时代不断在变化。20世纪初由功能主义所代表的现代建筑的明朗方向已经丧失，我们时代的建筑正陷于混沌之中，应当向何处去，谁也不能做出明确回答。笔者认为，勒·柯布西耶和尼迈耶的时代似乎已经悄然过去，今天正在从大跨度和悬挑技术时代，向着以人为中心的新地方主义时代过渡。

外部空间构成也要把大空间加以划分，创造几个符合人的尺度的空间，并把它们加以联系，这样就会加强与人的对话。其中应布置树木、石头、水面、小溪、瀑布，以及动人的雕塑等艺术品。

笔者对意大利注重外部空间格式塔特质的思想和建筑思想十分关心，把这种思想同日本美丽的自然环境与绿化结合起来，创造更富有人情味的街道，是时代所肩负的任务，对此，我们必须认真加以考虑。

后 记

《街道的美学》出版已经四年多了，正好在那个时候，我国结束了高速成长期，进入了研究生活环境之充实及美化的时代。在报纸和杂志上也普遍出现了“建造风情街”“文化美学街”“绿色生活”等和“街道的美学”相关的词句。本来，作为日本人就很喜欢审美，想尽办法对自己家里的内部空间进行整饬和美化。另外，二战结束以后，日本在废墟上重建，克服了经济的困难，所得倍增，进入了世界先进国家的行列。这些都归功于国民的不懈努力。但与此同时，包括住宅、街道、城市等要素的外部空间却显得很贫乏和混乱。这些也引起了国民的注意。

二战后三十年，正因为有这样意识的日本人的存在，如果以此为契机进入街道建设，肯定会拥有创造比现在更美丽、更有生气的街道之能力。而不是像现在这样，只是功能本位主义，把桥梁搭起来、把街道修好就行了。如果更深层次地思考城市、景观、人类本性以及隐藏在其背后的哲学，和世界其他国家的街道进行比较和借鉴，就会掌握更多创造更美丽街道的机会。从这一点看，如果本书能在这方面产生一定效果就是一大幸事。

《街道的美学》的出版是 1979 年 2 月 21 日，是我在东京大学讲演的那天早上。自那时起这四年间发生了很多美好的事情。其中之一是获得了“每日出版文化奖”和“马可·波罗奖”，另外，第一章“内部与外部”被收入高中教科书，这真是个意外之喜，因为我根本没有想到建筑家拙劣的思想文字能够被高中生拜读。还有一个惊喜就是能被 MIT 出版社翻译出版。岩波书店每年要将全年的出版物在法兰克福展出，《街道的美学》这本书竟然接到在英国、美国等国出版的要求。其中对于 MIT 出版社我是最感兴趣的，因为我在麻省理工学院、哈佛大学有很多有交情的教授，与他们一边交谈，一边完成翻译工作。最终 1983 年 3 月，《街道的美学》英文版 *The Aesthetic Townscape* 在美国成功出版。

不知是受到上述事情的鞭策，还是由于从那时开始日本国内掀起的海外旅行热潮，我迫不及待地想编写《街道的美学》之续篇。此书中不断出现的关于格式塔心理学的“图形”“背景”的想法，是我三十年前站在意大利广场的最初感受，而后的“阴角空间”“下沉式庭园”等写实主义作品所反映的都市空间，以及夜景、水边弯曲景、倒立景等已经扩展到旅行观光的范围。仔细想一下，“图形”“背景”的想法是关系到存在本质的东西，还可以将两者逆转，其应用范围无限扩大。另外，这种想法类似于中国的“阴阳”学说。在北京、天津，听了我的演讲的中国人都对自己的哲学思想广泛应用于现代建筑空间觉得很满足。另一方面，从注重建筑空间中“图形”的实存性的西欧思想看，我所倡导的“背景”的思想对于欧美人来说是崭新的，也是东方化的、神秘的。

我为了不落后于前著《街道的美学》而用心努力地写《续街道的美学》，如果读者看后能对景观、街道产生深深的兴趣，我就会很高兴。如果还想到天桥立、严岛、然别湖等地旅游的话我会更加欣慰。再有人想去巴黎埃菲尔铁塔、塞纳河架桥一睹风光，到威尼斯街角、极昼中的芬兰一览景致的话，我就喜上加喜了。

在出版此书的过程得到了很多人士的大力协助。虽然照片大部分是作者本人所摄，但其中也不乏二川幸夫等专家的优秀作品。版面全是儿岛学敏君所设计，视角设计多是拜托守屋秀夫博士。另外，从国立国会图书馆、京都市文化财产保护课、东京都生活文化局、日本航空业务部出版集团、东京大学建筑及土木工程图书室得到了很多资料。 资料的汇集、整理、删减都是佐久间裕子嬢所做。对这些人士的大力协助表达深深的谢意。最后对出版本书的岩波书店的杉田忠史、上野保和其他工作人员表示衷心的感谢。

芦原义信

1983 年 5 月

参考文献

建築一般・空間論

Adrian Stokes, *The Image in Form*, Harper & Row, 1972.

Cornelis van de Ven, *Space in Architecture*, Van Gorcum Assen, 1980.

Christian Norberg-Schulz, *Meaning in Western Architecture*, Studio Vista, 1975.

Roland Barthes, *L' empire des Signes*, Editions d' Art Albert Skira, Geneve, 1970.（宗左近訳『表徴の帝国』新潮社，1979）

Roland Barthes, *La Tour Eiffel*, Delpire, 1964.（宗左近・諸田和治訳『エッフェル塔』審美社，1979）

Myra Shackley, *Rocks and Man*, George Allen & Unwin Ltd., London, 1977.（鈴木公雄訳『石の文化史』岩波書店，1982）

Rudolf Wittkower, *Architectural Principles in the Age of Humanism*, Alec Tiranti Ltd., London, 1970.（中森義宗訳『ヒューマニズム建築の源流』彰国社，1971）

Charles Jencks, *The Language of Post-Modern Architecture*,

Academy Editions, London, 1977.（竹山実訳「ポスト・モダニズムの建築言語」『A+U』1978年10月臨時増刊号，鹿島出版会）

Robert Sommer, *Tight Spaces : Hard Architecture and How to Humanize it*, 1974.（牧野成一・牧野泰子訳『現代建築の反逆』東海大学出版会，1982）

Le Corbusier, *Urbanisme*, Les ·ditions G. Crés & Cie, 1924.（樋口清訳『ユルバニスム』SD選書，鹿島出版会，1967）

Hans Sedlmayr, *Verlust der Mitte. Die bildende Kunst des 19. und 20. Jahrhunderts als Symptom und Symbol der Zeit*, Otto Müller Verlag, Salzburg, 1955.（石川公一・阿部公正訳『中心の喪失』美術出版 1965）

F. G. Winter, *Der Wachstums-Komplex-Glücklich Leben heiBt gestalten*, Freiburg im Breisgau: Herder Verlag, 1980.（今村孝訳『ゲシュタルト社会へ』人文書院, 1982）

Edward T. Hall, *Beyond Culture,* Doubleday, New York, 1976.（岩田慶治・谷泰訳『文化を超えて』ティビーエス・ブリダニカ，1979）

『中心と周縁』叢書文化の現在 4, 岩波書店，1981.

山折哲雄『「坐」の文化論』佼成出版社，1981.

渡辺守章『空間の神話学』朝日出版社，1978.

篠田浩一郎『空間のコスモロジー』岩波書店，1981.
多木浩二『眼の隠喩』青土社，1982.

行政・都市計画

総合研究開発機構編『都市空間の回復』学陽書房，1980.
建設省都市局・住宅局『うるおいのあるまちづくりに関する調査結果』1982.
東京都生活文化局企画部『諸外国における都市美化推進に関する実 態調査』1982.
『ジュリスト』増刊総合特集『都市の魅力 創造の再発見』有斐閣，1982.
OECD編，宮崎正雄監訳『住みよい街づくり’』ぎょうせい出版，1980.
『道路セミナー』1980年11月号「特集——歩行者と道路」全国加除法令出版.
『都市住宅』8207「特集1歩車共存道路の理念と実践」鹿島出版会，1981.
市町村自治研究会編『新住居表示制度の解説』政経新社，1963,
番地整理促進協議会編『文化生活と町名番地』番地整理促進協議会，1960.
東京都総務局行政部指導課『東京都区市別住居表示実施状況昭和52年1月現在』.
東京都総務局行政部『東京都における住居表示の実施に関する一般的基準』昭和42年10月2日.
藤森照信『明治の東京計画』岩波書店，1982.

岸井良衛『江戸の町』中公新書 432, 中央公論社，1976.
增田四郎『都市』筑摩叢書 110，筑摩書房，1978.
浅草寺縁起編纂会編『浅草寺縁起』浅草寺縁起編纂会，1928.

橋梁

Golden Gate Bridge and Highway District, *The Golden Gate Bridge*, San Francisco, 1938.
H. Shirley Smith, *The World's Great Bridges*,Harper & Row, New York, 1953.
Alan Trachtenberg, *Brooklyn Bridge Fact and Symbol*, The University of Chicago Press, 1965.
安藤安編『日本橋紀念誌』日本橋紀奓誌発行所，1911.
東京市役所編『東京市史外篇第六日本橋』東京市役所，1932.
『開橋記念 日本橋志』東京印刷株式会社，1912.
『記念誌 日本橋』名橋「日本橋」保存会，1.977.,
浜田耕作『橋ど塔』岩波書店，1926.
加藤誠平『橋梁美学』山海堂出版部，1936.
騰部屋福平『橋の美学』アルス文化叢書 17, アルス ,1942.
騰部屋福平『橋—美の条件』東海大学出版会，1965.
川田忠樹『吊橋の文化史』技報堂出版，1981.
竹内敏雄『塔と橋—技術美の美学』弘文堂，1971.
成瀬勝武『橋』科学新書 13, 河出書房，1941.
保田与重郎『日本の橋』芝書店，1936.

小林豊『橋の旅』白川書院，1976.

『山河計画』第 1 巻第 1 号「橋一九七九・春」思考社，1979.

石川悌二『東京の橋——生きている江戸の歴史』新人物往来社， 1977.

青木楠男他『道路橋専門視察団報告書「アメリカの道路橋」』財団法人生産性本部，1961.

上田篤「日本の橋」『太陽』1977 年 7 月号 ~1978 年 6 月号 .

釧路幣舞橋彫像設置市民の会『幣舞橋と道東の四季像』1978.

景観論・街並み

Yoshinobu Ashihara, *The Aesthetic Townscape*, The MIT Press, 1983.

Klaus Uhlig, *Die fuBgängerfreundliche Stadt*, Verlag Gerd Hatje,1979.

Brent C. Brolin, *Architecture in Context-fitting new buildings with old*, Van Nostrand Reinhold, 1980.

東京都都市美懇談会『東京都都市美懇談会報告書』昭和 57 年 11 月 .

鈴木昌道『都市と緑と景観構成』稹書店，1981.

中村良夫『風景学入門』中公新書 650, 中央公論社，1982.

篠原修『土木景観計画』新体系土木工学 59, 技報堂出版，1982.

『景観論』土木工学大系 13, 彰国社，1977.

向井正也『R 本建築・風景論』相模書房，1979.

尚樹啓太郎『カテドラルのある風景』東海大学出版会，1982.

天橋立

奥丹後地方史研究会編『丹後の大郷土史家 永浜宇平の業績と略歴』
奥丹後地方史研究会，1979.
永浜宇平『改訂天橋立』1931.
『天橋立』京都府立丹後郷土資料館，1978.
小川静風『丹後史伝』丹後伝説研究会，1980.
小川静風『天橋立秘話』丹後伝説研究会，1979.
『丹後郷土資料館報』創刊号，丹後郷土資料館，1980.

水と緑

富山和子『水と緑と土』中公新書 348，中央公論社，1974.
富山和子『水の文化史』文藝春秋，1980.
中井安治『辰巳用水』北国出版社，1980.
品田穣『ヒトと緑の空間』東海大学出版会，1980.
山本昭雄他『道路緑化の設計・施工』山海堂，1977.
「建築ノート（9）〈緑〉と空間演出」『建築知識』別冊第 9 集，建知出版，1982.
『雑木と雑木の庭』誠文堂新光社，1978.
SPACE MODULATOR 59，日本板硝子株式会社，1981.
Dietev Boeminghaus, *Wasser im Stadtbild*, Verlag Georg D. W. Callwey, 1980.

都市空間の演出

Lawrence Alloway, *Christo*, Harry N. Abrams, Inc., 1969.

Christo, *The Running Fence Project*, Harry N. Abrams, Inc., 1977.

Christo, *Wrapped Walk Ways*, Harry Abrams, Inc., 1978.

Christo, Museum Ludwig KÖln, 1981.

Christo, La Jolla Museum of Contemporary Art, 1981−2.

The Public Interest, Number 54, National Affairs, Inc., Winter1979（On Subway Graffiti in New York by Nathan Glazer）.

The Public Interest, Number 68, National Affairs, Inc., Summer 1982（Christo in Central Park and in Harlem by Nathan Glazer）.

PROCESS Architecture, No. 3, 株式会社プロセスアーキテクチュア, 1977.

Craig Castleman, *Getting Up − Subway Graffiti in New York*, The MIT Press, 1982.

小勝郷右『日本花火考』毎日新聞社，1979.

墨田区役所企画広報室『墨東外史すみだ』1967.

青木武夫『花火の話』河出書房新社，1976.

林屋辰Ｈ郎編『歴史の中の都市』日本放送協会，1982.

奈良本辰也編『京都故事物語』河出書房新社，1980.

京都市文化観光局文化財保護課，大文字五山保存会『京の伝統行事 大文字五山送り火』1982.

京都市都市開発局『景観対策検討資料』1970.
京都新聞社編『東山三十六峰』京都新聞社，1978.

南ドイツ中世の街

Karl Gruber, *Die Gestalt der Deutschen Stadt*, Verlag Georg D. W. Callwey, München, 1952.
Bayer. Staatsministerium des Innern Oberste Baubehörde, *Alte Stadt–heute und morgen*, München, 1979.
Bayer. Staatsministerium des Innern Oberste Baubehörde, "Stadtbild und Stadtlandschaft".
Erwin Liewehr–Otto Grimm, Marktplätze in S ü dostbayern, Verlag Passavia, 1976.
Die keine groBe Stadt T ü bingen, Konrad Theiss Verlag, 1981.
西尾幹二編『ドィッ文化の基底』有斐閣選書，有斐閣，1982.
鈴木成高『中世の町——風景——』東海大学出版会，1982.
安野光雅『ロマンチック街道』講談社，1980.

パラディオその他

Alvise Cornaro e il suo tempo, *Comune di Padova*, 1980.
Andrea Palladio, *I Quattro Libri dell' Architettura*, Appresso Dominico de' Franceschi, Venetia, 1570（Ulrico Hoepli Editore S. p. A., Milano, 1976）.
Andrea Palladio, *The Four Books of Architecture*（The Dover Edition）,

Dover Publications, Inc., New York, 1965.

O. Bertotti Scamozzi, *Le Fabbriche e i Disegni di A. Palladio*, La Roccia, Trento, 1976.

Palladio in America, Rizzoli International Publications, Inc., 1978.

Wolfgang Lotz, *Studies in Italian Renaissance Architecture*, The MIT Press, 1977.

Peter Murray, *Renaissance Architecture*, Harry N. Abrams, Inc,1971.

Christian Norberg-Schulz, *Baroque Architecture*, Harry N. Abrams, me., 1971.

Christian Norberg-Schulz, *Late Baroque and Rococo Architecture*, Harry N. Abrams, Inc., 1974.

福田晴虔『パッラーディォ』鹿島出版会，1979.

「Andrea Palladio」『SD』第 196 号，鹿島出版会，1981.

コーリン・ロウ著，伊藤豊雄・松永安光訳『マニエリスムと近代建築』コーリン・ロウ建築論選集，彰国社，1981.

Eugenio d’ Ors，*Lo Barroco*， Madrid，1943，(神吉敬三訳『バロック論』美術出版社，1970)

若桑みどり『マニエリスム芸術論』岩崎美術社，1980.

图书在版编目（CIP）数据

街道的美学 /（日）芦原义信著 ；尹培桐译. -- 南京 ：江苏凤凰文艺出版社，2017.5
ISBN 978-7-5594-0439-8

Ⅰ. ①街… Ⅱ. ①芦… ②尹…Ⅲ. ①城市道路－设计 Ⅳ. ①U412.37

中国版本图书馆CIP数据核字(2017)第091957号

书　　名　街道的美学（上、下）

著　　者　[日] 芦原义信
责任编辑　孙金荣
特约编辑　陈　景
项目策划　陈　景
封面设计　毛欣明
内文设计　毛欣明
出版发行　江苏凤凰文艺出版社
出版社地址　南京市中央路165号，邮编：210009
出版社网址　http://www.jswenyi.com
印　　刷　北京建宏印刷有限公司
开　　本　710 mm×1 000 mm　1/16
印　　张　27
字　　数　518千字
版　　次　2017年5月第1版　2017年5月第1次印刷
标准书号　ISBN　978-7-5594-0439-8
定　　价　88.00元（上、下册）